健康转变与人口安全

和 红 著

JIANKANG ZHUANBIAN
YU RENKOU ANQUAN

中国人口出版社
China Population Publishing House
全国百佳出版单位

图书在版编目（CIP）数据

健康转变与人口安全/和红著. —北京：中国人口出版社，2024. 4

ISBN 978-7-5101-9115-2

Ⅰ. ①健… Ⅱ. ①和… Ⅲ. ①人口-问题-研究-中国 Ⅳ. ①C924. 24

中国国家版本馆 CIP 数据核字(2023)第 026603 号

健康转变与人口安全

JIANKANG ZHUANBIAN YU RENKOU ANQUAN

和　红　著

责任编辑	张宏文　刘宇峰
美术编辑	刘海刚
责任印制	林　鑫　任伟英
出版发行	中国人口出版社
印　　刷	北京朝阳印刷厂有限责任公司
开　　本	710 毫米×1 000 毫米　1/16
印　　张	12. 25
字　　数	212 千字
版　　次	2024 年 4 月第 1 版
印　　次	2024 年 4 月第 1 次印刷
书　　号	ISBN 978-7-5101-9115-2
定　　价	65. 00 元

电子信箱	rkcbs@ 126. com
总编室电话	（010）83519392
发行部电话	（010）83510481
传　　真	（010）83538190
地　　址	北京市西城区广安门南街 80 号中加大厦
邮政编码	100054

版权所有　侵权必究　　质量问题　随时退换

前　言

世界卫生组织（WHO）提出，健康是生理、心理和社会适应的完好状态，而不仅仅指没有疾病和虚弱。国内外学术界关于健康概念的辩论频繁出现在医学哲学、社会学和人类学领域的文献中，主要围绕医学观点（强调健康的生物学基础）和社会学/人类学观点（强调健康依赖于特定的文化和社会环境）进行。健康概念的转变，也体现在医学模式的转变，从最初的神灵主义医学模式，向生物—心理—社会医学模式转变。随着社会经济水平的迅速发展和医疗技术水平的不断提高，健康转变体现在人类疾病谱上的改变，即从生命早期营养不良及以传染性疾病（传染病）为主向以慢性非传染性疾病（慢性病）为主转变，也体现在导致疾病负担增加的疾病病种及影响因素的转变，这些转变与人口安全密切相关。

人口安全就是在一定的时间、一定的区域、一定的经济社会发展水平条件下，由人口问题可能引发的危机，能够得到避免或者化解。本书以此为人口安全概念的界定，并根据其主要因素（人口数量、人口素质、人口结构、人口分布以及人口迁移）将人口安全划分为人口数量安全、人口结构安全、人口素质安全和人口流动安全，同时，分章节分别叙述它们的概念、现状及其与健康转变之间的互动。

基于此，本书拟从健康转变的角度来思考人口安全的问题。本书共分八章。第一章是健康转变概述，通过对健康转变的概念、内涵以及影响因素的分析，强调了健康转变是指疾病模式从以传染病为主向以慢性病为主转变。第二章是人口安全概述，通过对人口安全的概念衍生了人口数量安全、人口结构安全、人口素质安全和人口流动安全，并讨论了其对人口安全的重要影响。第三章和第四章，分别具体分析传染病与人口安全、慢性病与人口安全间的互动性。第五章至第八章，将分别讨论健康转变和人口数量安全、人口结构安全、人口素质安全及人口流动安全的相互影响，以彻底明晰健康转变的内涵与人口安全的主要内容之间的关联性，并提出相应的对策建议。

本书获得中国人民大学公共健康与疾病预防控制文理交叉重大创新平台 2022 年度“中央高校建设世界一流大学（学科）和特色发展引导专项

资金”的支持。

本书在编写过程中，感谢博士研究生王鑫的统稿及博士研究生王攀、闫辰聿等的辛苦付出，特别感谢中国人民大学及社会与人口学院各位领导及同事在此期间给予的指导、关心和帮助，感谢中国人口出版社为本书的编写提供的大力支持。由于著者学识水平有限，书中难免存在不妥和错误之处，希望得到专家及读者的批评指正。

和红

2024 年 4 月

目　录

第一章　健康转变概述

健康与疾病是生物医学中最基本的概念。随着经济社会不断发展、医疗科技日益进步，人们逐渐认识到人是生物、心理和社会的综合体，健康与疾病不仅是生物学现象，同时也是社会文化现象，“无病即健康”“健康就是无病、无伤、无残”的观念显然不再适用。无论时代如何变化、经济社会如何发展，少生病、增进健康是每个人最基本、最朴素的愿望。健康与疾病是个人和社会普遍关注的重要议题，也是理解健康转变内涵的基础。

第一节　健康概述

一、健康及其相关概念

我们很熟悉“健康”这个名词，但其概念却不太容易把握，法裔美国微生物学家勒内·杜博斯（René Jules Dubos，1901—1982 年）将对健康的认知比喻为观看一座海市蜃楼：从远处看，健康是再清楚不过的概念，但当我们走近它并试图对其定义时，却发现它是看不见、摸不着的。事实上，人们对健康的认识与实践一直伴随着人类文明的发展，不同历史时代、文化传统、外部环境和条件使人们形成了不同的健康观。多样化的健康观使得健康概念不断发展、丰富和完善，并衍生出亚健康、大健康等新概念，我们可以从这些概念中探寻“健康究竟是什么”。

（一）传统健康观

1. 中国古代健康观

据古籍文献记载，早在 3000 年前的《尚书·洪范》中就记录了古人对健康的认识：“五福：一曰寿，二曰富，三曰康宁，四曰修好德，五曰考终命。”其中，“康”指身体健康，“宁”指心神安宁，“康宁”即表示身心健全，包括生理和心理两个方面。我国古代医学典籍中未曾直接提及“健康”一词，现存最早的中医学著作《黄帝内经》中将身体无病之人称为“平人”，并从脉象、形气血肉等方面描述了平人的特征：平人者不病，阴阳匀平，九候若一，形气血肉相称，五脏安定，血脉和利，精神乃居。

结合整部经文来看，《黄帝内经》所论健康之人的特征主要表现在五个方面：一是形体结构，表现为发育良好、体格健壮、体型匀称、体重适当、面色润泽、须发润泽、肌肤致密；二是功能状态，表现为双目有神、双耳聪敏、食欲正常、食量适中、睡眠正常、排便正常、脉象正常；三是心理状态，表现为乐观豁达、意志坚强、处事谦和、情绪稳定；四是活动能力，表现为精力充沛、耐力较强、动作协调；五是适应能力，表现为能够较好适应自然环境和社会环境，应对疾病损害。

同时，《灵枢 · 本藏》中还论述了健康的标准："是故血和则经脉流行，营复阴阳，筋骨劲强，关节清利矣；卫气和则分肉解利，皮肤调柔，腠理致密矣；志意和则精神专直，魂魄不散，悔怒不起，五脏不受邪矣；寒温和则六腑化谷，风痹不作，经脉通利，肢节得安矣，此人之常平也。"总结起来就是"天人和""血气和""意志和"，这也是中医学对健康本质的理解，即个体生理、心理、社会环境的和谐统一与安适康宁。

2. 西方健康观

在西方社会，"health"一词源于公元1000年的盎格鲁-撒克逊（Anglo-Saxon）族，与"神圣（holy）"同源，本义为强壮（hale）、健全（soundness）和完整（wholeness）。希腊语中表达"健康"的术语达700余种，皆指向"良好健康（good health）""疗愈（healing）"之意。古希腊时期（公元前5世纪—公元前4世纪），希波克拉底（Hippocrates，公元前460—公元前370年）提出的"四体液学说"极大推动了人们对健康的认识："人体内含有血液、黏液、黑胆汁和黄胆汁，它们决定了人体的性质。人体由此而感受到痛苦或享有健康。当这些体液的比例、体积与能量配合得当，并充分混合在一起时，人体便会处于完全健康的状态。"同时，该理论认为每种体液都与特定的季节相关（如血液与春天、黄胆汁与夏天、黑胆汁与秋天、黏液与冬天），因而需要根据季节等外部环境变化调整生活方式，以中和环境对身体的影响。归结而言，体液理论认为健康是人体与周围环境达到一种相对平衡状态的结果，体现了整体性的健康观。

随着希腊文明悄然接近尾声，世界历史的中心逐渐转移到地中海对岸的罗马。西罗马时代的克劳迪亚斯 · 盖伦（129—199年）被认为是继希波克拉底之后最伟大的医者，他在继承希波克拉底健康观的基础上提出"符合自然即健康"。从这一观点出发，可从两方面对"健康"进行定义：一是功能或生理意义上，身体的功能与自然一致；二是基于结构或解剖学原理，机体的器官构成是符合自然的。盖伦认为，健康就是体内各部分要素、特质及体液的平衡，允许所有复杂的部分进行“符合自然规律”的运作。此外，盖伦还论述了身体与灵魂之间的关系，指出灵魂的情绪状态（如发怒、恐惧、嫉妒等）可以通过改变体内各种元素、体液及其混合，进而影响人体的健康状态。

西罗马帝国的衰亡，拉开了欧洲中世纪（5—15 世纪）的序幕，持续不断的战争、疾病、灾荒严重阻碍了社会发展，给民众生活蒙上了阴影，宗教对社会文化和民众信仰的掌控，使得科学与医学研究基本陷于停滞。在这一时期，民众的健康观念受到以希波克拉底、盖伦为代表的传统医学和宗教思想的双重影响。基督教徒普遍认为，灵魂比身体更为高尚，身体是灵魂的外在表现，灵魂健康是身体恢复健康的前提，健康是灵魂纯净与身体健硕的和谐统一。

中世纪晚期，神权不再能笼罩一切，文艺复兴运动带领西欧社会走出了中世纪的愚昧和黑暗，迎来近代文明的曙光。随着自然科学的快速发展，西方对健康的概念化开始受到人体机械论的影响，比如，勒内·笛卡儿（1596—1650 年）认为健康就像是一部功能良好的机器，且人的身体与灵魂是彻底分开的。因此，没有躯体症状成为健康的常识性定义，这在一部 1905 年的圣经字典中能够得到印证：“从 1611 年以后，这个名词（健康）的意义已经被大大地限制了。现在，它只指身体的状态。过去，它还表示灵魂的状态，上帝与全人类的关系。”

17—19 世纪，生理学、病理学和细菌学等现代医学科学理论相继被提出，人们对健康的认识和关注集中到寻找并消除疾病的原因上，生物医学模式下的健康观成为主流。例如：19 世纪中叶“细胞学说”确立之后，人们认为“健康就是生物学上的适应，机体处于内稳态状态”；1873 年的词典 *Royal Dictionary*：*English and French and French and English* 中将健康解释为“免于疾病（Freedom from sickness）”。同时，19 世纪心理卫生运动的兴起，使得心理、精神健康开始受到关注，这一时期的精神分析学家西格蒙德·弗洛伊德（1856—1939 年）认为，只有本我、自我和超我三者间相互协调、保持平衡，人才会健康发展。进入 20 世纪，“健康是由生理和心理两部分构成”的观点开始被普遍接受。1901 年的词典 *A New English dictionary on Historical Principles* 中将健康解释为“身体健全的状态；在这种状态下身体功能正常，能够有效地运作。精神、道德或心理上是健全或美好的”。

另外，社会医学的发展使人们意识到生物医学模式下对健康的看法忽略了人的社会性，需要一种新的健康观来指导健康实践。1941 年，社会医学的早期倡导者、医学社会史学家亨利·内斯特·西格里斯特（Henry E. Sigerist，1891—1957 年）提出了极具影响力的健康定义：“健康不仅仅是没有疾病，而且是对生活具有正面、快乐的态度，并且欣然接受生活所赋予每个人的责任。只有身体和精神处于平衡，对躯体和社会环境具有更好的适应性，才可称之为健康人。”此后至 1948 年，WHO 在 *Constitution of the World Health Organization* 中正式提出健康定义。

（二）现代健康观

无论在科普、健康教育读物，还是在学术著作、期刊中，引用最多、受认可度最高的无疑是 WHO 所提出的：“健康不仅为疾病或羸弱之消除，而系体格、精神与社会之完全健康状态。”这一定义涵盖生理、心理和社会适应三个维度，兼顾了人的自然属性和社会属性，是一种积极的整体健康观。1986 年，WHO 发布的 *Ottawa Charter for Health Promotion* 中对健康的意义做了进一步解释：“要实现身体、心理和社会幸福的完好状态，人们必须有能力识别和实现愿望、满足需求以及改善或适应环境。因此，健康是日常生活的资源，而不是生活的目标。健康是一个积极的概念，它不仅是个人身体素质的体现，也是社会和个人的资源。”从以上描述中不难看出，WHO 对健康的定义包括组成（健康是什么）和作用（健康是做什么的）两个方面。

1. 健康的组成

从健康的组成来看，健康不仅是身体健全，还包括心理健康和社会适应完好，全面健康应该是以身体健康为基础，以心理健康为条件，以人与周围环境保持良好互动作保障。

身体健康的基本标志是身体结构完好和功能正常，包括体重、视力、力量、协调性、忍耐力、对疾病的易感水平和复原力等方面，机体处于稳态，具有充沛的精力和进行日常生活的能力。身体健康具有相对性，一方面体现在生物学机制上，机体不断地通过各种复杂机制调节各类器官和组织的功能，以适应并保持与环境中不利因素之间的平衡，由于环境不断变化，因而机体与环境之间的平衡是相对的。另一方面，身体健康的标准并非一成不变，随着社会发展和科学进步，人类对疾病的认识必然不断深化，身体健康与否是相对于当前社会和医疗技术发展水平而言的。

WHO 对心理健康的解释可见于两份报告中。一是 2001 年出版的 *The World Health Report* 2001：*Mental Health*：*New Understanding*，*New Hope*：“心理健康包括主观幸福感，拥有自我效能感，自主性，与其他人互动，可以发挥个人在才智和情感上的潜力等。”二是 2004 年出版的 *Promoting Mental Health*：*Concepts*，*Emerging Evidence*，*Practice*：*Summary Report*：“心理健康是一种完好的状态，在这种状态下，一个人能够发挥自己的能力，能够应对正常的生活压力、高效工作并且为他/她的社区作出贡献。”部分国内学者对 WHO 的心理健康概念进行了说明和解读，从中可以归纳出一些中国语境下心理健康的共识性含义：正确认识自我、正确认识环境、及时适应环境。

社会适应完好实际上反映的是一种积极参与社会生活的能力，其内容包括处于社会系统中的每个人能够发挥其潜力和承担义务；身心健康的人应该有效地扮演与其身份相适应的角色；每个人的行为与社会规范相一致。

2. 健康的作用

健康的作用就是从健康的三个维度获取资源，并将其应用到日常生活中。好的健康能够使我们发挥适应和自我管理的能力，有效应对周围环境的挑战，从事生活所需的各种活动，在整个生命历程中积极扮演不同生命阶段所要求的社会角色。更重要的是，健康可以使我们在日常生活中体验到幸福感，而幸福感又会进一步促发健康的潜能，改善个人的生活质量，直接提高个体劳动生产率。因此，WHO 提出健康是一种资源，不仅反映了健康的作用与价值，而且从侧面表达了个人和社会有必要投资健康，以保证人们能够充分利用这一资源，积极参与到对生命过程有益的活动中。

从全人群的角度来看，保证人人健康可以提高整体国民素质，延长人力资本的使用时间，提高使用效率，避免因疾病造成的直接和间接经济损失，减少社会医疗费用支持，使社会收入再分配能够向高层次需求和高生活质量转移，有利于促进经济社会高质量发展。正如《“健康中国 2030”规划纲要》开篇所言：“健康是促进人的全面发展的必然要求，是经济社会发展的基础条件。”

二、亚健康

20世纪80年代中期，苏联学者布赫曼将既不是健康，也不是患病的中间状态称为“第三状态”。随后，国内学者王育学在20世纪90年代中期首次提出“亚健康”这一名词，并将其初步定义为：“既不健康又没有疾病的状态，是介于健康与疾病状态之间的一种中间状态，一种动态过程，又是一个独立阶段。”现有文献中对亚健康的定义多引用中华中医药学会发布的《亚健康中医临床指南》：“亚健康是指人体处于健康和疾病之间的一种状态。处于亚健康状态者，不能达到健康的标准，表现为一定时间内的活力降低、功能适应能力减退的症状，但不符合现代医学有关疾病的临床或亚临床诊断标准。”同时，亚健康的发生、发展是一个动态过程，可以向疾病或健康状态转化。

造成亚健康状态的原因来自多个方面，例如：身心压力过大，心理状态失衡；饮食结构不合理，饮食习惯不健康；作息时间无规律，生活方式不健康；情感生活质量下降，人际关系日益紧张；射线、噪声等外部环境因素。与健康的三个维度相对应，亚健康状态也表现在躯体、心理和社会适应三方面。躯体亚健康状态的特征为持续的或难以恢复的疲劳，常感体力不支，懒于运动，容易困倦疲乏，如疲劳、睡眠紊乱、疼痛等。心理亚健康状态的特征为情绪压抑和心理冲突，以及由此引起的内脏神经系统、内分泌系统和免疫系统的一系列变化，如专注力和记忆力减退、抑郁、焦虑、恐惧等。社会适应亚健康状态的特征为人际交往障碍，适应能力下降，无法维持人际交往和社会关系。

值得关注的是，由于自身健康意识不强，加之环境、情感、婚恋、家庭、工作压力、社会融入等因素的影响，流动人口往往更容易处于亚健康状态。一项针对3万名青年流动人口的调查显示：处于亚健康状态的人数占比达60%，其中48%的人处于生理亚健康状态，55%的人处于心理亚健康状态，18%的人处于社会适应亚健康状态。

三、大健康

由于工业化、城镇化、人口老龄化，以及人类疾病谱、生态环境、生活方式的不断变化，我国面临多重疾病威胁并存、多种健康影响因素交织的复杂局面。在这一背景下，2016 年全国卫生与健康大会明确提出，要把人民健康放在优先发展的战略地位，树立大卫生、大健康的观念，将促进健康的理念融入公共政策制定实施的全过程。大健康的提出反映了人们对健康认识的进一步深化，即全民健康不仅需要医疗科技和卫生服务体系的“小处方”，更需要社会整体联动的“大处方”。大健康是人们在对健康高度重视和全面理解的基础上形成的健康价值共识。学者闫希军将大健康观定义为：“以国家健康价值观为核心，强调人（生理与心理）、社会及生态和谐，追求天人合一，形神和通；遵循健康行为和生活方式；实现包括躯体健康、心理健康，履行社会责任的能力健康和道德健康在内的整体的、全面的社会健康，提高生命质量。”

在新的时代背景下，大健康的内涵至少可从以下维度理解：第一，健康是公民的基本权利，大健康应该是覆盖全生命周期的健康；第二，大健康应该指全民参与，共建、共治、共享健康中国；第三，健康行动不再局限于卫生健康部门，而是多部门联动、全社会协同，积极践行“将健康融入所有政策”；第四，大健康需要国际的交流与合作，是更宏观、全局和整体视角下的一种全球健康策略；第五，大健康体现了生物—心理—社会医学模式在中国社会文化情境下的创新与发展。

第二节　疾病概述

作为一种客观存在的自然现象，疾病早在人类出现之前就已普遍存在，且绵延整个自然界发展史和人类文明史。生命伊始，人类便一直在与疾病作斗争，并努力探寻疾病的本质。在此过程中形成的一个基本认识为：疾病是生命的一种常态，其与健康共同构成生命存在的必然维度。虽然疾病本身是一种客观存在的自然现象，但人们对这种现象的认识和界定并非始终如一，因为这既涉及一定医学发展水平下人们关于人体生理机制运作过程的事实性知识，也与相应历史阶段的社会、文化、价值倾向等因素相关。在不断深入认识疾病的同时，明确当前危害人类健康的主要疾病构成，利用疾病负担分析确定主要病种、高危人群和高发地区同样具有重要意义。

一、疾病的概念

人类对疾病的认识如同对健康的认识一样，经历了漫长的发展过程。在原始社会，人们认为疾病受超自然的力量控制（鬼、神、上帝），诸如罪恶、惩罚、与自然不和谐等，均被看作疾病的原因。这是一种从宗教特别是巫术的角度所进行的文化理解。例如，在美索不达米亚文明中，疾病和不幸被认为是由魔鬼和邪灵造成的；《殷墟甲骨卜辞》中的记录表明，殷人多将疾病归因于“天帝降疾”“鬼神作祟”和“蛇虫致病”。随着古代自然哲学的发展，古希腊医学家希波克拉底提出了体液病理学说，认为疾病是人体内血液、黏液、黄胆汁、黑胆汁四种体液失衡的结果，如黑胆汁的积聚是形成肿瘤的原因。古罗马医师盖伦认为，疾病的原因在于体液的败坏（主要是血液），体液发生改变则是由于神灵的作用。在我国古代，传统医学的阴阳五行学说认为自然界是由木、火、土、金、水五种基本物质构成，经由“六淫”（风、寒、暑、湿、燥、火）和“七情”（喜、怒、忧、思、悲、恐、惊）导致疾病发生，如春季多风病、夏季多暑病、长夏初秋多湿病、深秋多燥病、冬季多寒病。以上古代疾病观虽然带有一定主观性，但对机体“失衡”状态的认识无疑具有重要意义。

随着“基于科学的医学”从中世纪的神学枷锁中得到解放以及解剖学、生理学、物理学、化学等学科的巨大进步，医生和科学家开始通过观察和实验来认识疾病，以自然哲学为基础的疾病观开始向以自然科学为基础的疾病观转变。16—17 世纪的许多医生试图从物理学和化学的角度来解释生命现象和疾病，医学物理学家认为“疾病的本质是机体各个组成部分机械性连接的改变”，医学化学家则认为“疾病是由机体体液化学成分改变造成的”。18 世纪最具影响力的是器官组织异常学说，意大利解剖学家乔瓦尼·巴蒂斯塔·莫干尼（1682—1771 年）认为“疾病是由器官中的病理变化引起的形态学上的异常改变”，随后法国医学家毕夏（1771—1802 年）进一步研究指出，疾病是人体各种组织的形态学改变的结果。19 世纪，德国病理学家鲁道夫·魏尔啸（1821—1902 年）创立了细胞病理学，宣称疾病的本质在于特定细胞的损伤，疾病是细胞对于异常刺激的反应。19 世纪后半期，医学进入“细菌学时代”，法国生物学家路易斯·巴斯德（1822—1895 年）和德国医学家罗伯特·科赫（1843—1910 年）证实了传染病是由病原微生物引起，并在此基础上提出“疾病是特定病菌入侵人体的结果”。从上述近代疾病观的发展中不难看出，这一时期人们对疾病的解释普遍建立在疾病与外源性病因之间的对应关系上，具有机械性和片面性的特点。

进入20世纪后，基因的发现使人类对疾病的认识产生了跃迁，基因表达异常和病变成为理解疾病本质的关键词，同时医学研究在方法论上呈现出从片面、孤立到综合的特点。20世纪20年代美国生理学家沃尔特·坎农（1871—1945年）提出稳态失衡说，20世纪30年代加拿大科学家塞里（1907—1982年）提出应激学说、奥地利生物学家贝塔朗菲（1901—1972）创立系统论，20世纪40年代美国数学家诺伯特·维纳（1894—1964年）创立控制论，在这些理论的影响下，疾病被认为是“机体自我调控的紊乱”“由局部损伤导致的整体功能耦合错失”。20世纪末，美国演化生物学家伦道夫·M. 尼斯和威廉姆斯在《我们生病的原因：达尔文医学的新科学》一书中提出“疾病是人类在进化过程中获取某种利益的一种代价”。这一观点逐渐发展为疾病的进化论学说：人类为了存在、繁衍的最大利益而不断适应环境，在进化过程中使自身的结构和功能（如修复、免疫、自愈等能力）发展得十分精妙、合理，同时人体的结构和功能方面又存在许多不足甚至是严重的缺憾，这既是自然选择的结果，也是人类患病的深层次原因。

综上所述，人类对疾病的认识是一个由浅入深、不断发展的过程，其中的观点大致可分为三类：一是本体论疾病观，认为疾病的本质在于外在实体（病原体）、内在结构（细胞、组织、器官）的损伤；二是生理学疾病观，认为疾病的本质在于正常生理功能的紊乱；三是进化论疾病观，特点是从人类进化史的角度解释疾病。在这些观点的基础上，现代疾病观逐渐形成，其基本特征为：疾病是发生在人体一定部位、一定层次的整体反应过程，是生命现象中与健康相对立的一种特殊征象；疾病是机体正常活动的偏离或破坏，是功能、代谢和形态结构的异常以及由此产生的机体内部各系统之间、机体与外界环境之间的协调发生障碍；疾病不仅是体内的病理过程，也是内外环境适应的失衡，是内外因作用于人体并引起损伤的客观过程；完整的疾病过程通常伴随生理、心理和社会因素的相互作用和影响。

具体到疾病定义，不同学科领域对疾病的理解同样存在差异，部分学科对疾病的解释如表1-1所示。

表 1-1　部分学科对疾病的解释

学科	对疾病的解释
哲学	个体违反在自然中应该遵循的秩序与法则
解剖学	细胞超微结构的改变
生理学	稳态的破坏
遗传学	先天性（遗传性）代谢紊乱
病因学	特殊病因引起的异常生命过程
流行病学	宿主容易受到环境中病原体感染，或已受到病原体感染的状态
生态学	个体在进化过程中获得的灵活性不能应对变化的环境
心理学	生物、心理和社会因素综合的产物，即身心关系失常
社会学	个体的躯体和行为表现出与群体中公认的正常现象不一致的情况
经济学	个体失去社会、经济及生产能力，或是个体可通过购买健康服务实现被治疗的一种异常状态

在众多疾病定义中，医学对疾病的定义通常最具权威性。现代医学教材中多将疾病定义为“机体在外界和体内某些致病因素作用下，因自稳态调节紊乱而发生的生命活动异常，此时机体组织、细胞产生相应病理变化，出现各种症状、体征及社会行为的异常”。而中医学教材中对疾病的定义则体现出中西医学疾病观念的融合：“疾病这一概念反映了某一种疾病全过程的总体属性、特征和规律，是致病因素作用于人体，正邪相争引起的脏腑或组织生理功能障碍导致机体阴阳失衡的一个完整的病理过程。这一过程中始终存在着损伤、障碍与修复、调节的矛盾斗争，亦即邪正斗争。”

从学术界对疾病概念的讨论来看，医学哲学、社会学、人类学领域的部分学者认为疾病的概念不过是医学科学家在现有科学建制和社会体系内的一种创造物，人们基于一定的价值判断，按照约定俗成的方法论来生产疾病知识，并对一些分歧达成“共识”。这些学者认为疾病是社会建构的产物，是在一定历史、文化和社会情境中被建构出来的，即“疾病建构论”。社会建构主义视角下的疾病定义在一定程度上弥合了医学技术与人文精神的裂缝，与生物—心理—社会医学模式的内涵一致。此外，也有学者尝试在现有疾病定义的基础上提出一个综合性的定义，如国内学者张玉龙将疾病定义为：“机体（包括躯体和心理）在一定的内外因素作用下引起的一定部位的机能、代谢、形态结构的变化，表现为损伤与抗损伤的整体病理过程，是机体内外环境平衡的破坏和正常状况的偏离。由疾病可引发各种临床症状、体征和社会行为异常。症状是疾病所引起的患病者主观感觉异常；体征是医生通过各种检查方法在患病者机体上发现的客观存在的异常；社会行为异常是患者有目的的语言和行为发生异常。”

二、疾病的分类

疾病分类的思想由来已久，最早的汉字甲骨文中所载之疾病就已按不同身体部位分类，如疾首（头病）、疾目（眼病）、疾耳（耳病）、疾自（鼻病）、疾腹（腹病）等。成书于东汉末年的《伤寒杂病论》奠定了中医学在疾病分类方面的基础。《伤寒论》将外感病分为太阳病、阳明病、少阳病、太阴病、厥阴病、少阴病六大类；《金匮要略》则体现了多种疾病分类思想：一是按疾病的相关性合篇，第 2 篇至第 17 篇属于内科疾病，第 18 篇属于外科疾病，第 19 篇为不便归类之疾病，第 20 篇至第 22 篇专论妇产科疾病。二是根据临床表现分类，如疟病分为但寒不热的瘅疟、热多寒少的温疟、寒多热少的牝疟三种类型。三是根据部位分类，如“痰饮病”包括四种子病，“其人素盛今瘦，水走肠间，沥沥有声，谓之痰饮；饮后水流在胁下，咳唾引痛，谓之悬饮；饮水流行，归于四肢，当汗出而不汗出，身体疼痛重，谓之溢饮；咳逆倚息，短气不得卧，其形如肿，谓之支饮”。四是根据致病原因分类，如“杂疗方第二十三”记述了治疗一些急性病的验方、效法，这些疾病多按病因（自缢死、中暍[①]、溺死、马坠等）进行分类。五是根据五脏病症分类，分别论述了肺、肝、心、脾、肾各脏器的中风证、中寒证、死脉证（其中缺少脾中寒证、肾中风证、肾中寒证）。

此后，隋唐时期的《诸病源候论》和《千金要方》分别从病因和脏腑的角度进一步完善了先前的疾病分类系统。宋代的医学典籍多在《诸病源候论》和《千金要方》中的疾病分类框架下进行补充，而金元时期的医家则主要针对一些当时常见病证进行分类，未成体系。至明清时期，临床分科明显，《证治准绳》《张氏医通》《医碥》等综合型医籍中对病证的分类愈加微细、规范，疾病分类依据较为固定。

① 即中暑、中热。

在西方医学中，古希腊时期的希波克拉底把人分为不同气质以区分不同气质的人容易得什么样的病，体现了一种早期的疾病分类思想。疾病分类法的建立可追溯到17世纪，当时英国临床医学家西登哈姆（1624—1689年）指出为了便于科学研究，所有疾病必须归结为明确的和肯定的种类，如同植物学家对植物进行分类一样：不同个体的相同疾病表现出的症状大部分是相似的，就像一种植物的一般特征扩展到该种植物的每个个体一样，无论谁都能准确描述出这种植物的颜色、味道、气味和形象。17世纪流行病很普遍，西登哈姆根据他的疾病分类理论，记载了风湿病、舞蹈症、丹毒、胸膜炎、肺炎、癔症等疾病的症候，还描述了一些急性疾病和慢性疾病，他认为急性疾病占人类疾病的2/3，而痛风、神经质等慢性疾病占1/3。荷兰医学家布尔哈夫（1668—1738年）把疾病分为固体部分和液体部分两大类，液体部分的疾病可能是由液体的质和量改变引起，固体部分的疾病是形态、体积、组织的张力、血管容量等方面异常所致。1735年，瑞典生物学家卡尔·冯·林奈（1707—1778年）在*Systema Naturae*中提出了一个完整的分类系统：将动植物分别按照类、门、纲、目、科、属、种的原则分类。林奈还完成了一本疾病分类学的著作——*Genera Morborum*，其中，将所有疾病按特征分成11类，并在每一类疾病中进一步细分。例如，首先将疾病分为热病和非热病，再将热病分为发疹、危机热和炎症热三类。与林奈同时代的法国医生塞维杰斯（1706—1767年）于1763年出版了*Nosologia methodica sistens moborum classes, genera et species*，其中将2 400种疾病分为10类，分类标准以症状为基础，如发热、炎症、排泄、瘫痪、心绞痛、吞咽困难等。意大利医生布朗（1735—1788年）重点研究了神经疾病的分类，他认为疾病只有所谓“亢进”紊乱和“抑制”紊乱两种基本类别，这种神经疾病分类原则在当时的德国和意大利广泛流行。

通过对中西医学早期疾病分类思想的简单梳理后可知，分类是人类认识疾病的重要方式，医生和科学家从不同角度认识疾病，由此发展出不同的疾病分类方式。例如，从病理学的角度，疾病可分为炎症（机体对致炎因子引起的局部组织损伤所发生的防御反应）、肿瘤（机体局部组织的正常细胞受到各种致瘤因子的作用，在基因水平上失去了对细胞生长的正常调控，导致异常增生而形成的新生物）、遗传性疾病（人体生殖细胞或受精卵的遗传物质发生改变后传给子代并引起发病，具有先天性、终身性和家族性的特点）、先天畸形（个体在出生时即存在形态或结构上的异常）

四大类。

一般而言，我们可以简单地将疾病分为传染性疾病（communicable diseases，传染病）和非传染性疾病（noncommunicable diseases）。传染病是指由各种致病性微生物或其他病原体（导致疾病的病毒和细菌等）所引起的具有传播性、流行性的疾病，病原体包括病原微生物和寄生虫。传染病的流行需要同时具备传染源、传播途径和人群易感性三个条件，患者、隐性感染者、病原携带者及感染动物为常见的传染源，病原体可通过呼吸道、消化道、接触、虫媒和血液、体液等途径水平传播，也可以通过母婴途径垂直传播，人群对大多数传染病普遍易感。从传播过程来看，地理、生态、气候等因素对传染病的发生、发展具有重要影响，如黑热病在中国北方多发、疟疾在夏秋季节发病率较高；同时，一些社会因素（如人口流动）可能会加速病原体在不同地区间的传播，如中东呼吸综合征（Middle East Respiratory Syndrome，MERS）病毒跨越亚洲引发东亚地区的韩国出现大规模疫情。

非传染性疾病也称慢性非传染性疾病，是对一类起病隐匿、病因复杂、病程长、病情迁延不愈和一些尚未被完全确认的疾病的概括性总称。非传染性疾病的主要类型包括心脑血管疾病（如心脏病发作和中风）、癌症、慢性呼吸系统疾病（如慢性阻塞性肺部疾病和哮喘）以及糖尿病，这四类疾病导致的过早死亡占到所有非传染性疾病的 80%。此外，听力衰退和失聪、视力衰退和失明、遗传疾病及口腔疾病也可归入非传染性疾病的范畴。非传染性疾病是当前全球人口死亡的主要原因，每年约有 4 100 万人死于非传染性疾病，相当于全球总死亡人数的 74%。这类疾病通常是遗传、生物、环境和行为因素综合作用的结果，随着我国工业化、城镇化、人口老龄化进程不断加快，居民生活方式、生态环境、食品安全状况等对健康的影响日益凸显，慢性病业已成为危害我国居民健康的“第一杀手”。《中国居民营养与慢性病状况报告（2020 年）》中的数据显示：2019 年我国因慢性病导致的死亡占总死亡的 88. 5%，其中，心脑血管疾病、癌症、慢性呼吸系统疾病导致的死亡占比为 80. 7%。

为使世界各国能够使用一种“通用语言”来交换卫生信息，《国际疾病分类》（International Classification of Diseases，ICD）应运而生，目前已更新至 ICD-11，其中，将与伤害、疾病和死亡有关的情况分为 25 个大类，并首次纳入了传统医学病症分类模块。

三、致病模式

19 世纪末至今，为更好地理解疾病发生发展的原因，流行病学家提出了诸多疾病发生的病因模型，也称为致病模式。其中，比较有代表性的是三角模式（Epidemiologic Triangle）、轮状模式（Wheel of Causation）和网状模式（Web of Causation）。

三角模式（见图 1–1）由约翰·高登提出，强调疾病的产生是致病因子（病原）、宿主和环境三大因素相互作用的结果，该模式中的任一因素产生变化，就会破坏原有的平衡进而导致疾病发生。三角模式适用于解释急性传染病的发生，但无法解释复杂多病因的慢性病和精神疾病。

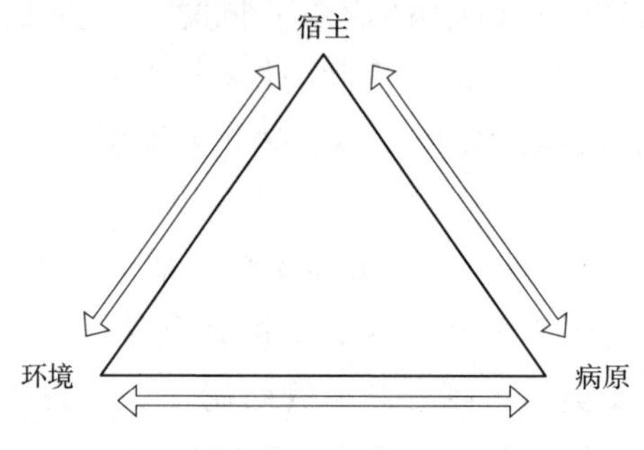

图 1–1　三角模式

轮状模式由莫思诺和克拉默提出，强调宿主与生态环境间持续而复杂的互动关系。如图 1–2 所示，此模式以宿主遗传基因为轴心，外周的环境分为生物环境（如病原体、传播媒介等）、物理环境（如空气、水、食物

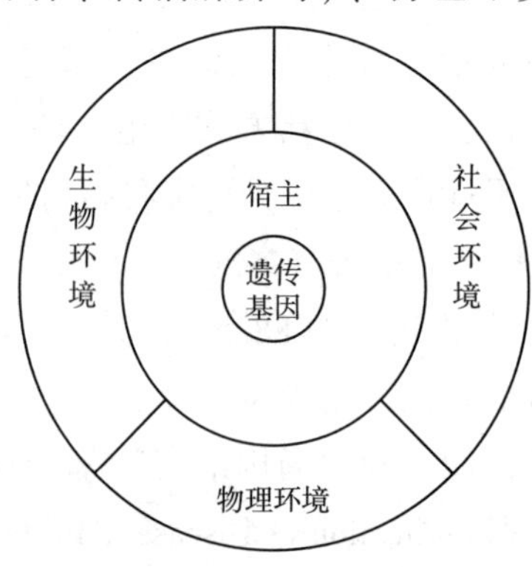

图 1–2　轮状模式

等）和社会环境（如政治、经济、民俗、文化等）。在轮状模式中，各致病因素所占比例会随疾病形态而变化，如遗传性疾病的轴心占比较多、职业病的物理环境占比较多、传染病的生物环境占比较多。

网状模式由麦克・马荷提出，强调疾病并非由单一原因造成，而是由许多复杂的网络交织而成，网络中的任一因素都可能造成疾病，且各因素之间有相互关联性，只要去除病因网络中的任何一个关键因素，就可以避免疾病发生。例如，冠状动脉硬化的病因网络如图 1–3 所示。

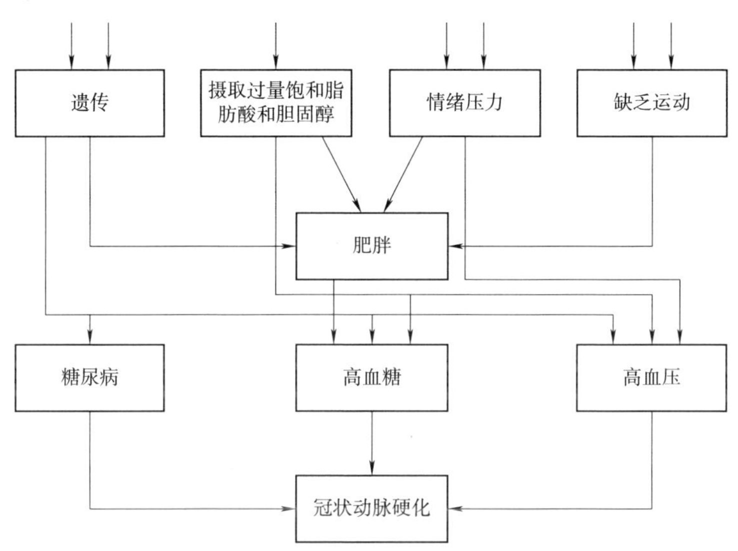

图 1–3　冠状动脉硬化的病因网络

四、疾病负担

在人类社会发展的历史进程中，人们对导致不同国家大多数人死亡的主要疾病及其原因知之甚少。然而，面对众多传染性和非传染性疾病的威胁，WHO 和各国政府更需要关注心脏病是否比癌症造成的死亡人数多、糖尿病是否比精神疾病导致更多残疾等问题，这是确定优先解决的健康问题及合理分配有限医疗资源的基础。由于现有的关于世界各国人口健康和死亡状况的信息并不完整且缺乏一致性，WHO、世界银行等国际组织开始尝试构建一个用于整合、验证、分析和共享全球健康、疾病、死亡信息的新框架，并用于评估疾病和伤害在不同人群中导致过早死亡、健康损失与残疾的相对重要性——疾病负担的研究随之产生。疾病负担的概念及测算方法最早出现在世界银行 1993 年发布的《1993 年世界发展报告：投资于健康》中，随后《柳叶刀》（*The Lancet*）杂志于 1996 年刊登了《全球疾病负担研究 1990》的系列文章，疾病负担逐渐成为衡量疾病对健康危害程度的重要工具。目前，全球疾病负担（Global Burden of Disease，GBD）研究主要由美国华盛顿大学健康指标与评估研究所（Institute for Health Metrics and Evaluation，IHME）负责，为世界各国了解人口健康面临的主要挑战持续提供最新证据，受到各国政府和学术界的广泛关注。

（一）疾病负担的概念与分类

疾病负担（Burden of Disease，BoD）又称疾病成本或疾病代价，指疾病对人群的危害及对社会和经济的影响，即疾病造成的生物、心理和社会方面的危害，造成的健康、经济、资源损失，以及对疾病结局（如死亡、失能、康复）的影响。概括而言，疾病负担主要包括健康和寿命损失、经济损失以及除此之外的其他损失。从疾病负担的分类来看，当前主要有以下两种分类标准。

按主体分类，疾病负担可分为个人负担、家庭负担和社会负担（见图 1-4）。个人负担是指疾病对本人造成的身体损伤、身心残疾和死亡，并引起日常生活、工作、学习和社会交往等方面的问题；家庭负担主要是对家庭成员造成的影响，包括经济、家庭关系、家庭成员心理影响等；社会负担是指对社会各个方面造成的负面影响，如社会安定、资源配置、生产力、平均预期寿命、健康水平等。

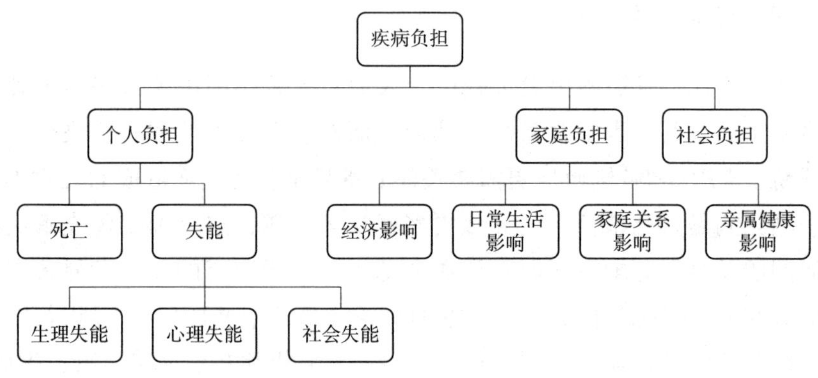

图 1-4　疾病负担对不同主体的影响

按内容分类，疾病负担可分为流行病学负担和疾病经济负担。流行病学负担也称疾病健康负担，指因为疾病造成的早死、生活质量下降、残疾和死亡的健康损失。疾病经济负担是由于疾病、失能（残疾）和过早死亡所造成的个人、家庭及社会的经济损失，主要包括直接经济负担、间接经济负担和无形经济负担。直接经济负担是指个人、家庭和社会直接用于治疗疾病的费用总和。间接经济负担是指由于疾病、伤残和死亡使得有效劳动时间减少以及劳动能力降低，从而给社会和家庭造成的损失。无形经济负担是指由于疾病对个人和家庭成员造成的精神压力、生命年损失和生活质量下降，如患者和亲友因疾病而产生的痛苦、抑郁等心理状况。

（二）疾病负担的测量指标

1982 年以前，卫生健康领域普遍认为疾病负担就是疾病引发死亡所造成的损失，因而这一阶段疾病负担的测量以死亡率、发病率、病死率等常规流行病学指标为主。1982 年，美国疾病预防控制中心提出潜在寿命损失年（Years of Potential Life Lost，YPLL）指标，使得疾病负担的测量考虑到不同年龄别人群的死亡差异。1990 年后，标准化的疾病负担评价方法体系初步建立，基本思路是将死亡和失能相结合以共同描述人群的健康状态，伤残调整寿命年（Disability-Adjusted Life Years，DALYs）、质量调整寿命年（Quality-Adjusted Life Years，QALYs）、伤残调整期望寿命（Disability-Adjusted Life Expectancy，DALE）等指标相继被提出。目前，疾病负担的测量已发展为疾病综合负担指标（Comprehensive Burden of Disease，CBoD），包括疾病导致的个人身体伤害（残疾、失能、早死、生活质量下降等）、个人和家庭成员的心理伤害，以及疾病对个人、家庭和社会造成的经济损失等方面。疾病负担研究中常用的测量指标主要有以下几类。

1. 死亡率、发病率和死因顺位

这类指标通过对某一时段，某一地区内的死亡人数或者发病人数进行计算，反映出某种疾病在这一时段内的严重程度。这类指标的优点是可以反映一个地区的基本卫生状况，居民健康水平以及疾病的危害程度；缺点是只能反映疾病所致死亡的严重程度，无法反映残疾、失能等状态。

2. 潜在减寿年数

潜在减寿年数（Potential Years of Life Lost，PYLL）用疾病造成的寿命损失评价不同疾病造成负担的大小，也称因早死造成健康生命年的损失，其特点是考虑到不同年龄组的人对寿命影响不同，给不同年龄的死亡以不同的权重，从而突出了“早死”比“晚死”对寿命减少危害性更大。PYLL 率、标化潜在生命损失年、标化 PYLL 率、平均潜在寿命损失年等指标都是基于 PYLL 发展出来的。这类疾病负担的测量方法的潜在假设为“疾病负担就是疾病造成死亡而引起的个体或人群寿命的减少”，优点是弥补了死亡率和死因顺位等传统指标无法考虑死亡年龄的不足；缺点是只能考虑死亡这一种结局，忽略了疾病可能造成的失能负担。

3. 伤残调整寿命年

DALYs 是由因早死造成健康生命年的损失（Years of Life Lost，YLLs）和因伤残造成健康生命年的损失（Years Lived with Disability，YLDs）共同构成的一项综合指标，即 DALYs=YLLs+YLDs。其中，YLLs 的计算为标准期望寿命减去死亡年龄，即死于某年龄组标准期望寿命之前的年数为早死所致的寿命损失年数。YLDs 的计算是通过某种疾病的年龄别发病数以及此病的伤残权重（非致命性伤残的严重程度）来估计。DALYs 是目前应用最多的、最具有代表性的疾病负担测量指标，其优点是综合了疾病发病、死亡和残疾程度等多种结局于一体，能够同时反映疾病所致伤残和死亡两个方面，并且在不同国家、地区和人群中具有较好的可比性；缺点是只是以病态程度估计疾病负担，并未测量疾病对健康的全部损害，且未涉及对家庭、亲友和社会所造成的负担，计算较为烦琐。

4. 健康期望寿命

健康期望寿命（Health-Adjusted Life Expectancy，HALE）指的是具有良好健康状态的生命年及个体能在比较舒适的状态下生活的平均预期时间长度。HALE 是在平均预期寿命的基础上，从生命的质量和数量两方面综合反映人群健康水平的一种复合型指标。HALE 的优点是可直接与年龄别期望寿命进行比较，可反映哪类伤残水平所造成的期望寿命损失对人群生命质量影响最大；缺点是实际研究中对于功能或残障状况的具体评定方法、标准并不一致，同类指标研究结果间的可比性较差。

第三节　健康转变的内涵

随着社会经济的迅速发展和医疗水平的不断提高，现代化、工业化和城市化的进程改变着社会的各个方面，也包括改变了人口的健康和疾病模式。20 世纪，两个显著的人口现象是人口转变和健康转变。健康转变主要是指疾病模式从以罹患主要发生在生命早期的营养不良和传染病为主向以罹患主要发生在生命晚期的慢性病为主转变，其内涵包括死亡率下降、疾病谱改变、疾病负担改变、健康期望寿命与平均预期寿命增长不同步等。健康转变与人口的发展密不可分，人口的变动促进了健康转变，人口相关指标也是健康转变的重要影响因素，深刻理解健康转变的内涵，对于人口和医疗卫生事业的发展具有重要意义。

一、死亡率下降

人口死亡率、婴儿死亡率、5 岁以下儿童死亡率、孕产妇死亡率等死亡指标是评价人群健康状况的常用指标，也是评价社会、经济发展和人口生活质量的重要指标。死亡率的快速下降，正是健康转变的开端。

（一）人口死亡率

根据联合国在 2022 年世界人口日（7 月 11 日）发布的《世界人口展望 2022》报告，1950—2019 年，全球人口粗死亡率显著下降，从 1950 年的 19.5‰下降到 2019 年的 7.5‰。但死亡人口并没有大幅增加，基本上保持在 4 000 多万至 5 000 多万人之间。受到新冠疫情的影响，2020 年和 2021 年的全球死亡人数显著增加，分别为 6 317 万人和 6 925 万人，死亡率分别上升到 8.1‰和 8.8‰。总体来说，1950—2021 年，全球死亡人口从 4 879 万人上升到 6 925 万人，但死亡率从 19.5‰下降到 8.8‰。

我国的人口死亡率同样出现明显下降。结合中国国家统计局公布的我国 1949—2020 年人口粗死亡率的数据，我国的人口死亡率变动可分为如下五个阶段：

第一阶段，中华人民共和国成立后到 1957 年。这段时期，我国人口死亡率从一个较高水平迅速下降到一个较低水平。新中国成立伊始，一无医二无药，疫病流行，人民的卫生与健康状况危机重重。为尽快改变这种状况，党中央和各级政府把消灭疾病保护人民健康放到了政府工作的极其重要位置，把预防严重危害人民健康的流行病、严重威胁母婴生命的疾病和建立基层卫生组织作为两大工作重点。1949 年 11 月 1 日，成立中央人民政府卫生部；1953 年，政务院批准在各省、市、县建立卫生防疫站，成立卫生部流行病学研究所和各级爱国卫生运动委员会；之后陆续建立各种传染病防治专业机构，很多医学院校开始在附属医院成立传染科。此外，国家还颁布了多项卫生防疫、检疫的基本方针和法律法规，如 1951 年中央印发《中央关于加强卫生防疫和医疗工作的指示》，1950—1952 年先后印发《交通检疫暂行办法》《民用航空检疫暂行办法》《轮船安全卫生条例》，1955 年卫生部印发《传染病管理办法》，1956 年陆续把消灭天花、性病、血吸虫病、丝虫病、黑热病、鼠疫、疟疾等传染病纳入国家规划，1957 年全国人民代表大会常务委员会第八十八次会议通过了《国境检疫条例》。

通过这些举措，我国快速化解了卫生与健康事业的危机，人民的健康水平发生了改变，最直接表现就是死亡率的快速下降。我国人口死亡率由 1949 年的 20‰下降到 1957 年的 10.8‰，其下降速度是异常惊人的，我国仅用 7 年的时间就完成了世界 30 年的平均下降历程。由于我国在 1958 年以前还没建立健全严格的户籍管理制度，造成了这一期间出现了较为严重的死亡漏报现象，死亡率下降速度出现了异常过快的情况，实际死亡率没有报告的那样低，这一期间我国的人口死亡率应当向上做适当调整。但从总体上来看，这一时期的人口死亡率还是呈现出下降趋势，人民的健康状况出现改变，这是毋庸置疑的。如同人口学家诺特斯坦所指出的那样："死亡率迅速下降是对外部变迁的反应，因为人类总是渴望健康。"我国人口出生率、死亡率和自然增长率变动如图 1-5 所示。

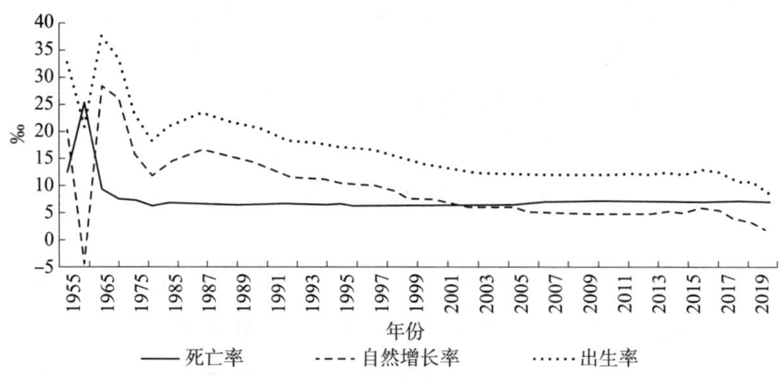

图 1-5 我国人口出生率、死亡率和自然增长率变动[①]

第二阶段是 1958 年至 1960 年。受自然灾害的影响，经济发展和人民生活受到了很大影响，温饱得不到基本保障和疾病高发致使这一时期的人口死亡率突增，1960 年的人口死亡率达到近现代以来的峰值（25.43‰）。

① 数据来源：国家卫生健康委员会．中国卫生健康统计年鉴［M］．北京：中国协和医科大学出版社，2021.

第三阶段是在自然灾害过后的1961年至1978年。经济和社会发展状况逐渐转好。三年困难时期属于非经常性事件，对死亡率的影响只是暂时的，并且很快得到修复，并没有改变死亡率快速下降的趋势。同时，我国在广大农村地区建立起了“赤脚医生”制度和农村合作医疗制度，以“两管五改”为主要内容的爱国卫生运动扎实推进、成效明显，科研工作者也取得了成功研制麻疹减毒活疫苗、乙脑疫苗和流脑疫苗的成就。我国政府将人类医疗卫生事业发展的成果迅速普及广大的农村，极大提升了人民群众的健康水平，致使这一时期的人口死亡率继续大幅度下降。

第四阶段是1979年至2003年。党的十一届三中全会后，我国开启了改革开放的新时期，医疗卫生事业紧随社会发展的大潮而动，在这一时期，我国的医疗卫生体系得到了全面而迅速的发展，陆续出台了医疗卫生发展和改革的相关政策和举措，逐步建立规范化、系统化的医疗卫生体制。虽然影响传染病发生和传播的各种因素仍然广泛存在，但此阶段的人口死亡率一直保持稳中有降的趋势。

第五阶段是2004年至今。在此阶段由于经历两次较为严重的传染病大流行（2003年SARS和2019年新冠疫情），以及时不时面临着人禽流感、艾滋病等新型传染病的发生，人口死亡率较上一阶段有所缓慢上升，从2004年的6.42‰波动上升至2020年的7.07‰，但整体仍然处于较低水平，表明我国人口健康经历了深刻的不可逆的转变。

（二）婴儿死亡率

婴儿死亡率是出生后不满1周岁的活产婴儿死亡数与活产总数之比，其不仅直接反映了一个国家或地区的妇幼卫生状况和医疗服务水平，也反映了社会经济发展水平，国际上也公认婴儿死亡率能敏感、准确地反映一个国家、民族或地区在一定的经济、环境、文化教育、卫生保健事业条件下居民的健康状况。

中华人民共和国成立以前，我国妇幼保健机构服务能力薄弱，婴儿死亡率高达200‰。中华人民共和国成立后的第一个十年是婴儿死亡率快速下降的一个阶段，到1958年已降至80.8‰。这完全得益于中华人民共和国成立后，党中央和国务院对妇幼保健工作的高度重视，通过开展基本公共卫生服务项目和妇幼重大公共卫生服务项目，开始推行新法接生、医院分娩以及对高致死率传染病的有效控制，使得儿童的健康权得到充分保障。20世纪70年代以后，我国的婴儿死亡率进一步下降，大大低于发展中国家的平均水平，下降速度明显高于那些婴儿死亡率初期水平已经很低的中高收入国家，但对比部分婴儿死亡率初期水平差不多的发展中国家和发达国家，年平均下降速度还是比较低，这说明我国的婴儿死亡率水平还有下降空间。根据《中国人口统计年鉴（1989）》及其他文献资料，20 世纪 80 年代我国的婴儿死亡率在 32. 89‰—41. 37‰波动下降，由于我国于 1991 年才在全国范围建立5 岁以下儿童死亡监测网，在这之前婴儿死亡资料主要来源于第三、四次全国人口普查时收集的资料，漏报现象严重，实际的婴儿死亡率比公布的数据要高一些。有学者通过阶段性分析比较和文献考据的方法，根据婴儿死亡漏报率和人均 GDP 阶段变化对该时期的婴儿死亡率进行校正，经调整校正后 1981—1990 年各年度婴儿死亡率分别为 60. 05‰、58. 45‰、56. 85‰、55. 25‰、53. 65‰、52. 05‰、50. 45‰、48. 85‰、47. 25‰、45. 65‰，该数值更加接近当时实际水平。可以看出，此时我国婴儿死亡率处于缓慢下降的阶段。

根据国家统计局公布的婴儿死亡率数据，如图 1-6 所示，1991—2020 年婴儿死亡率呈现明显下降趋势，且城乡间差距持续缩小。从 20 世纪到 21 世纪，我国的婴儿死亡率由 1991 年的 50. 2‰下降到 2020 年的 5. 4‰。1991 年，城市婴儿死亡率为 17. 3‰，农村婴儿死亡率为 58. 0‰；2020 年，城市婴儿死亡率为 3. 6‰，农村婴儿死亡率为 6. 2‰，分别下降了 79. 2%和 89. 3%。城乡婴儿死亡率之比由 1991 年的 1 ∶ 3. 4，降至 2017 年的 1 ∶ 1. 7，城乡差距逐渐缩小。

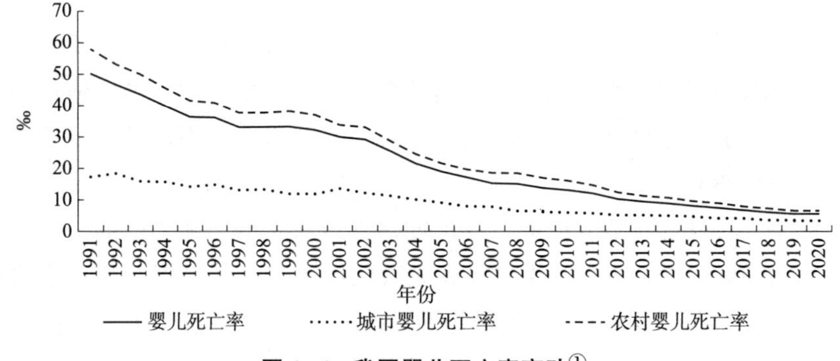

图 1-6　我国婴儿死亡率变动①

① 数据来源：国家统计局。

（三）5岁以下儿童死亡率

5岁以下儿童死亡率指年内未满5岁儿童死亡人数与活产数之比，与婴儿死亡率一样，5岁以下儿童死亡率也是反映儿童健康和保健状况、所处的社会、经济和环境状况的重要指标。

根据联合国儿童死亡率估算机构间小组（UN Inter-agency Group for Child Mortality Estimation，UNIGME）发布的2021年儿童死亡率水平和趋势报告编制表1-2。如表1-2所示，全球5岁以下儿童死亡率从1990年的93‰下降到2020年的37‰，下降率达61%。1990—2020年的30年间，全球5岁以下儿童死亡率的年度下降率为3.1%，其中在2000—2009年的年度下降百分比最高，为4%。虽然全球的5岁以下儿童的健康状况明显改善，死亡率快速下降，但在撒哈拉以南非洲出生的儿童仍然面临着世界上最严重的生存概率。该地区2020年的5岁以下儿童死亡率为74‰，比欧洲和北美地区5岁以下儿童死亡率高14倍，比澳大利亚和新西兰地区5岁以下儿童死亡率高19倍。同样地，该报告显示在低收入国家出生的儿童，其2020年5岁以下儿童死亡率（66‰）比在高收入国家出生的儿童在5岁前死亡的可能性（5‰）高14倍。在国家层面，仅仅根据出生地和出生时的经济环境来看，儿童仍然面临着过上健康生活的巨大差异。目前，已有121个国家实现可持续发展目标中与5岁以下儿童死亡率有关的具体目标，如果继续保持目前的趋势，预计到2030年还有21个国家能实现这一具体目标。但仍然有53个国家需要加大努力以便加快进展速度，其中有2/3是撒哈拉以南非洲国家。

根据国家统计局公布的我国5岁以下儿童死亡率数据，如图1-7所示，1991年，5岁以下儿童死亡率为61.0‰，2020年降至7.5‰，下降幅度达87.7%。2000年，联合国成员国签署《联合国千年宣言》做出承诺，旨在将全球贫困水平在2015年之前降低一半，其中就包括5岁以下儿童死亡率降低2/3的千年发展目标。而我国在2007年的5岁以下儿童死亡率已降为18.1‰，比1991年下降了70.3%，提前八年实现了联合国“千年发展目标”。

表 1-2 1990—2020 年 5 岁以下儿童死亡率的水平和趋势

地区	5 岁以下儿童死亡率(‰)							下降百分比(%)	年度下降百分比(%)			平均年度下降百分比(%)
	1990 年	1995 年	2000 年	2005 年	2010 年	2015 年	2020 年	1990—2020 年	1990—1999 年	2000—2009 年	2010—2020 年	1990—2020 年
撒哈拉以南非洲	181	172	153	125	102	86	74	59	1. 5	4	3. 2	3
北非和西亚	75	62	50	40	33	29	25	66	3. 9	4. 4	2. 6	3. 6
北非	84	71	59	49	39	32	28	66	3. 4	4. 2	3. 2	3. 6
西亚	65	53	42	33	26	26	22	67	4. 3	4. 8	1. 9	3. 7
中亚和南亚	124	108	91	74	59	46	37	71	3. 1	4. 2	4. 8	4. 1
中亚	71	72	61	43	30	23	19	73	1. 1	7	4. 7	4. 4
南亚	127	109	92	75	60	47	37	70	3. 2	4. 1	4. 8	4. 1
东亚和东南亚	57	49	40	29	22	17	14	76	3. 5	6	4. 7	4. 8
东亚	51	45	35	23	15	10	7	86	3. 5	8. 4	7. 3	6. 5
东南亚	72	58	48	40	33	28	24	67	4	3. 9	3. 2	3. 7
拉丁美洲和加勒比	55	43	33	26	25	18	16	70	4. 7	4. 5	4. 2	4. 1
大洋洲地区	35	33	32	29	25	22	20	44	1. 1	2. 3	2. 4	1. 9
澳大利亚和新西兰	10	7	6	6	5	4	4	60	4. 2	2. 3	2. 6	3
其他大洋洲地区	72	66	61	57	51	45	40	45	1. 6	1. 7	2. 6	2

续表

地区	5 岁以下儿童死亡率(‰)							下降百分比(%)	年度下降百分比(%)			平均年度下降百分比(%)
	1990 年	1995 年	2000 年	2005 年	2010 年	2015 年	2020 年	1990—2020 年	1990—1999 年	2000—2009 年	2010—2020 年	1990—2020 年
欧洲和北美洲	14	12	10	8	7	6	5	63	3.8	3.4	2.8	3.3
欧洲	15	13	10	8	7	6	5	70	3.9	4.6	3.7	4
北美洲	11	9	8	8	7	7	6	43	3	1.3	1.5	1.9
内陆发展中国家	167	155	136	107	82	65	54	67	1.9	4.9	4.2	3.7
最不发达的国家	175	158	136	109	89	72	61	65	2.5	4.4	3.8	3.5
小岛屿发展中国家	78	69	60	54	78	43	38	51	2.6	2.2	7.1	2.4
全球	93	87	76	63	51	43	37	61	1.9	4	3.3	3.1

注:数据来源于 2021 年儿童死亡率水平和趋势报告。

与婴儿死亡率一样，5岁以下儿童的健康转变不仅体现在其总死亡率的持续下降，还包括了城乡差异的不断缩小。如图1-7所示，1991年我国城市5岁以下儿童死亡率为20.9‰，农村5岁以下儿童死亡率为71.1‰；2020年城市和农村5岁以下儿童死亡率分别为4.4‰和8.9‰，分别较1991年下降了78.9%和87.5%，下降幅度均超过3/4。城乡5岁以下儿童死亡率之比从1991年的1：3.4缩至2020年的1：2.0，城市和农村的5岁以下儿童间的健康差异不断缩小，健康平等不断提高。

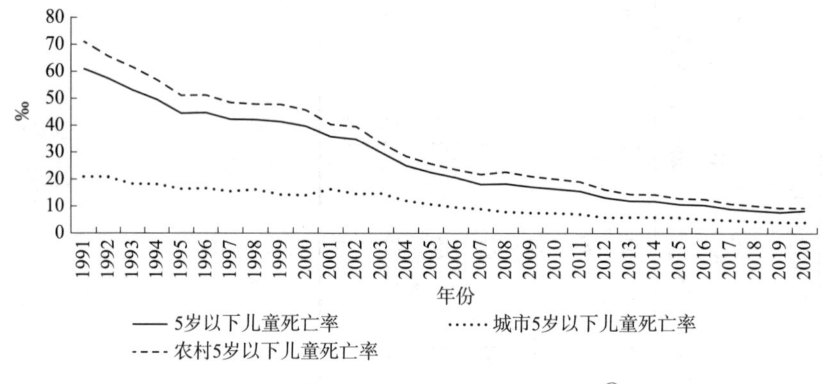

图1-7　我国5岁以下儿童死亡率变动[①]

（四）孕产妇死亡率

孕产妇死亡率指一年内每10万名孕产妇的死亡人数，是计算孕产妇死亡水平最常用的指标之一。它既反映孕产妇的死亡风险，也反映妇女的基本健康状况和一个国家或地区政治、经济、文化教育、妇女保健工作质量和居民健康状况。

WHO发布的《2020世界卫生统计报告》显示，2017年，全球共有29.5万名妇女在怀孕期至分娩后期间死亡，其中撒哈拉以南非洲和南亚约占全球孕产妇死亡总数的86%。全球孕产妇死亡率估计为211/10万，比2000年下降了38%。平均而言，2000—2017年，全球孕产妇死亡率每年下降2.9%。

我国的孕产妇死亡率低于世界平均水平和发展中国家水平，但仍高于发达国家水平。如图1-8所示，1991—2020年全国孕产妇死亡率呈下降趋势，由1991年的80.0/10万下降到2020年的16.9/10万。城市和农村的

① 数据来源：国家统计局。

孕产妇死亡率差距也得到进一步缩小，1991 年我国城市孕产妇死亡率为 46. 3/10 万，农村孕产妇死亡率为 100. 0/10 万；2020 年城市和农村孕产妇死亡率分别为 14. 1/10 万和 18. 5/10 万，分别较 1991 年下降了 69. 5% 和 81. 5%，城乡孕产妇死亡率之比从 1991 年的 1∶3. 3 缩至 2020 年的 1∶1. 3。

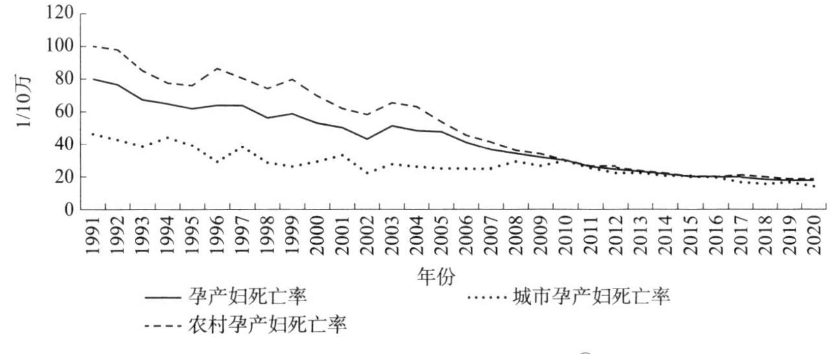

图 1-8　我国孕产妇死亡率变动①

二、疾病谱改变

2013 年，《柳叶刀》杂志发表了题为 *Towards better health for people in China* 的述评，认为中国正处于人口疾病谱转型的重要转折点。疾病谱（Spectrum of Disease）是指某一地区危害人群健康的诸多疾病中，按其发生频率及危害程度顺序排列而成的疾病谱带，即不同种类疾病发生的频率。由于社会制度、经济条件、医疗卫生条件、生活方式及个人行为的差异和变动，疾病在不同时期、不同人群中的发病率和死亡率会发生一定变化，称为疾病谱改变，主要体现在两方面。

一是致病因素的变化。20 世纪 50 年代以前影响人类健康的主要是传染病，由细菌、病毒、寄生虫等生物性致病因素引起。随着生产和生活方式的转变以及医疗技术水平的提高，天花、鼠疫、脊髓灰质炎等传染病不断减少，而肿瘤、心脑血管疾病、慢性呼吸系统疾病等慢性病逐渐成为威胁人群健康的主要疾病。慢性病的致病因素主要为社会因素、心理因素和个人生活方式。二是疾病结构和死因结构的变化。当前世界各国都出现了以心脑血管病、糖尿病、恶性肿瘤等占据疾病谱和死亡谱主要位置的趋势。过去 20 年内，中国儿童早死率降低了 80%；传染病、妊娠期疾病、

① 数据来源：国家统计局。

新生儿疾病和营养相关疾病在各年龄段均明显减少。2020 年，我国城市居民主要疾病死因构成前三位依次为恶性肿瘤（25.43%）、心脏病（24.56%）、脑血管病（21.30%），农村居民主要疾病死因构成前三位依次为心脏病（24.47%）、脑血管病（23.53%）、恶性肿瘤（23.00%）。

有学者指出，疾病谱从以急性传染病为主转变成以慢性病为主，是三个独立而又互相联系的现象共同作用的结果：疾病相对变化效应、疾病绝对变化效应和人口变化效应。

疾病相对变化效应是指由于传染病的比重下降而导致慢性病的相对比重上升。中华人民共和国成立以前，我国卫生状况十分恶劣，鼠疫、霍乱、天花等传染病的发病率、患病率和死亡率都很高。在一个相当长的历史时期内，鼠疫是影响云南、广东、福建三省主要的传染病；霍乱自 1820 年前后传入我国，共发生大小流行近百次；天花在中国的流行，最早可以追溯到公元 1 世纪，在历史上有过多次流行；结核病患病率、死亡率曾分别高达 1 750/10 万、200/10 万；3000 年前的甲骨文中就有关于疟疾的记载，20 世纪 40 年代我国每年至少有 3 000 万疟疾患者。根据估计，当时中国一半以上的人口在进入中年前死于传染病及其他非退行性疾病，即使在中年人口中，死于传染病和寄生虫病的人数也超过了慢性病。中华人民共和国成立后，我国通过坚持“预防为主、防治结合、专业机构与群众相结合”的方针，改善环境卫生条件，显著降低了法定报告传染病的发病和死亡水平。1961 年我国通过接种牛痘消灭了天花，2000 年实现了全国无脊髓灰质炎的目标，2007 年以后就没有白喉病例报告，2012 年消除了孕产妇和新生儿破伤风，2017 年实现了全国无本地感染疟疾病例，绝大多数在过去严重危害人民生命和健康传染病的发病率大幅下降，且多年稳定在极低水平。2005—2020 年，我国（不含香港、澳门特别行政区和台湾地区）法定传染病年均发病率约为 471/10 万，相比 1965 年的 3 501/10 万和 1978 年的 2 373/10 万，发病率显著下降。2021 年，我国（不含香港、澳门特别行政区和台湾地区）法定传染病报告发病率为 442.16/10 万，2005 年的发病率最低，不足 339/10 万。虽然近些年一些复发的传染病和新型传染病的暴发对我国人口安全带来了挑战，如 2003 年的 SARS，尚无完全治愈手段的艾滋病，2014 年发生输入后本地传播的登革热暴发，疾病负担位居全球第二的结核病以及新冠疫情，但在党和政府的领导下，传染病应急机制和能力建设、相关法律法规完善都得到了迅速的发展，我国迅速有效地控制了这些传染病的发展，传染病疫情总体控制在低流行水平。

疾病绝对变化效应是指由于慢性病危险因素的变化所致慢性病的增加。慢性病的特征是具有相对复杂的病因，起病和发展较慢，而且没有特别的处理措施，一般不会直接导致死亡。如今，慢性病也被称为“文明疾病”，因为在大多数病例中，它们反映了现代生活方式对健康状况的影响。慢性病的发生和发展与不良行为和生活方式等具有密切关系。慢性病具有共同的行为危险因素，主要包括不健康饮食、缺乏身体活动、烟草使用、过量饮酒等。这些因素在个体的长期积累，会引起高血压、高血脂、高血糖和超重/肥胖，进而导致心脑血管疾病、癌症、慢性呼吸系统疾病、糖尿病等慢性病的发生。

人口变化效应主要是人口老龄化的结果，随着生存概率的提高，越来越多的人生存到中老年，使得慢性病易患人口的数量上升。20 世纪 70 年代以来我国慢性病患病率快速增长，人口老龄化是其重要的推动力。大约在 20 世纪 70 年代我国人口年龄结构开始老化，进入 21 世纪以后，我国老年人口数量开始加速增加。从 2000 年到 2030 年，我国 60 岁及以上老年人数量将从 1. 28 亿人激增到 3. 46 亿人，80 岁及以上高龄老年人数量将从 1 348 万人增加到 3 700 万人。根据世界银行报告估计，2010—2030 年，快速的人口老龄化将使慢性病负担增加至少 40%。

疾病谱变化暴露出仅从生物医学方面防治疾病的缺陷，同时提醒我们应该从生物、心理和社会三个层次综合考察个体的健康和疾病状况，在生物—心理—社会医学模式的指导下采取综合措施防治疾病，促进全人群健康。

三、疾病负担改变

如前文所述，疾病不仅对个人造成生理和心理的影响，引起日常生活、工作、学习和社会交往等方面的问题，同时对家庭成员也会造成包括经济、家庭关系、家庭成员心理等方面的影响，甚至会对社会各个方面造成负面影响，如社会安定、资源配置、生产力、平均预期寿命、健康水平等。

关于疾病负担的研究，国外最早于 20 世纪六七十年代开始，而我国主要集中于 20 世纪 90 年代以后。第一个全球疾病负担研究可追溯至 1992 年，受世界银行委托，WHO 和哈佛大学公共卫生学院组织百余名科学家联合开展，量化了 100 多种疾病和伤害对全球 8 个地区的健康影响。此后，

GBD 研究多由 WHO 和 IHME 负责进行，至今已持续 30 余年。

（一）全球疾病负担

最新的 GBD 研究系统考察了全球 204 个国家和地区的 369 种疾病和伤害、87 种危险因素的疾病负担。

1990—2019 年，由非传染性疾病和伤害导致的疾病负担比例从 21%增至 34%，导致全球疾病负担增加的 10 种主要疾病为缺血性心脏病、糖尿病、卒中、慢性肾脏病、肺癌、年龄相关性听力损失、艾滋病/艾滋病毒、其他肌肉骨骼疾病、腰背痛、抑郁症，如图 1-9 所示。从不同年龄段来看，10 岁以下儿童的 DALYs 在 1990—2019 年间下降了 57.5%，2019 年 DALYs 的 10 大原因中有 6 种传染病，包括下呼吸道感染（第 2 位）、腹泻病（第 3 位）、疟疾（第 5 位）、脑膜炎（第 6 位）、百日咳（第 9 位）和性传染感染（这一年龄段全部为先天性梅毒）。10—24 岁青少年的 DALYs 在 1990—2019 年间仅下降了 6.2%，2019 年 DALYs 的前 5 位原因依次为道

Leading causes 1990	Percentage of DALYs 1990	Leading causes 2019	Percentage of DALYs 2019	Percentage change in number of DALYs, 1990–2019	Percentage change in age-standardised DALY rate, 1990–2019
1 Neonatal disorders	10·6 (9·9 to 11·4)	1 Neonatal disorders	7·3 (6·4 to 8·4)	–32·3 (–41·7 to –20·8)	–32·6 (–42·1 to –21·2)
2 Lower respiratory infections	8·7 (7·6 to 10·0)	2 Ischaemic heart disease	7·2 (6·5 to 7·9)	50·4 (39·9 to 60·2)	–28·6 (–33·3 to –24·2)
3 Diarrhoeal diseases	7·3 (5·9 to 8·8)	3 Stroke	5·7 (5·1 to 6·2)	32·4 (22·0 to 42·2)	–35·2 (–40·5 to –30·5)
4 Ischaemic heart disease	4·7 (4·4 to 5·0)	4 Lower respiratory infections	3·8 (3·3 to 4·3)	–56·7 (–64·2 to –47·5)	–62·5 (–69·0 to –54·9)
5 Stroke	4·2 (3·9 to 4·5)	5 Diarrhoeal diseases	3·2 (2·6 to 4·0)	–57·5 (–66·2 to –44·7)	–64·6 (–71·7 to –54·2)
6 Congenital birth defects	3·2 (2·3 to 4·8)	6 COPD	2·9 (2·6 to 3·2)	25·6 (15·1 to 46·0)	–39·8 (–44·9 to –30·2)
7 Tuberculosis	3·1 (2·8 to 3·4)	7 Road injuries	2·9 (2·6 to 3·0)	2·4 (–6·9 to 10·8)	–31·0 (–37·1 to –25·4)
8 Road injuries	2·7 (2·6 to 3·0)	8 Diabetes	2·8 (2·5 to 3·1)	147·9 (135·9 to 158·9)	24·4 (18·5 to 29·7)
9 Measles	2·7 (0·9 to 5·6)	9 Low back pain	2·5 (1·9 to 3·1)	46·9 (43·3 to 50·5)	–16·3 (–17·1 to –15·5)
10 Malaria	2·5 (1·4 to 4·1)	10 Congenital birth defects	2·1 (1·7 to 2·6)	–37·3 (–50·6 to –12·8)	–40·0 (–52·7 to –17·1)
11 COPD	2·3 (1·9 to 2·5)	11 HIV/AIDS	1·9 (1·6 to 2·2)	127·7 (97·3 to 171·7)	58·5 (37·1 to 89·2)
12 Protein-energy malnutrition	2·0 (1·6 to 2·7)	12 Tuberculosis	1·9 (1·7 to 2·0)	–41·0 (–47·2 to –33·5)	–62·8 (–66·6 to –58·0)
13 Low back pain	1·7 (1·2 to 2·1)	13 Depressive disorders	1·8 (1·4 to 2·4)	61·1 (56·9 to 65·0)	–1·8 (–2·9 to –0·8)
14 Self-harm	1·4 (1·2 to 1·5)	14 Malaria	1·8 (0·9 to 3·1)	–29·4 (–56·9 to 6·6)	–37·8 (–61·9 to –6·2)
15 Cirrhosis	1·3 (1·2 to 1·5)	15 Headache disorders	1·8 (0·4 to 3·8)	56·7 (52·4 to 62·1)	1·1 (–4·2 to 2·9)
16 Meningitis	1·3 (1·1 to 1·5)	16 Cirrhosis	1·8 (1·6 to 2·0)	33·0 (22·4 to 48·2)	–26·8 (–32·5 to –19·0)
17 Drowning	1·3 (1·1 to 1·4)	17 Lung cancer	1·8 (1·6 to 2·0)	69·1 (53·1 to 85·4)	–16·2 (–24·0 to –8·2)
18 Headache disorders	1·1 (0·2 to 2·4)	18 Chronic kidney disease	1·6 (1·5 to 1·8)	93·2 (81·6 to 105·0)	6·3 (0·2 to 12·4)
19 Depressive disorders	1·1 (0·8 to 1·5)	19 Other musculoskeletal	1·6 (1·2 to 2·1)	128·9 (122·0 to 136·3)	30·7 (27·6 to 34·3)
20 Diabetes	1·1 (1·0 to 1·2)	20 Age-related hearing loss	1·6 (1·2 to 2·1)	82·8 (75·2 to 88·9)	–1·8 (–3·7 to –0·1)
21 Lung cancer	1·0 (1·0 to 1·1)	21 Falls	1·5 (1·4 to 1·7)	47·1 (31·5 to 61·0)	–14·5 (–22·5 to –7·4)
22 Falls	1·0 (0·9 to 1·2)	22 Self-harm	1·3 (1·2 to 1·5)	–5·6 (–14·2 to 3·7)	–38·9 (–44·3 to –33·0)
23 Dietary iron deficiency	1·0 (0·7 to 1·3)	23 Gynaecological diseases	1·2 (0·9 to 1·5)	48·7 (45·8 to 51·8)	–6·8 (–8·7 to –4·9)
24 Interpersonal violence	0·9 (0·9 to 1·0)	24 Anxiety disorders	1·1 (0·8 to 1·5)	53·7 (48·8 to 59·1)	–0·1 (–1·0 to 0·7)
25 Whooping cough	0·9 (0·4 to 1·7)	25 Dietary iron deficiency	1·1 (0·8 to 1·5)	13·8 (10·5 to 17·2)	–16·4 (–18·7 to –14·0)
27 Age-related hearing loss	0·8 (0·6 to 1·1)	26 Interpersonal violence	1·1 (1·0 to 1·2)	10·2 (3·2 to 19·2)	–23·8 (–28·6 to –17·8)
29 Chronic kidney disease	0·8 (0·8 to 0·9)	40 Meningitis	0·6 (0·5 to 0·8)	–51·3 (–59·4 to –42·0)	–57·2 (–64·4 to –48·6)
30 HIV/AIDS	0·8 (0·6 to 1·0)	41 Protein-energy malnutrition	0·6 (0·5 to 0·7)	–71·1 (–79·6 to –59·7)	–74·5 (–82·0 to –64·5)
32 Gynaecological diseases	0·8 (0·6 to 1·0)	46 Drowning	0·5 (0·5 to 0·6)	–60·6 (–65·2 to –53·6)	–68·2 (–71·9 to –62·8)
34 Anxiety disorders	0·7 (0·5 to 1·0)	55 Whooping cough	0·4 (0·2 to 0·7)	–54·5 (–74·6 to –16·9)	–56·3 (–75·6 to –20·3)
35 Other musculoskeletal	0·7 (0·5 to 1·0)	71 Measles	0·3 (0·1 to 0·6)	–89·8 (–92·3 to –86·8)	–90·4 (–92·8 to –87·5)

图 1-9　1990—2019 年全球 DALYs 的前 25 位原因变化①

① 资料来源：Vos T.，Lim S. S.，Abbafati C.，et al. Global burden of 369 diseases and injuries in 204 countries and territories，1990—2019：a systematic analysis for the Global Burden of Disease Study 2019［J］. The Lancet，2020，396（10258）：1204-1222.

路伤害、头痛、自我伤害、抑郁症、人际暴力。25—49 岁人群 2019 年 DALYs 的前 5 位原因依次为道路伤害、HIV/AIDS、缺血性心脏病、腰痛、头痛。50—74 岁人群、75 岁及以上人群 2019 年 DALYs 的主要原因是缺血性心脏病和卒中，这两个年龄组糖尿病和慢性肾脏病的 DALYs 在 1990—2019 年间明显增加。

（二）中国疾病负担

由中国疾病预防控制中心与 IHME 合作完成的研究系统分析了 1990—2017 年中国 31 个省（市、区）359 种疾病和伤害以及 84 种危险因素的疾病负担。1990—2017 年，导致中国疾病负担增加的 10 种主要疾病为：卒中、慢性阻塞性肺病（Chronic Obstructive Pulmonary Disease，COPD）、缺血性心脏病、肝癌、肺癌、抑郁症、腰背痛、糖尿病、头痛、颈痛，如图 1-10 所示。2019 年，卒中和缺血性心脏病是 DALYs 的主要原因，与发展水平相似的国家（如俄罗斯）相比，中国的卒中、慢性阻塞性肺疾病（COPD）、肺癌、肝癌、颈痛和胃癌的患病率较高。所有省份的肝癌患病率

Leading causes 1990	Leading causes 2017	Percentage change in number of all-age DALYs	Percentage change in all-age DALYs per 100000 population	Percentage change in age-standardised DALYs per 100000 population
1 Lower respiratory infections	1 Stroke	46·8 (38·1 to 53·9)	24·4 (17 to 30·4)	–33·1 (–37·4 to –29·8)
2 Neonatal disorders	2 Ischaemic heart disease	125·3 (109·4 to 138·5)	90·9 (77·5 to 102·1)	4·6 (–3·3 to 10·7)
3 Stroke	3 COPD	–24·2 (–28·9 to –12·9)	–35·8 (–39·7 to –26·2)	–66·4 (–68·4 to –61·2)
4 COPD	4 Lung cancer	140·3 (117·2 to 157·7)	103·6 (84·1 to 118·3)	13·1 (2·3 to 21·2)
5 Congenital birth defects	5 Road injuries	–3·8 (–13·9 to 5·2)	–18·5 (–27·1 to –10·9)	–25·0 (–32·5 to –18·8)
6 Road injuries	6 Neonatal disorders	–64·8 (–70 to –58·8)	–70·2 (–74·6 to –65·1)	–60·8 (–66 to –55·3)
7 Ischaemic heart disease	7 Liver cancer	43·5 (31·3 to 60·3)	21·6 (11·3 to 35·9)	–28·3 (–34·4 to –19·9)
8 Drowning	8 Diabetes mellitus	102·5 (93 to 112·3)	71·6 (63·5 to 79·9)	4·8 (–0·6 to 10)
9 Self-harm	9 Neck pain	81·1 (71·0 to 91·1)	53·4 (45·4 to 62)	2·6 (1·3 to 6·6)
10 Diarrhoeal diseases	10 Depressive disorders	36·5 (29·3 to 43·9)	15·7 (9·6 to 21·9)	–12·5 (–14·7 to –10·3)
11 Liver cancer	11 Age-related hearing loss	81·3 (77·7 to 84·7)	53·6 (50·6 to 56·5)	–2·6 (–4·1 to –1·3)
12 Stomach cancer	12 Stomach cancer	5·4 (–2·4 to 12·5)	–10·7 (–17·3 to –4·6)	–50·3 (–54 to –47)
13 Tuberculosis	13 Low back pain	23·2 (14·7 to 31·4)	4·4 (–2·8 to 11·3)	–23·2 (–26·9 to –19)
14 Lung cancer	14 Alzheimer's disease	157·0 (138·4 to 170·3)	117·8 (102·1 to 129·1)	–7·5 (–13·8 to –3·1)
15 Depressive disorders	15 Other musculoskeletal	60·8 (50·6 to 72·1)	36·3 (27·7 to 45·8)	–1·2 (–5·4 to 2·1)
16 Drug use disorders	16 Headache disorders	36·2 (31·8 to 41·5)	15·4 (11·7 to 19·9)	–0·2 (–2·5 to 2·2)
17 Low back pain	17 Falls	51·9 (8·4 to 74·1)	28·7 (–8·1 to 47·6)	3·8 (–25·6 to 18·6)
18 Cirrhosis	18 Drug use disorders	–5·0 (–12·8 to 2·8)	–19·5 (–26·1 to –12·9)	–21·2 (–28·1 to –14·9)
19 Diabetes mellitus	19 Blindness	74·9 (70·9 to 79·2)	48·2 (44·8 to 51·8)	–7·3 (–9 to –5·9)
20 Headache disorders	20 Congenital birth defects	63·4 (–68·5 to –58·1)	–69·0 (–73·3 to –64·5)	–55·4 (–61 to –48·8)
21 Neck pain	21 Chronic kidney disease	15·5 (8 to 21·3)	–2·1 (–8·5 to 2·8)	–36·1 (–40·6 to –32·9)
22 Age-related hearing loss	22 Hypertensive heart disease	18·3 (6·7 to 39·1)	0·3 (–9·6 to 17·9)	–48·6 (–53·8 to –39·4)
23 Chronic kidney disease	23 Cirrhosis	–12·5 (–23·8 to 24·6)	–25·9 (–35·4 to 5·6)	–53·9 (–59·9 to –34·9)
24 Other musculoskeletal	24 Oesophageal cancer	9·5 (0·7 to 17·8)	–7·2 (–14·6 to –0·1)	–50·1 (–54·1 to –46·4)
25 Hypertensive heart disease	25 Lower respiratory infection	–88·6 (–89·8 to –86)	–90·3 (–91·3 to –88·2)	–88·6 (–89·9 to –86·4)
26 Oesophageal cancer	26 Self-harm			
27 Falls	28 Drowning			
28 Blindness	34 Tuberculosis			
29 Alzheimer's disease	37 Diarrhoeal diseases			

Communicable, maternal, neonatal and nutritional
Non-communicable
Injuries

图 1-10　1990—2017 年中国 DALYs 的前 25 位原因变化[①]

① 资料来源：Zhou M.，Wang H.，Zeng X.，et al. Mortality，morbidity，and risk factors in China and its provinces，1990—2017：a systematic analysis for the Global Burden of Disease Study 2017［J］. The Lancet，2019，394（10204）：1145-1158.

均高于同等发展程度国家水平，DALYs 比根据发展水平估计的预期值高出 2—7 倍。此外，不同省份人群的健康状况存在巨大差异，东部城市、沿海区域和经济发达省份的居民通常比西部农村和贫困地区居民更健康。吸烟是 21 个省份 DALYs 的首要危险因素，高血糖、高血压、高体质指数以及许多省份室外空气污染的归因顺位正在上升。

值得关注的是，尽管当前传染病已不是导致我国疾病负担的主要原因，但传染病（特别是新发传染病）仍然是我国公共卫生领域面临的主要威胁，2000 年以来中国新发病毒性传染病如表 1-3 所示。

表 1-3　2000 年以来中国新发病毒性传染病情况

发现年份	病原体	所致疾病	中间宿主/媒介	传播途径
2003 年	SARS 冠状病毒	严重急性呼吸综合征	人、家畜、野生动物（果子狸）	空气传播、血液/体液传播、粪—口传播
2009 年	甲型 H1N1 流感病毒	甲型 H1N1 流感	人、家畜、家禽	空气传播、血液/体液传播、接触传播
2010 年	新布尼亚病毒	蜱虫病	蜱虫、脊椎动物、人	叮咬传播、血液/体液传播、接触传播
2013 年	禽流感病毒 H7N9	人禽流感	人、家畜、家禽	空气传播、血液/体液传播、接触传播
2014 年	登革病毒	登革热	埃及伊蚊、白纹伊蚊、人、灵长类动物	叮咬传播、血液/体液传播
2015 年	MERS 冠状病毒	中东呼吸综合征	人、家畜（骆驼）、野生动物	空气传播、血液/体液传播、粪—口传播
2015 年	寨卡病毒	寨卡病毒病	埃及伊蚊、白纹伊蚊、人、灵长类动物	叮咬传播、血液/体液传播、性传播
2017 年	阿龙山病毒	阿龙山蜱传热	蜱虫、脊椎动物、人	叮咬传播、血液/体液传播
2019 年	SARS 冠状病毒 2	2019 冠状病毒病	人、家畜、野生动物	空气传播、气溶胶传播、血液/体液传播、粪—口传播

WHO 于 2022 年 5 月 5 日发布的报告显示，2020—2021 年，与新冠疫

情直接或间接相关的全部死亡人数为 1 490 万人，这个数据大约是各国官方报告的新冠疫情死亡人数的三倍。而人口流动是影响我国传染病疾病负担的重要因素。研究表明，城乡迁移过程对空气传播疾病（如肺结核、流行性感冒、麻疹），血液传播疾病（如乙型肝炎、丙型肝炎），性传播疾病（如梅毒、HIV/AIDS、人乳头瘤病毒感染），蚊媒传播疾病（如流行性乙型脑炎、疟疾、登革热）四类传染病的传播和分布具有重要影响。因此，以进一步减少我国传染病负担的卫生健康政策应该将传染病传播与人口流动过程联系起来综合考虑。

四、健康期望寿命与平均预期寿命增长不同步

和死亡率指标一样，期望寿命是评价人群健康状况、社会经济发展和人民生活质量的一个重要指标。期望寿命的观察终点是死亡，它只反映了死亡这个健康的最坏极端状态给人的寿命带来的影响，只反映生存情况，不反映生存者的健康情况和生活质量。健康转变使得用死亡率、平均预期寿命等指标单纯从死亡的角度来评价人群健康状况变得局限。健康期望寿命是以生活自理能力丧失为基础计算而得。健康期望寿命是评价人群健康状况的正向指标，它扣除了死亡、残疾和疾病对于健康的影响，衡量的是完全健康的期望寿命。健康期望寿命不仅能客观地反映人群生命质量，而且有助于卫生政策与卫生规划制定，还可用于评价卫生体系的运行效果。

健康转变也有完成得不够理想的方面，那就是健康期望寿命没能同平均预期寿命同步增长，这也是目前的疾病模式和死因构成的必然结果。20 世纪以来，无论是发达国家还是发展中国家，人口平均预期寿命都实现了快速增长，根据 WHO 发布的《2022 世界卫生统计报告》，全球平均预期寿命从 2000 年的 66.8 岁增加到 2019 年的 73.3 岁，提高了 6.5 岁。但值得我们思考和研究的是，增长的寿命是健康的还是非健康的？如果一个人的寿命延长了，但是带病期也延长了，这样的长寿是否有意义？如图 1-11 所示，全球健康期望寿命从 2000 年的 58.3 岁提高到 2019 年的 63.7 岁，仅提高 5.4 岁。平均预期寿命的增长速度略快于健康期望寿命的增长速度，换言之，人类所延长的寿命并不都是健康寿命，也伴随着带病生存年数的小幅增加。在中国，2019 年平均预期寿命为 77.4 岁，健康期望寿命为 68.5 岁，高于世界平均水平，但健康期望寿命和平均预期寿命的不同步增长一样存在。这种不同步的表现在美洲及高收入国家地区更突出。

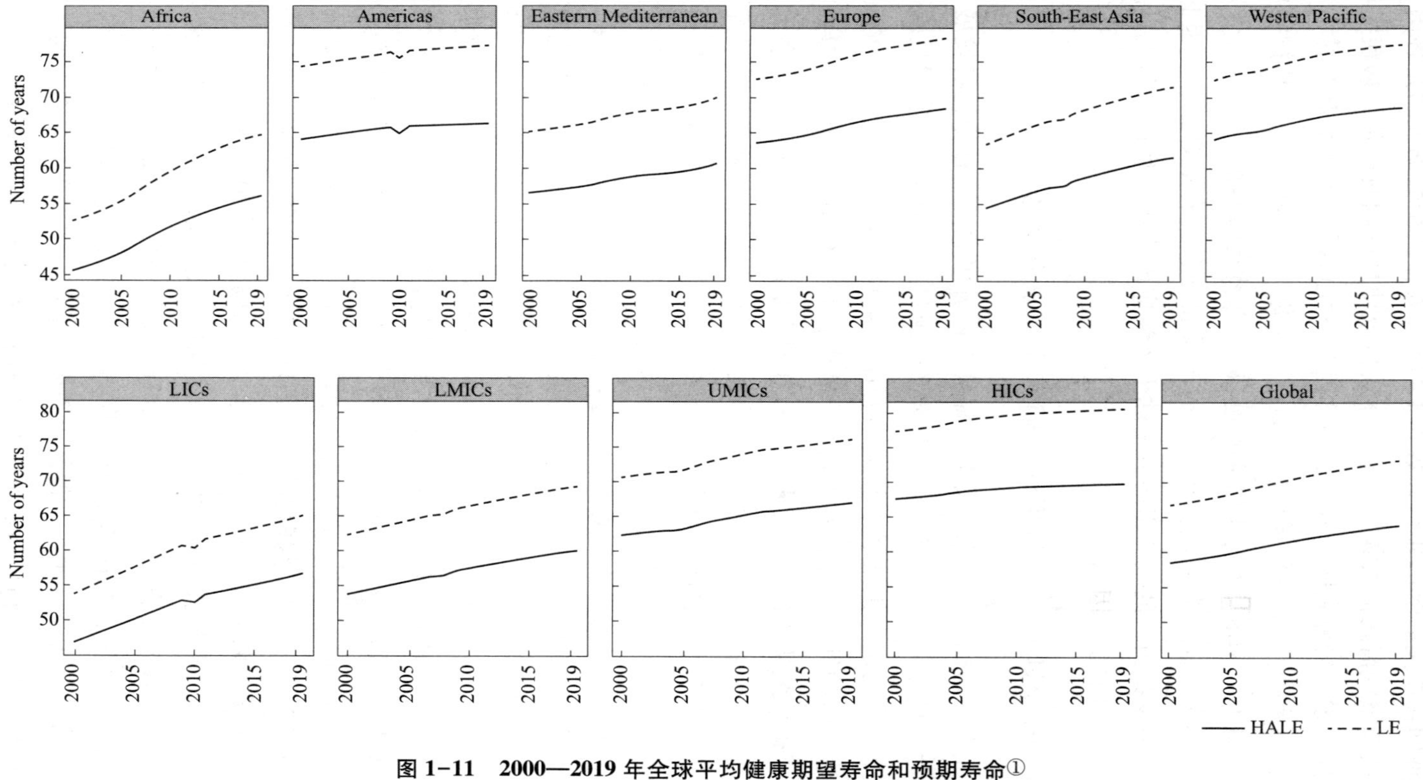

图 1-11　2000—2019 年全球平均健康期望寿命和预期寿命①

① 图片来源:《2022 世界卫生统计报告》。

无论哪个国家，无论男性女性，平均预期寿命都不等同于健康期望寿命，健康期望寿命的增长速度略低于平均预期寿命。也就是说，即使平均预期寿命提高了，但延长的寿命不一定是健康的。

第四节　健康转变的影响因素

随着人群疾病谱的改变，医学的理论模式也发生了深刻的变化。人类健康不仅受到生物学因素、人口学因素和环境因素的影响，而且与行为生活方式密切相关。同样地，健康转变也与这些因素息息相关。

一、生物学因素

年龄、性别和遗传因素对于个体健康状况具有重要影响。年龄的重要性以及不同疾病对于不同年龄组人群的影响显而易见。男性和女性由于体质的生物学差异，在一些疾病上也呈现出不同的患病情况，如乳腺癌、前列腺癌、心脑血管疾病等。除此之外，在一些国家，重男轻女的观念会导致人们进行性别选择性堕胎，也会忽视女性的营养状况和健康状况，女性受教育的机会、工作的机会都相对较少，收入水平也较低。这些因素导致女性在健康问题上处于更为劣势的地位。Perenboom 等人通过对性别和社会经济地位对人均预期寿命的影响进行研究，得出男性和女性在预期寿命上存在着比较明显的差异，这种差异会随着社会的发展进步而有不断增大的趋势。基因遗传在很大程度上决定了个体会得哪些疾病，以及人群的整体健康状况，例如，很多肿瘤的发生具有家族史，父母的基因缺陷会导致胎儿流产或者发育不全等。

二、人口学因素

人口是社会存在和发展最基本的要素，而且与人类健康息息相关。社会发展的成功，取决于资源的平衡。迅速地人口增长威胁着这种平衡，因为它使人口与资源的差距加大。人口的规模、年龄结构及性别结构、区域分布，既取决于生育率、死亡率、人口流动情况，又对健康及保健工作有重要影响。

（一）人口数量

2020 年世界人口总数已超过 77 亿人，预计 2050 年将超过 90 亿人。

我国是人口大国，人口总量占世界人口的近20%，第七次全国人口普查人口总数为14.1178亿人。人口增长过快是当前世界各国特别是发展中国家面临的一个紧迫问题；而人口负增长导致的人口短缺则是部分发达国家面临的问题。

由于人口基数大，加上中华人民共和国成立初期忽视人口控制，人口数量急剧增长。但随着计划生育政策的落实，我国人口得到有效控制，人口增长速度放缓，健康状况得到显著提高。但随之而来的问题是老年人人口比例上升迅猛，社会抚养负担加重，因此国家调整了计划生育政策，从2015年开始全面实施一对夫妇可生育两个孩子的政策，2016年全面开放二孩政策。2021年5月31日，中共中央政治局召开会议，会议指出，进一步优化生育政策，实施一对夫妻可以生育三个子女的政策及配套支持措施，有利于改善我国人口结构，落实积极应对人口老龄化国家战略，保持我国人力资源禀赋优势。

（二）人口结构

联合国规定，60岁及以上人口超过10%或65岁及以上人口超过7%为老年型社会。2000年，我国60岁及以上人口占总人口的10.5%，表明已经进入老年型社会。2010年，我国60岁及以上人口占总人口的13.26%，2015年占比为15.5%，2019年占比为18.1%，第七次全国人口普查结果显示占比为18.7%。据预测，到2049年，我国60岁及以上的老年人将占总人口的31%。

人口老龄化带来了诸多健康问题。一方面，传统的综合医院和专科医院因其医疗服务的局限性和费用昂贵，在解决大量老年人特殊医疗保健需求方面力不从心；另一方面，老年人患病率高，卫生资源消耗量大，社会经济负担加重。

人口老龄化的同时，全球人口年龄结构中少年儿童（15岁以下）占总人口比重越来越低。根据我国人口普查的数据，1982年少年儿童人口占比为33.6%，1990年占比为27.6%，2000年占比为22.9%，2010年占比为16.6%，2015年占比为17%，第七次全国人口普查结果显示占比为17.95%。少年儿童人口比重较低，将来可能出现劳动力的短缺，将直接影响人群的健康水平和社会经济的发展。

（三）人口素质

人口素质是身体素质、文化素质和思想道德素质的综合体现。人口素质的提高对健康具有促进效应，人口素质始终是综合国力和国际竞争力的核心组成部分。

人的先天素质是遗传的，与社会优生优育政策和措施有关；后天素质与营养、教育、医疗条件等诸多因素有关。身体素质是人口素质提高的基础，表现为人群健康整体水平提高。文化素质是人口素质的重要基础，具有较高科学文化素质的人群对健康有着更深入的理解和重视，自我保健、家庭保健意识高，能够更自觉地选择健康的生活方式、杜绝不利于健康的行为生活方式，从而享有更高的健康水平。Meara 等人通过调查性别以及教育对人均预期寿命影响的数据进行了相关性研究，提出教育水平差异的增加会导致预期寿命差异的增大。我国居民文盲率 2000 年为 6.7%，2010 年为 4.1%，第七次人口普查结果显示为 2.67%；大专及以上文化程度 2000 年每年 10 万人口中有 3 611 人，2010 年有 8 930 人，第七次人口普查结果显示有 15 467 人。我国居民健康素养水平 2008 年为 6.48%，2019 年为 19.17%，2020 年为 23.15%。

（四）人口流动

人口流动是指人口在地理空间位置上的变动和阶层职业上的变动。随着改革开放的深入，我国人口流动现象极为普遍，人口流动频率更高。根据 2021 年第七次全国人口普查结果显示，流动人口为 49 276 万人，其中，跨省流动人口为 12 484 万人。与 2010 年相比，人户分离人口增长 88.52%，市辖区内人户分离人口增长 192.66%，流动人口增长 69.73%。我国经济社会持续发展，为人口的迁移流动创造了条件，人口流动趋势更加明显，流动人口规模进一步扩大。

人口流动对居民健康造成的影响程度及性质取决于社会环境、自然条件及人口特点。人口流动可促进经济繁荣和社会发展，给居民健康带来有利影响。但是，人口流动也会带来一些特殊的卫生问题，给医疗卫生工作提出了新的要求。人口流动会带来一系列健康问题，如住房拥挤、卫生条件差等；还对疾病监测、计划免疫、计划生育等卫生服务工作带来困难和压力。

三、经济因素

在诸多影响人类预期寿命的因素中，社会经济水平可以通过影响医疗卫生和科教事业等对人口预期寿命的增长起到关键性作用。符宁等人通过选取2000—2015年的193个国家的包括成人死亡率、婴儿死亡数、人口数量、收入构成、青少年瘦弱率等20个可能与人均预期寿命相关的影响因素的数据，发现经济发展是影响人均预期寿命的最重要因素，经济水平的提高在一定程度上意味着医疗卫生的完善和科教事业的发展。事实也证明了在人类社会经济发展水平逐步提升、幼儿和青少年健康状况及免疫覆盖程度等逐步改善的基础上，人均预期寿命稳步提高。一些学者认为在经济发展水平不断提高的基础上提升社会整体免疫覆盖率、加大对婴幼儿及青少年健康水平的关注力度，未来人类预期寿命将会持续稳步增长。虽然经济增长带来了人类预期寿命的延长，但同时也带来了健康的负向影响。

（一）经济发展促进健康水平提高

社会经济水平低下影响人们的收入和开支、营养状况、居住条件、接受科学知识和受教育的机会，形成特定的社会不良环境，在此条件下，人们的机体、器官功能状态及社会行为方面容易失去平衡，继而引起疾病的发生。经济不发达国家人们的衣食住行和医疗卫生都面临较大困难，传染病和营养缺乏性疾病等仍是威胁人们健康的主要因素，人们缺乏提高生活质量的经济实力，生活环境差和医疗保障覆盖率低，医疗服务可及性限制了人们及时就医，对健康产生明显的不利影响。医疗条件取决于社会经济水平，在发生了各种疾病后，若有良好的医疗条件，就能及时对临床症状和亚临床症状实施有效的治疗，不会贻误达到最佳疗效的时机，使得疾患得到有效的控制。

社会经济发展可以明显提高人群的健康水平和生活质量。经济发达的国家，生产水平提高，科学技术先进，物质生活丰富，人均国内生产总值高，人们的生活和工作条件、卫生状况都随着经济水平的提高有明显的改善。疾病谱发生显著变化，传染病、寄生虫病和地方病发病率明显下降，慢性病成为主要疾病负担。

经济发展对健康的促进作用主要通过以下几个路径的综合作用：

（1）经济发展为人们提供了衣食住行等基本物质基础，提供了充足的食物、安全的饮用水、居住环境和面积的改善、生活社区设备的完善等，促进了人类物质生活条件和劳动条件的改善，从而有利于居民健康状况和生活质量的提高。

（2）经济水平的提高和社会财富的增长有利于社会保障体系的完善，增加卫生保健的投入，降低居民的疾病负担，为预防控制疾病的发生和发展创造了较好的经济基础。

（3）经济水平的提高可以提高居民的受教育水平，从而间接提高人群的健康素养和科学素养，提高人群卫生保健知识水平、自我保健的能力以及对于健康信息的判断能力，进而提高人群健康水平。

（二）经济发展对健康的负面影响

经济发展在解决以往健康问题的同时，由于社会环境和自然环境也随之发生变化，因此也会带来一些新的健康问题，产生消极影响。主要表现在以下几个方面：

（1）现代工业给人类生活、生产环境造成了严重的污染和破坏，由此产生的健康问题及潜在的危害广泛存在，如废水、废气、废渣的无序排放，水土流失，沙漠化，雾霾等。

（2）随着社会经济的发展，人们的主要健康问题已不再是来自营养不良、劳动条件恶劣、卫生设施落后，而是主要社会环境改变后带来的不良的生活方式，如吸烟、酗酒、吸毒、性乱、不良的饮食和睡眠习惯、缺乏运动等。

（3）新技术的使用在改善生活条件的同时，也造成了人们在吃、穿、住、用诸方面都无时无刻不与大量的新化学物质或新电子产品接触，这些新化学物质或新电子产品无疑会对人类的健康产生很大的影响。

（4）生产力水平的提高及知识经济时代的到来，社会竞争更加激烈，工作、生活节奏的加快，紧张、刺激及工作压力，给身心健康带来了不良影响。同时，经济发展及城镇化造成的人口聚集、交通拥挤、贫富差距增大等，也对人们的身心产生了巨大影响。

（5）伴随着社会经济的发展，许多国家的社会人口特征也发生了巨大变化。在进入老龄化的同时，随着工业化、城镇化进程的不断加快，流动人口持续增加。社会人口特征的变化带来了疾病谱的改变，也带来了卫生保健工作重点转移等新问题，对社会卫生服务能力提出了新的挑战。

（三）经济发展与卫生服务

随着社会经济的发展及人们生活水平的提高，卫生服务的任务不仅仅是治病救人，而且要维护及促进人群的健康。明艳和董志勇选取人均预期寿命、婴儿死亡率作为因变量，发现除经济发展以外，医疗卫生资源的利用水平对于提高人口健康水平的显著性最高。

卫生服务的功能可分为两个方面，即保健功能和社会功能。卫生服务的保健功能是通过预防保健、治疗、康复及健康教育等措施，降低人群的发病率和死亡率；通过生理、心理及社会全方位保健措施，维护人群健康，提高生命质量。卫生服务的社会功能，首先是医疗保健服务使患者康复，恢复劳动力；延长寿命，延长劳动时间，能有效地提高生产力水平。其次是消除患者对疾病的焦虑和恐慌，不仅是维护健康的需要，而且有利于社会的安定。

1. 经济发展与卫生服务需要

作为社会进步基础的经济发展，通过对人群健康水平的促进，在使人口结构、疾病模式等发生深刻变化的同时，也对社会居民的卫生服务需要产生了较大影响。

（1）经济发展带来了人群健康水平的总体提高，造成人口老龄化，使得60岁以上易受疾病危害的老年人群绝对数量和相对人口所占比例日益增加。而生理功能衰退、身体免疫力下降等不可逆转的退行性变化出现，使老年人慢性病患病率远远高于其他年龄组，卫生服务需要数量显著增加。而且老年人因失能、失智造成的对特殊护理的需要，更使卫生服务需要的结构类型发生了重要的改变。

（2）随着经济的发展和生物技术的突破，疾病模式也随之发生改变，传染性疾病得到有效控制，以心脑血管疾病、恶性肿瘤、糖尿病为代表的慢性病成为影响健康的主要疾病。老龄化和慢性病相互交叠，失智、失能、残障比例提高，不但卫生服务需要数量因此增长，卫生服务需要类型也因此改变。

2. 经济发展与卫生服务需求

在卫生服务需要转化为人们愿意而且有能力消费的卫生服务需求的过程中，经济发展可以从不同方面促进卫生服务的消费意愿和消费能力，从而使卫生服务的需求不断增加，主要体现在：

（1）随经济发展和生活水平提高，健康的身心状态可以给个体带来更多财富和更高生活质量，同时使得人们对自身健康的追求不断提升，从而增强了人们对各种形式卫生服务需求的不断增加。

（2）经济发展带来的社会受教育程度普遍提高，人们的健康素养、科学素养和媒介素养水平不断提升，而新媒体时代也使得居民获得健康知识与信息的内容更加丰富，成本更加低廉，速度更加快捷，卫生服务需要更加容易转变为需求。

（3）作为经济发展结果，社会财富积累逐渐增多，全社会可以有更多资源投入卫生服务领域。医疗保健制度的进一步完善、城镇化和现代化交通带来的便捷、新媒体技术的广泛应用，也进一步提高了卫生服务的可及性和公平性，进而提高了居民对卫生服务的利用。

3. 经济发展与卫生事业发展

卫生事业泛指为增进人民健康所采取的组织体系、系统活动和社会措施的总和，这些组织和活动以追求社会效益为主要目的，由政府领导并提供必要的经费补助。发展卫生事业，实现人人公平享有基本卫生保健的目标，是人民群众最关心的现实问题之一。居民的健康水平影响经济社会发展，经济社会发展为提高人民健康水平提供了物质条件，政府必须加大对卫生事业的支持，建立经济社会发展与人民健康之间的良性互动关系，使得居民健康水平随着经济社会发展得到提高。同时，随着经济社会不断发展和居民生活水平不断提高，对健康要求也不断增长，对健康和卫生工作的关注度日益增加，为此，应努力发展卫生事业，做好医疗卫生工作，不断满足广大人民群众的健康要求，为建设和谐社会、小康社会作出贡献。

（1）社会经济发展促进卫生事业发展。我国卫生服务体系不断健全，获得基本医疗卫生服务和就医的可及性得到了明显改善；医疗保险筹资体系初步建立，群众因病致贫和因病返贫问题得到缓解；药品生产、流通、监管逐步规范，群众基本药物需求得到满足；“中西医并重”方针得到落实，传统医学惠及更多百姓；卫生法制化建设深入推进，群众健康权益不断得到保障。城乡居民健康水平持续改善。我国经济的发展促进了卫生事业的健康发展，人均预期寿命、婴儿死亡率、孕产妇死亡率综合反映健康水平的重要指标，位居发展中国家前列，达到了中高收入国家的平均水平。

（2）社会经济发展促进卫生资源的投入。卫生事业的运行和发展需要运用大量的卫生资源，这些资源包括卫生人力资源、卫生财力资源、卫生信息资源、药品医疗机构与卫生设施、中医药资源，以及与之相关的医学教育与科技等。我国经济持续高速发展，促进卫生总费用总量持续增加，使卫生系统的服务和保障能力及技术水平得到极大提升，国民获得医疗卫生服务的可及性得到提高。我国卫生人力资源持续增加，结构不断优化。近年来，我国政府大幅度增加公共卫生投入，做好疾病预防与控制、应急预警与处置、疫情收集与报告、监测检验与评价、健康教育与促进应用研究与指导、技术管理与服务等各项工作，有效应对各种公共卫生事件。

四、行为生活方式因素

大量流行病学研究证实，人们的行为、生活方式与大多数慢性病发生密切相关，改善行为可以预防这些慢性病的发生并有利于疾病的治疗和康复。传染病、意外伤害和职业危害的预防、控制也与人们的行为紧密相关。健康生活方式是指有益于健康的习惯化的行为方式，与人们的平均预期寿命和良好健康显著相关的简单而基本的行为，具体表现为：健康饮食、适量运动、不吸烟、不酗酒、保持心理平衡、保持健康体重、充足的睡眠、讲究日常卫生等。健康的生活方式不仅可以帮助抵御传染病，更是预防和控制心脑血管疾病、恶性肿瘤、呼吸系统疾病、糖尿病等慢性病的基础。不健康的生活方式不仅会导致慢性病的发生，还会加剧患者的病情和影响治疗效果，给人民群众健康带来严重危害。

（一）饮食行为与健康

饮食行为是指有关食物和健康观念支配的人类摄食活动，包括对食物的选择，进食的种类与数量，以及饮食环境与方式等。饮食涉及膳食营养与食品安全两个方面，均与人体的健康密不可分。各国的地理位置及风俗文化形成了每个国家特定的饮食习俗及人群的饮食行为特点。这些不同的饮食行为影响营养的摄入，并最终影响人的健康。近几十年，随着经济的增长，我国居民饮食行为发生了巨大的变化，虽然传统饮食习惯仍具有重要的影响，但饮食的选择更加多样化，并不断向西方的饮食模式接近。

曹乾通过研究发现，饮水习惯对慢性病发病有影响。保持饮水习惯的人群比平时不喝水的人群慢性病发病率更低。中国营养学会发布的《中国居民膳食指南（2022）》中建议成年人每日饮水 1 500—1 700 mL。饮水可能有效降低血液黏稠度，特别对预防老年人疾病、心脑血管疾病等有益处。

高盐高脂饮食摄入也是导致慢性病死亡率升高的危险因素。2013 年全球疾病负担研究显示，我国全部死亡原因中高盐饮食占 12. 6%。慢性病导致的死亡中 14. 5%与高盐饮食有关。肿瘤、慢性肾病、心脑血管疾病导致死亡的原因中，高盐饮食的占比分别为 7. 8%、22. 9%、25. 2%。降低人群食盐摄入量能够有效降低高血压的发生风险。我国钠盐摄入虽有缓慢下降趋势，但仍高于 WHO 推荐的钠盐<5 g/d 的标准。开展减盐行动，提高全民的低盐饮食是根本之策。

（二）运动与健康

运动是以身体活动为媒介，以谋求个体身心健康、全面发展为直接目的，并以培养完善的社会公民为终极目标的一种社会文化现象或教育过程。运动对身体素质、心理及社会适应都具有良好的促进作用，积极的身体活动对健康有诸多益处，包括减少过早死亡的危险，降低各类慢性病的患病风险等。

鉴于身体活动对于公众健康的重要性，WHO 提出《关于身体活动有益健康的全球建议》，针对 5—17 岁、18—64 岁和 65 岁及以上三个年龄组人群分别提出针对性建议。我国于 2011 年出台了《中国成人身体活动指南（试行）》。在《中国居民膳食指南（2022）》中也建议各年龄段人群坚持日常身体活动，每周至少进行 5 天中等强度身体活动，累计 150 分钟以上，主动身体活动最好每天 6 000 步。

（三）睡眠与健康

睡眠通常被认为是得到休息及恢复的一段时间。睡眠与总体健康状态及生活质量存在密切的关联。个体恢复及生长便发生在最深睡眠阶段。生长激素刺激个体生长并修复个体组织，帮助预防某些癌症。在深度睡眠阶段，自然免疫系统调节物质升高，从而提高个体对病毒感染的抵抗力。睡眠不足与心脑血管疾病、代谢失调、内分泌紊乱、免疫力下降、心理健康障碍、超重与肥胖等发生有密切关联。

影响睡眠质量的相关因素包括个体的生物钟、药物使用、疾病、咖啡因及酒精使用、精神因素，以及外界环境的刺激等。因此，为获得良好睡眠质量应建立良好的睡眠习惯，如维持规律的睡眠时间安排、创造适宜的睡眠环境、避免在睡前摄入兴奋类物质、在计划睡觉前一个小时关闭电子产品。可以采用药物帮助睡眠（处方类、非处方类或草药类药物）帮助解决暂时性睡眠问题，但不应长期使用。

（四）日常卫生行为与健康

良好的个人日常卫生行为可以有效地防止感染及传播疾病，如勤洗手、刷牙、不随地吐痰、洗澡、开窗通风、戴口罩、保持社交距离等。

在日常生活中，我们的双手与各种物品接触的机会最多，因此手被视为病原微生物最直接的传播媒介，手的清洁与人体健康有密切关系。带有病原体的手可通过握手、接触扶手等途径将病原体传给他人，病原体也可通过触摸自己的眼、口、鼻等侵入体内造成感染。洗手可以预防以消化道途径、间接接触途径传播的传染病。

充分享受阳光，呼吸清新、不受污染的空气，是维护健康所不可缺少的。阳光不仅能给人光明和温暖，还有使人精神振奋、提高学习和工作效率的作用。阳光中的紫外线，能帮助人体合成维生素 D，还有很强的杀菌作用，可以在短时间内杀死肺炎链球菌、结核分枝杆菌、甲型肝炎病毒等多种病原体。阳光还可以促进水分蒸发，让太阳光经常照射进屋内，可以促使室内保持干燥，减少细菌、霉菌繁殖的机会。

（五）成瘾行为与健康

成瘾行为是一种额外的超乎寻常的嗜好和习惯性，这种嗜好和习惯性是通过刺激中枢神经而造成兴奋或愉快感而形成的。常见的成瘾行为有处方药滥用成瘾、吸毒、吸烟、酗酒、赌博、网瘾等。

成瘾行为的发生与生物学因素、心理因素和环境因素密切相关。大量研究发现一些基因促使部分人群更易产生成瘾行为。此外，成瘾行为带来的大脑多巴胺系统的“犒劳”反馈，使习得的行为易于成瘾。随着现代生活节奏的加快，竞争激烈，压力增大，人们所面临的应激因素增加。为缓解心理的不适情绪，人们会倾向于通过成瘾行为获得迅速的“快感”，逃避现实的问题与矛盾。特定的社会文化背景会为特定成瘾行为塑造氛围，如在“嬉皮士”文化中，吸食大麻被看作追求自由、叛逆的象征。

王新军通过对老年人生活习惯与慢性病发病率之间的关系研究发现吸烟及有害饮酒是导致慢性病过早死亡的危险因素。烟草烟雾进入体内影响体内各种酶和细胞因子水平，导致组织变化，引起心血管内的氧化损伤和炎症；吸烟还通过增加抗胰岛素激素的分泌，降低甚至抑制胰岛素的生成，从而引起糖尿病的发生；吸烟能够直接地损害肺和支气管的组织结构、影响肺功能和呼吸道免疫系统功能，引起呼吸系统疾病；吸烟是可避免的引起过早死亡的主要原因。胡大一等人研究发现，烟草流行所致死亡占心血管病死亡的 10%，在青年人群心肌梗死发病危险因素中占比最大的是吸烟，烟草是心肌梗死和心血管死亡包括猝死年轻化的第一位危险因素。吸烟是癌症最重要的危险因素，烟草烟雾中含有至少 69 种致癌物，是导致美国至少 30%的癌症、近 80%的 COPD 及早期心脑血管疾病死亡的主要原因。2000—2004 年，吸烟和接触烟草烟雾导致美国每年至少有 44.3

万人过早死亡。在我国，约有 2/3 的年轻男性吸烟，有 20%的成年男性因吸烟导致的疾病死亡，尽管近年来人群总死亡率呈下降趋势，但男性吸烟人群数量随我国人口增长相应增加，因吸烟而导致的死亡增加，则我国每年因吸烟而死亡的人数将从 2010 年约 100 万人上升到 2030 年的 200 万人。因此，落实控烟政策，加大烟草烟雾危害的宣传力度，实施公共场所控烟，人群免受吸烟及二手烟危害至关重要。

饮酒是全球疾病负担的主要风险因素。姜莹莹通过分析究竟归因死亡及对期望寿命的影响研究发现，2013 年有 38. 12 万中国居民由饮酒导致死亡，若避免饮酒，则农村地区和城市地区居民期望寿命可分别增加 0. 48 岁和 0. 31 岁。2016 年中国男性和女性饮酒率分别为 48%和 16%，男性平均每日纯酒精摄入量比女性高 31. 6 g（33 g vs 2. 4 g），男性和女性因饮酒造成的死亡人数占死亡总数的 9. 8%和 1. 2%，50 岁及以上人群中癌症占酒精所致女性总死亡的 27. 1%，占男性总死亡的 18. 9%。《“健康中国 2030”规划纲要》中强调要加强限酒教育，控制酒精的过量使用，减少酗酒，对有害使用酒精加强监测。

（六）性行为与健康

性行为狭义层面指性交行为，广义层面包括凡是能产生性唤起并增加性高潮机会或带来性满足的行为。性行为是正常人的基本需求，健康、和谐的性行为有利于身心健康，可以降低心脏病和抑郁的发生风险，对慢性病痛起到暂时缓解作用，增强人体免疫系统功能，降低死亡率。

高危性行为是指容易引起艾滋病病毒感染或其他性传播疾病的性行为。性传播疾病（Sexually Transmitted Disease，STD）是以性接触为主要传播方式的一组疾病。国际上将 20 多种通过性行为或类似性行为引起的感染性疾病列入性传播疾病的范畴，包括淋病、梅毒、艾滋病等。高危性行为包括没有保护性交、多个性伙伴等。

使用安全套，性行为前避免饮酒，与性伴侣进行良好的沟通都是较好的保护性健康的方法。为避免意外怀孕，最常用的方法包括安全套、宫内节育器、口服避孕药等方法。但每种方式的成本、便利性、安全性和有效性不同，每个人应根据自己的情况进行选择。发生意外妊娠而需终止妊娠时，则应去医疗专业机构就诊。

五、环境因素

（一）生活环境

生活环境是与每个人息息相关的社会环境因素之一，在一定时期内具有相对稳定性，能够形成特定的生活文化、工作文化，人也会形成特定的生活观念、生活方式、行为方式，而这些亚文化、生活方式行为习惯都会对健康产生影响。

1. 营养与食品安全

营养状况包括居民摄入热量及食物的营养结构。前者是衡量人群摄入的食物是否有维持基本生命功能；后者则是分析摄入食物中各种营养素比例的合理性。从世界范围来看，不同国家居民日平均摄入热量与健康状况关系密切，居民食物摄入量与平均预期寿命呈正相关。《中国居民营养与慢性病状况报告（2020 年）》指出，中国城乡居民膳食能量和蛋白质、脂肪、碳水化合物三大宏量营养素摄入充足，优质蛋白摄入不断增加。但是，膳食脂肪供能比持续上升，农村首次突破 30%的推荐上限；家庭人均每日烹调用盐和用油量仍远高于推荐值，而水果、豆及豆制品、奶类消费量不足。《中国居民膳食指南（2022)》为居民推荐了平衡膳食模式、各种营养素的推荐摄入量，以及相关的健康生活方式。

食品安全是一个重大的公共卫生问题，不仅直接关系人类的健康生存，而且还严重影响经济和社会的发展，甚至威胁社会稳定和国家安全。2000 年世界卫生组织大会上，食品安全被确认为公共卫生的优先领域。2001 年世界卫生组织在日内瓦召开食品安全战略规划会议，起草了全球食品安全战略草案。这些充分反映了全球对食品安全的关注和食品安全的重要地位。

2. 城市化

城市化是指城市数量增加或城市规模扩大的过程，其结果表现为城市人口在社会总人口中的比例逐渐上升。据 WHO 报告，目前一半以上的世界人口居住在城市。到 2030 年，每 10 人中将有 6 人居住在城市。WHO 卫生发展中心主任库马拉森博士指出，虽然城市生活继续提供众多机会，如良好的卫生保健服务机会，但今天的城市环境集中了众多健康风险，带来了新的危害。

（1）精神健康问题增加。随着经济的发展，社会竞争的加剧，人口及家庭结构的变化，人们受到的各种心理应激急剧增加，带来新的心理和行为问题，使精神疾病的患病率呈逐年上升趋势。当前，精神障碍已成为全球性重大公共卫生问题和较为突出的社会问题。

（2）现代病出现。城市生产和工作的高效率加速了人们的生活节奏，使人们整日处于高度精神紧张状态，长此以往就会产生乏力、胸闷、头晕、失眠、多梦、记忆力减退、易激动等“紧张病”。生活质量的提高、家用电器的普及、交通工具的发达、饮食结构的改变，使得人群中已经出现诸如电视综合征、空调综合征等所谓的“现代病”。

（3）交通意外伤害增加。大部分道路交通死亡事故发生在低收入和中等收入国家。此外，由于过度拥挤，交通繁忙，大量使用机动车作为交通运输工具，空气质量恶劣，以及缺乏安全的公共场所和娱乐（体育）设施等，在城市中难以开展身体锻炼。

（4）传染病传播。在城市贫民窟和较小的非正式居住区，过分拥挤以及不能获得安全的水和环境卫生，造成诸如结核病等传染病的传播。

（二）自然环境

环境因素也是导致慢性病发病率上升的危险因素。工业化和城市化的发展，一方面促进了社会经济的发展，另一方面又对环境产生负面影响。自然环境的破坏不仅使得人类的健康受到威胁，也促进了人口健康的转变。

在大气环境中，某些物质的浓度高于它们的正常水准，会对人和动植物产生有害的效应。大气污染对人体健康的影响是直接的，空气一旦受到污染，有毒物质会不可避免地随空气一起进入肺部，通过血液遍及全身，导致呼吸道疾病，严重一点会直接导致人类死亡，如历史上严重大气污染的伦敦烟雾事件。而且空气污染涉及范围大，可以是地域性的也可以是全球性的。空气污染已经成为影响人类健康的最大环境威胁之一，严重的空气污染导致呼吸系统疾病的发生，长期暴露于严重污染的空气中，人群的总死亡率、COPD的死亡率、心脑血管疾病的死亡率和肿瘤的死亡率均明显升高，如果不加控制，预计到2050年全球约有660万人因空气污染过早死亡。

除此之外，近几年以$PM_{2.5}$为主体的雾霾天气使国民健康受到严重威胁。在中国，每年空气污染导致的过早死亡人数达35万人—50万人。一项准实验研究表明，总悬浮颗粒（TSPs）可使华北地区居民的预期寿命降低5年以上。此外，空气污染导致各种慢性疾病频发，为了治疗疾病必须加大健康支出，即健康成本增加。与空气污染有关的各种慢性病所导致的健康成本更是逐年攀升，且在发展中国家与新兴国家更甚。

水资源是人类赖以生存的重要资源，是人类的生命之源。随着我国社会经济的快速发展，城市化进程在不断加快，地表水污染现象比较普遍，尤其是流经城市的河段存在严重的有机污染现象，并且湖泊营养化问题越来越突出。而水资源引起的人体健康危害是普遍存在的，尤其是水中含有有害化学物质，对人体长期作用会引起慢性中毒与慢性病。世界上大多数疾病主要是由饮用水污染引起的，例如7次由饮用水因素引起大流行的霍乱。相关资料显示因饮用被污染的水而造成的相关疾病占疾病总数量的80%，因饮用被污染的水而造成的儿童死亡占儿童总死亡数量的50%，因饮用被污染的水而造成12亿人口死亡。

土壤是地球环境的重要组成部分，是结合地球表层大气、水、岩石和生物各要素的枢纽。耕地土壤正在受到越来越多的污染，甚至威胁到我们每天食用的蔬菜、水果、粮食。工农业生产排放的污染物，人类生活的废弃物，大气中的污染物以及滥用化肥、农药、地膜等所产生的污染物，通过灌溉、施肥和降雨等方式进入土壤，并被土壤吸收，从而通过食物链进入人体，对人体健康产生危害。2014年，中国首次土壤普查结果公布，耕地土壤环境质量堪忧，特别是重金属镉污染加重。然而，大量被污染的耕地仍在正常生产农作物。2020年4月，云南昭通又发现一批重金属超标大米，表明我国土壤污染治理形势仍然严峻。

（三）职业环境

人类自工业革命以来，就出现了因接触生产环境和劳动过程中的有害因素而引起的疾病，无论是发达国家还是发展中国家都发生过严重的职业病危害和工伤事故。随着工农业生产的快速发展，新技术和新产品的广泛使用，生产环境和劳动过程中的有害因素种类和数量不断增加，受危害的人群也越来越多，职业危害日趋严重，已成为制约我国人口健康的重要因素。

在生产环境和劳动过程中存在的各种可能危害职业人群健康和影响劳动力的不良因素统称为职业性有害因素，其分为化学因素（如汞、铅、粉尘等）、物理因素（如高温高湿、噪声与振动、电离辐射等）、生物因素（细菌、病毒）、职业压力与紧张、劳动制度、作业场所建筑布局、卫生防护等。

此外，不同职业的人群具有不同的收入、社会地位、医疗保险、教育程度，劳动强度、健康素养水平、生活方式也不尽相同，造成了不同的健康状况。例如，从事农林牧渔的人群，大部分为农业户口，劳动强度大，经济收入低，整体生活水平较差，缺乏有效的医疗保障，很多人没有足够的卫生知识，有的还有不良的生活习惯和行为，因此患病率和死亡率较高。而金融、咨询、传媒、服务等行业领域工作的多为“白领阶层”，他们大多有着优越的经济条件和较高的文化素养，但要面临更大的工作压力，工作环境封闭，接受电脑辐射多，缺少运动和睡眠，长期保持一个姿势工作，因此酗酒率、患各种慢性病和慢性劳损综合征的风险都在上升。

WHO 和国际劳工组织在《关于 2000—2016 年与工作有关的疾病和伤害负担的联合估算：全球监测报告》（以下简称报告）中审视了 19 项职业风险因素，如长时间工作以及在工作场所暴露于空气污染、哮喘原、致癌物质、人体工程学风险因素和噪声等。其中，最大风险是长时间工作，造成约 75 万人死亡。在工作场所暴露于空气污染（颗粒物、气体和烟雾）造成 45 万人死亡。报告指出从全球范围来看，2000—2016 年期间，与工作有关的人口死亡率下降了 14%，这可能反映了工作场所健康和安全状况有所改善。但长时间工作导致的心脏病和中风死亡人数分别增加了 41% 和 19%。报告指出，随着今后将其他一些职业风险因素造成的健康损失进行量化，与工作有关的疾病负担可能会大幅增加。

这么多人死于工作相关因素实在令人震惊，职业环境已经成为不容忽视的人口健康影响因素之一。国家和企业应履行承诺，提供职业健康保险和安全服务，创造更健康、更安全的工作环境，要从健康角度就工作时间最高限额达成协议，以防长时间工作，也可通过改变工作模式和系统来减少或化解风险因素。在工作中不得不暴露于风险因素的工作人员应穿戴个人防护装备。

第二章　人口安全概述

2003年6月，在中国人民大学举办的“人口、社会与SARS”学术讨论会上，从安全的角度重新考察各种人口问题的性质、影响和后果，首次明确地提出了“人口安全”的概念，即“一个国家的综合国力和国家安全不因人口问题而受损害，能够避免或化解人口方面出现的局部性或者全局性危机。其主要内容包括一个国家在一定时期内人口数量、人口质量、人口结构、人口分布和人口迁移等因素与社会经济的发展水平和发展要求相协调，与资源环境的承载能力相适应，能够实现可持续发展和人的全面发展”。之后，人口安全问题引起了党中央、国务院领导同志的高度重视。

人口安全概念的提出并不是一蹴而就的，而是经历了一定的发展阶段。它诞生于“非传统安全观”的背景下，来源于“人类安全”的概念，并与“人口发展”的含义密不可分。

第一节　相关概念

一、非传统安全中的人口安全

安全观分为“传统安全观”和“非传统安全观”。“传统安全观”即“传统的国家安全观”，指自有国家以来到“冷战”结束这一时期内的各种安全思想和观点。“传统安全观”的军事色彩突出，强调对国家的保卫，即按照一定的原则、制度和法律保障社会和平，使国家保持存在和繁荣，同时致力于调配各种资源以免遭受外部侵犯。其关注的核心问题是如何应对主权独立、领土完整所面临的外部武力或威胁。“冷战”结束后，经济全球化迅速发展，安全观发生了转折性变化。很多非政治和军事的因素，如经济、科技、信息、能源、环境、人口等，开始在很大程度上影响国家的综合国力和持续发展，“非传统安全观”就是对这一时期之后出现的新观念的统称。非传统安全领域“问题清单”主要包括资源短缺、人口膨胀、生态环境恶化、民族宗教冲突、国内动乱与国家分裂、经济和金融危机、恐怖主义、信息网络攻击、大规模杀伤性武器扩散、贫困化、跨国犯罪、走私贩毒、经济难民和非法移民、传染病流行、地下经济、国际腐败、海盗、非法洗钱等。人口安全是非传统安全领域的重要范畴。

二、人类安全与人口安全

战争年代的安全观主要以国家为主体，强调动用军事力量来维护国家和人民的利益；战争结束后的安全观则更多地体现为人文的关怀。联合国开发计划署在《1994 年人类发展报告》中首次提出了“人类安全”这一概念，开始关注整个人类的安全问题。人类安全指人们能够安全地、自由地实现人的发展，而且能够确信他们今天所拥有的机会不会在明天失去。该报告列出了涉及人类安全的七个方面，即经济安全（基本收入有保障）、粮食安全（确保粮食供应充足）、健康安全（相对免于疾病和传染）、环境安全（能够获得清洁水源、清新空气和未退化的耕地）、人身安全（免遭暴力和威胁）、共同体安全（文化特征的安全）和政治安全（基本人权和自由得到保护）。可以看出，人类安全强调的是个体的人的安全，关心的是个人的权利、个人的福利和尊严。人口安全的概念来源于人类安全，但相比于人类安全，人口安全强调的是人口状况或它的变化趋势所形成的安全问题，而不是个人的权力和安全问题。

三、人口发展与人口安全

人口发展是指作为社会主体的人口，随着社会生产方式的进步，社会经济条件的变化，其数量增长、质量、构成和各种外部关系不断地由低级向高级运动的过程，是一个国家或地区的人口向着适度的人口规模、优良的人口素质、合理的人口结构和分布演进的过程。人口发展是人口群体内个体发展的综合结果。只有人口发展与经济社会相协调，与资源环境相适应，才能实现人口安全。具体而言，在人口规模方面，适度人口（处于最优状态的人口，包括最优的人口密度、人口规模和人口增长率等）是最有利于经济和社会发展的人口，也是最安全的人口。在人口素质方面，身体素质越高，越有利于人口安全；科学文化素质越高，越有利于人口安全。在人口结构方面，合理的性别结构与年龄结构能够在最大限度上预防婚育困难、劳动力短缺等问题的发生。在人口分布方面，人口环境容量和人口经济容量需要与当地可承受的最大人口规模相适应，以实现环境与经济的可持续发展。

第二节　人口安全的概念

简单地说，人口安全就是在一定的时间、一定的区域、一定的经济社会发展水平条件下，由人口问题可能引发的危机，能够得到避免或者化解。本文以此为人口安全概念的界定，并根据其主要因素（人口数量、人口素质、人口结构、人口分布以及人口迁移）将人口安全划分为人口数量安全、人口结构安全、人口素质安全和人口流动安全。后文将分章节分别叙述人口数量安全、人口结构安全、人口素质安全和人口流动安全的概念、现状及其与健康转变之间的互动。

人口安全的概念在我国提出后，成了一个新的研究热点。学者从状态论、集合论、发展论、问题论、协调论和特征论六个方面对人口安全的概念进行了探讨。

一、状态论

秦生认为，人口安全指的是一个国家或地区人口规模适度、人口结构合理以及人口流动有序的一种状态，这种状态不但可以充分满足该国或该地区经济、社会可持续发展的需要，而且也有利于实现该国或该地区的社会、政治稳定。林盛中等人认为，人口安全是指人口数量、素质和结构处于最佳完好状态，其发展趋势有利于人与自然和谐发展并对国家安全形成强有力的支持。顾宝昌认为，人口安全是指我们需要这样一种人口态势，它应该是有利于而不是不利于社会发展的。陈功认为人口安全是指威胁人口系统的各种危险因素得到控制，人的全面发展的各种权利免受剥夺的状态。

二、集合论

李小平认为，人口安全基本可以视为“个体生命安全”的一个集合术语，也就是说，可以将“人口安全”视为由许许多多个体组成的一个人口群体的生命安全问题。

三、发展论

李涌平认为，人口安全是一种历史发展观，不同社会有不同的人口安全观，人口发展的社会历史就是人口安全观发展变化的历史。现行的计划生育政策是人口安全国情的需要，是在特定历史条件下所采取的应对人口安全的手段。

四、问题论

穆光宗认为，人口安全是涉及人口这个特定领域的发展风险问题。一个安全的人口是指人口的结构和功能处在平衡、稳定、健康的发展状态中，天然具备协调发展和持续发展的能力。人口的安全性就要看人口的结构和功能状态。人口安全是人口系统健康运行的底线。

五、协调论

陆杰华等人认为，从理论与实践这个角度来看，人口安全可以界定为在一定时期内人口要素之间以及与人口要素相关的社会、经济、资源、环境等方面相互协调，以利于国家综合实力的提升以及确保国家的整体安全。从另一个角度上讲，国家综合国力的提升、国家安全不因人口问题而受到根本性的损害，以避免或化解人口方面可能出现的局部性或全局性危机，确保国家长期社会经济发展目标的顺利实现。

六、特征论

周广华认为，人口安全是国家安全的重要组成部分，它具有社会性、区域性、驱动性和继承性等特点。

第三节 人口安全的内涵

无论哪种定义，对人口安全的解释都包含两个方面，由此产生了两种倾向：一是强调人口安全问题对人口自身延续性与可持续性的影响，即系统内的人口安全；二是强调人口安全问题对社会安全与生态（环境）安全造成的负面影响，即系统间的人口安全。

一、系统内的人口安全

系统内的人口安全内容与人口发展类似，主要包括人口的规模、素质和结构等。适度的人口规模是人口安全的基础条件，良好的人口素质是人口安全的核心内容，合理的人口结构是人口安全的外在表现形式。只有保持适度的人口规模、良好的人口素质和合理的人口结构，才能实现人口安全。

二、系统间的人口安全

系统间的人口安全是指由于作为社会主体性因素的人口自身的不安全因素，如规模不合理、素质不高及结构不合理所导致的其他国家安全问题，如经济安全问题、社会安全问题、军事安全问题和生态安全问题等。

如图 2-1 所示，国家安全系统共有三个大的子系统，即生存安全、发展安全和人口安全，其中，生存安全和发展安全受到人口安全的深刻影响，人口安全作为基础性安全影响着其他安全的稳定状态。人口安全问题直接或者间接地影响着其他安全问题的缓解或解决，比如，人口总量的大小直接关系着粮食安全和水资源安全，人口结构直接关系到未来的养老问题、就业问题和婚姻市场“挤压”等问题，同时，人口安全问题在很大程度上还制约着国家综合国力的提升和影响国家的长治久安。因此，人口安全作为基础性因素，是其他两个安全系统得以良性循环的基础保障。而在人口安全作用于生存安全和发展安全的同时，人口安全也受生存安全和发展安全的影响。三个子系统相互影响、相互作用、相互制约，共同构成开放的循环系统。

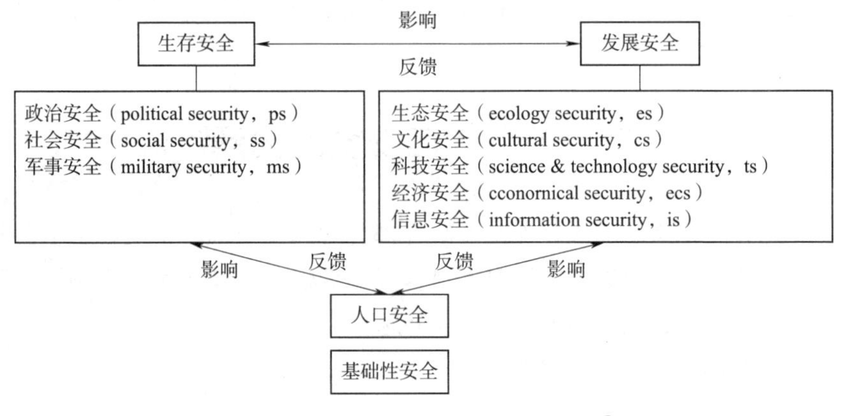

图 2-1　国家安全系统及其相互关系①

① 图片来源：刘家强，唐代盛．关于人口安全的几点理论思考［J］．人口研究，2005（3）：49-53.

第四节　人口发展变化及其主要问题

最早由奥姆兰（Omran）于 1971 年提出的流行病学转变理论揭示了疾病变化过程中的人口变化规律，该理论通过描述伴随现代化过程所发生的人口死因模式的转变过程，为研究人口问题提供了清晰有力的理论框架。奥姆兰认为，死亡是影响人口变化的一个基本因素，这是形成流行病学转变理论的主要前提。

一、不同流行病学转变时期的人口变化

整体而言，流行病学转变主要经历了以下时期，在各个时期，全球人口呈现差异化的特征。

第一个时期是传染病大流行和饥荒期。这一时期，鼠疫、天花、霍乱等传染病的大规模流行和饥荒造成人口大量死亡。以 14 世纪最为严重的传染病黑死病为例，这次流行仅欧洲就死亡了 2 500 万人，意大利和英国死亡超过本国人数的半数，印度死亡约 2 000 万人，埃及和叙利亚大约死亡了三分之一的人口，人口规模的大量减少严重阻碍了社会和经济持续发展。传染病流行、粮食歉收，加上政府救治不力、医疗条件落后，会造成饥荒。19 世纪 40 年代中期爱尔兰大饥荒期间，由于大量人口死于饥饿和疾病，以及大批移民国外，爱尔兰总人口数从 1845 年的接近 850 万人，降至 1851 年的 650 多万人，5 年间人口净减少 200 万人，损失了将近 24%的人口。在第一时期，高死亡率导致人口平均预期寿命极低，在 20—40 岁波动。

第二个时期是传染病大流行衰退期。这一时期，各种传染病的流行规模变小，传播的速度减慢，死亡率呈现大幅度下降的趋势，平均预期寿命从 30 岁左右增长到 50 岁左右。这一时期进入人口转变的第二个时期，即人口开始呈现指数增长，呈现出传染病大流行与饥荒过后人口总量的恢复趋势。这一时期生存概率提高的最大受益人群是儿童、女青年和育龄妇女。一方面，人口的年龄结构趋向于年轻化，这可能是因为这类人群对传染病和营养缺乏疾病的易感性相对较高。另一方面，从性别比角度来看，女性生存概率的提高将最终改变人口的性别构成，尤其在老年人、女性老人的比例超过男性数。随着这一时期死亡率和患病率的下降，整体上对社

会经济发展起到积极的影响，如生存概率的提高将有助于劳动人口及其生产效率的提高。

第三个时期是退行性疾病和人为疾病期。这一时期的死亡率继续下降并趋向稳定在一个较低的水平。由于退行性疾病主要影响老年人，主要死因从传染病转向慢性退行性疾病这一过程，将导致平均死亡年龄的提高，平均预期寿命逐渐上升至70岁以上。由于平均预期寿命的提高和生育率的降低，人口开始呈现老龄化。伴随着人口老龄化趋势，儿童生存机会也随之增加。儿童生存机会的增加消除了需要高生育的社会、经济和情感方面的种种理由，此时人们的生育观念也会变化，生育意愿往往会降低。正是在这一时期生育率成为人口增长的关键因素。

第四个时期是慢性退行性疾病延迟期。这是1986年Olshansky和Ault在流行病转变三时期划分基础上提出的。到了第四个时期，慢性退行性疾病仍然为主要死因，但中老年死亡率显著下降，生活方式改变是死亡率下降的重要原因，人口整体的死亡年龄进一步推迟。

二、人口发展变化模式与特征

由于死亡率和生育率开始显著下降的时间、变化的速度存在差异，由此可以划分出三种基本模式，即经典模式、加速模式和迟缓模式。三种模式代表性地体现了全球范围内不同地区的人口发展变化特征。

经典模式主要发生在西方国家。西方国家死亡率和生育率的显著下降始于19世纪，开始时间早于全球其他地区。西方国家人口再生产类型从“高出生、高死亡”转变成“低出生、低死亡”用了100—200年。这一模式死亡率和生育率的下降均相对平稳，是一个渐进的过程。该时期，医疗卫生条件非常有限，医学进步对人口的发展起到一些作用，但总体而言效果微乎其微。因为死亡率的显著下降发生在许多医学重大发现（如抗生素问世）之前，因此医学进步在进入20世纪以后医学的作用才逐步增强。例如，1854年，英国人斯诺用地图详细地记录了霍乱死亡案例在伦敦街道的位置和数量，发现布罗德街水泵周围死亡病例最多，而离水泵越远，死亡病例越少，而当时的民众并不相信这一水源传播理论。直到Whitehead将他在索霍区卫生状况的调查写了一篇详尽的文章，发表在当时颇具影响力的杂志《建设者》上，这时的民众才真正相信了斯诺的霍乱水源传播理论。1859年，在斯诺调查布罗德街霍乱之后的第五年，伦敦开展了大规模的下水道改造工程，建立了世界上第一套现代城市下水道系统，实现了污水与饮用水源彻底隔离。到1866年英国暴发第四次霍乱时，其持续时间和死亡人数都大大减少。而这次大暴发仅在俄罗斯就造成了超过100万人的死亡，而英国仅仅死了2 000人左右。因此，有学者认为经典模式下影响人口类型转变的主要原因是社会经济发展和环境的不断改善，经典模式中的转变过程与现代化的进程是基本同步的。

加速模式主要发生在日本、东欧和一些新的工业化国家和地区，如新加坡、中国香港等。与经典模式相比，加速模式转变开始时间要晚得多，但由于随着科学技术的进步与环境的改善，对于疾病的认识和应对有着更丰富的认知和更有效的应对方式，使得人口出生率与死亡率的转变速度非常之快。以疫苗为例，疫苗每年可阻止千百万人死于传染病，20世纪出现的细胞、病毒和细菌培养技术以及无菌控制技术和合成培养基等技术开创了疫苗研发的新纪元，这使得接种疫苗成为最有效的公共健康措施之一。一般认为，在这一模式中，社会经济发展在转变早期是导致转变的重要因素，但医学和公共卫生的进步在转变的全过程起到不可忽视的作用。

迟缓模式主要发生在大部分发展中国家。“二战”以后这些国家的死亡率呈现大幅度的下降。与经典模式不同，现代医学技术的应用和公共卫生措施的实施，如大规模使用杀虫剂、以青霉素和链霉素的发现应用为代表的抗生素的应用是死亡率下降的主要原因，公共健康与科学技术的作用越发凸显。在150年左右的时间内，由于基本控制了肆虐人类的传染病，使得我们的平均寿命延长了20年以上。而生育率的下降则明显滞后，导致人口数量的急剧增加。但当时的研究者发现，发展中国家的流行病学转变比较复杂，差异较大，因此1983年Omran又增加了一种迟缓模式的过渡亚型。属于这一亚型的国家死亡率已下降到大多数发展中国家未能达到的水平，同时生育率的下降也相对较早。

流行病学的转变不同程度上影响着全球人口的发展变化。属于经典模式和加速模式的发达国家的人口以每年0.7%—1%的增长率递增，这意味着这些国家的人口增加一倍需要70—100年；属于迟缓模式国家的人口以每年2.5%—3.5%的增长率递增，人口翻番时间为20—28年，这类国家的人口增速明显提高。但从总体来看，全球人口短暂高增长趋于结束。从年龄和地区角度来说，全球逐渐进入长寿时代，人类社会逐渐从青年型走向中年型，退行性疾病及非传染性疾病阶段问题突出；地区人口格局也面临着重大的变化，以非洲为首的发展中国家将逐渐成为全球人口的发展中心。

中国的人口转变，既遵循着世界各国人口转变的一般规律，也表现出与众不同的特征。具体体现为：一是人口转变与社会经济发展不完全同步，前者明显超前于后者；二是人口死亡率和生育率下降速度快，转变周期短；三是人口转变是在计划生育外力推动和经济社会发展内在驱动共同作用下完成的，政府通过积极干预、采取主动行动，使人口转变实现的时间表大大提前；四是人口转变是一个不均衡的过程，城乡、地区间始终存在着不小的差异。

三、人口发展的主要问题

（一）全球人口发展的主要问题

21 世纪以来，全球人口增长率呈下降趋势，尤其是诸多发达国家面临人口负增长状况。一方面，人口增长速度减缓可能会带来碳排放减少，减轻资源和环境压力，但也会对经济发展造成负面影响。例如，在需求端，人口增长放缓可能将导致有效需求的下降，尽管人均收入提高引致的人均需求增加可能仍将使总需求扩大，但人口增速日趋放缓乃至负增长时期的总需求扩大速度很可能将显著低于人口高增长时期。

从人口数量来看，全球人口数量红利期渐行渐远。伴随着劳动年龄人口比重下滑，全球人口抚养比在 2014 年达到 52. 4%的谷值，联合国预计到 2100 年将达 66. 8%，并且未来仍将上升。从人口结构来看，老龄人口逐渐增多，而劳动年龄人口规模有萎缩的态势，人口性别结构出现一定变化，男女比例失衡倾向日益严重。从人口质量来看，全球人口质量红利期仍在持续，根据联合国《2020 年人类发展报告》，1990—2019 年全球 25 岁及以上人口平均受教育年限从 5. 8 年升至 8. 5 年，5 岁儿童的平均预期受教育年限从 9. 2 年升至 12. 7 年。当前极高人类发展指数地区的平均受教育年限、平均预期受教育年限分别为 12. 2 年和 16. 3 年。

中国人口转变，是全球人口转变进程中的一个重要组成部分，是具有鲜明国别特点的典型案例，偏向于世界人口发展变化模式中迟缓模式的过渡亚型。我国的人口转变开始于 20 世纪 50 年代初，完成于 20 世纪 90 年代前期，属于世界上人口转变最快的国家之一。

（二）中国人口发展的主要问题

按照全球人口转变的国家及地区分类，中国属于生育率降低起始于1965—1975年的第三类国家。但是与第三类国家的一般情况相比，中国不仅死亡率和出生率的降速都更快，而且死亡率和出生率降低的时滞也更短。在第三类国家中，人口死亡率和出生率降低50%的时间都为30年左右，而中国人口死亡率降低耗时不到10年，人口出生率降低不到20年。如果与人口转变先行的西方发达国家相比，中国人口转变之迅速则更为显著。由此可见，中国人口转变属于世界人口发展变化模式迟缓模式的过渡亚型。经过人口再生产类型的两次转变，我国人口的自然增长率从1957年的23.2‰降至2019年的3‰左右，呈现出低出生率、低死亡率、低自然增长率的总体态势。目前，在我国人口基数庞大的基础上，我国人口总量增速放缓，老龄化程度加深，人口流动相对活跃。在新冠疫情的影响下，结婚人数大幅减少，导致短期潜在一孩生育人群的规模收缩，未来短期内将进一步压低我国的生育水平。同时，新冠疫情的发展可能会对人口的结构产生一定影响，特别是对于死亡率高的老年人群及慢性病群体而言。

人口红利是改革开放以来，中国经济保持高位增长（部分年份约10%）的重要因素，劳动年龄人口减少、人口红利逐渐消失也是中国经济增速逐渐下滑至当前6%左右的重要因素。而与发达国家相比，由于我国长期实行计划生育政策，因此，中国在享受了巨大人口红利之后，也逐渐面临计划生育政策的负面影响，产生明显的人口红利偿还问题，与发达国家不同，未富先老问题突出，少子化、老龄化趋势更为严峻，这对我国经济的中长期潜在增长率形成十分明显的制约作用。

1970年之前，中国总和生育率在6左右；随着20世纪70年代开始实行“老、稀、少”生育政策和1980年开始实行计划生育政策，总和生育率快速降至2000年的2左右，再降至2010年后的1.5左右，2016年全面二孩政策一度使总和生育率有所回升，但之后继续下降，2020年已降至1.3。随着城市化继续推进、受教育程度提高等，中国生育率还将趋向下滑。除此之外，基于当前人口变化趋势判断，中国人口总量负增长可能也将日益临近。

21世纪以来，我国人口年龄结构的老化意味着消费结构也会发生相应变化。一般而言，青年是人的一生中最具创造力的阶段，虽然收入可能普遍不高，但其消费特点具有超前性，如追求时尚，注重外观，容易冲动消费；中年是人的一生中收入最高的阶段，但上有老下有小，消费行为比较理智、稳重，不盲目追赶潮流，注重商品的实用性和性价比；老年则主要依靠储蓄收入，消费内容主要集中在饮食、医疗保健和文化娱乐方面，消费习惯比较固定和相对保守。因此，从青年到中老年，人类社会消费需求结构将深刻改变，人口老龄化极有可能对我国的消费增长潜力形成制约作用，对新兴产品的消费倾向产生回落。而随着慢性病患病率持续攀升，在未来健康管理、财富管理等需求将明显上升。此外，随着老龄化持续加深，劳动年龄人口占比出现下降，公共养老金体系也将持续承压，公共养老金的资金压力不容忽视。

第五节　人口安全影响因素

影响人口安全的因素涉及许多维度，总体上可以从人口自身因素、经济社会因素及政治军事因素三个方面进行解释。

一、人口自身因素

（一）人口数量

人口数量只有保持在适度人口的范围内，才能最大限度地实现人口安全。适度人口主要研究一个国家或地区特定的人口规模、人口增长率与生产规模、资源配置和经济增长率的关系问题。它指处于最优状态的人口，包括最优的人口密度、人口规模和人口增长率等。如果人口总量过分超出适度人口的要求，会对国民福利的改善速度造成负面影响，并降低人口的安全系数。具体而言，人口数量通过人均耕地、人均水资源、人口密度三方面对人口安全产生影响。

1. 人均耕地

耕地是粮食安全的重要保障，人均耕地面积的大小在很大程度上决定了粮食安全风险的高低。一国的耕地资源通常是有限的，人口数量越多，人均耕地面积越小。因此，人口数量通过影响粮食安全进而影响人口安全。以中国为例，尽管疆域辽阔，但由于可耕地比例低和人口数量庞大，导致了人均耕地占有量处于较低水平，人均耕地不及世界人均耕地的一半。这使得其在粮食安全方面的风险高于大部分国家，人口安全系数相对处于较低水平。

2. 人均水资源

水是我们生产生活的重要组成部分。俗话说，“人可三日无餐，不可一日无水”，充足、洁净的饮用水是人口正常生活的保障。同时，农业和工业生产也离不开水资源的参与。然而，从世界范围来看，可供生产生活利用的淡水资源仅占地球总水量的2.5%。在这2.5%中，除去冰盖、高山冰川和永冻积雪，人类真正能够利用的江河湖泊和地下水仅占地球总水量的0.26%。在水资源如此短缺的情况下，人口数量的过度增长无疑是雪上加霜。人均水资源拥有量不足会对经济社会的发展产生负面影响，甚至对人口生命健康造成威胁，使得人口安全系数降低。

3. 人口密度

人口密度过高也会降低人口安全系数，这可以从三个方面来看。第一，人口密度过高会导致对生态环境的破坏，从而造成一定的生态灾难，如乱砍滥伐造成的土地荒漠化、垃圾过多造成的水污染和土壤污染。第二，人口密度过高会导致大量人口被迫居住在资源贫瘠、灾害频发的地带，或使城市居住越来越趋向于高层化。这会导致由地震、火灾、坍塌等灾害造成死亡的概率增加。第三，人口密度过高，低素质的劳动力占比较大，延缓了资本和先进机械对人力资本的替代速度，致使劳工成本长期低下，并由此导致较多劳工的人生悲剧。

（二）人口素质

人口素质包括身体素质和科学文化素质两方面。一般认为，身体素质越高，越有利于人口安全；科学文化素质越高，越有利于人口安全。人口的身体素质与生命健康息息相关，良好的身体素质是一切经济社会发展的前提。同时，科学文化素质的提高意味着人才数量增多，能够对我国经济质量的提高和产业结构的优化升级产生积极影响。

（三）人口健康

我国面临的人口健康问题大致可以分为三个方面：一是以传染病、流行病为主的对人口健康的威胁，如艾滋病的威胁；二是以老年病、慢性病对人口健康的威胁；三是出生缺陷对人口健康水平提高的潜在威胁。人口健康从内、外两方面影响了人口安全，不仅会影响人口自身的延续，还会对除人口以外的其他经济社会问题产生影响。例如，患病率上升可能导致人口死亡率升高，使得劳动力数量短缺、因就医造成的社会保障负担加重。

（四）人口结构

人口结构包括人口自然结构和社会结构，这里主要指人口自然结构，即人口性别结构和人口年龄结构。人口性别结构指人口中男性和女性所占的比例，人口年龄结构指人口中不同年龄段人群所占的比例。人口性别结构失衡、人口老龄化突出等问题会对人口安全造成负面影响。性别结构失衡会对未来社会的良性稳定运行、社会伦理道德体系造成巨大冲击，滋生更多不道德的和丑恶的社会现象，使传统婚姻家庭受到威胁，如婚配失当、婚外恋、第三者插足、人口拐卖等。老龄化程度的加深会导致劳动参与率下降、老年赡养负担加重、储蓄率下降、投资不足等问题，降低经济发展速度，影响人口安全。

（五）人口分布

人口分布主要通过人口环境容量和人口经济容量影响人口安全。人口环境容量和资源承载力是指环境和资源负载能力对可能承受的最大人口规模的限量。当人口规模及其增长超过自然环境和资源的负载能力而相对饱和时，或者环境恶化和资源枯竭而使原有人口相对过剩时，都表示人口对资源环境的压力有可能或已经超过资源环境的容量，从而威胁到人口自身以及人口与资源环境的协调发展与可持续发展。人口经济容量是指一定的社会经济条件所形成的负载能力对可承受的最大人口规模的限量。人口分布需要和一个国家或地区的资源环境条件以及经济社会发展水平相协调，人口规模和人口密度太小，不利于社会化大生产和经济社会发展；人口规模和人口密度过大，则会造成资源消耗过度、公共设施不足等问题。

二、经济社会因素

（一）国家的经济发展水平

一个国家或地区的经济发展水平是该区域人口安全最为重要的外部因素。从某种程度上说，人口安全水平是国家或地区经济发展水平的反映，高度发展、健康稳定的经济形态必然是人口与经济、资源、环境相互适应的结果。发达的经济发展水平是保障人口安全、抵御人口风险的物质基础。反之，缺乏经济基础的国家通常难以维持合理的人口数量、人口结构和人口分布，难以保护人口健康，难以支持人口素质的发展，对人口安全形成较大威胁。

（二）国家的科学技术水平

国家的科学技术水平是抵御人口风险的基础之一。这是因为人口的身体健康既会受到各种疾病的影响，还会受到各种自然灾害的影响，如地震、洪涝、海啸、旱灾等。如何提高应对疾病的能力、探索治愈各种疾病的方法、提高对各种自然灾害的预报能力，都是保障人口安全的重要问题。只有国家具备先进的科学技术水平，才能对这些问题的探究提供技术支持，从而更好地保障人口安全。

三、政治军事因素

（一）政府的科学决策水平

不同国家的人口政策各不相同，一国人口决策的科学水平直接影响其人口的安全。由于人口变动具有影响因素多、变动周期长、运动惯性大等特点，人口政策的制定要求政府决策具有宏观性，做出长达几十年的前瞻性预测，并充分分析可能出现的负面影响。对于即将执行的人口政策，需要经过充分的科学论证和必要的局部试验；对于正在执行的政策，需要进行统计监督和统计评价，以便对政策进行科学的调整。因此，国家和政府人口决策的科学水平是人口安全的重要外部影响因素。

（二）国家的军事水平

进入 21 世纪以来，军事斗争作为政治斗争的工具，其危险性依然存在。现代战争武器的杀伤力更大，能够对人口安全构成巨大威胁。因此，一个国家的军事装备和抵御入侵的能力对人口安全具有重要影响。在遇到突发的军事状况时，如果一国没有能力与对方进行对抗，民众生命安全有可能受到威胁。一旦爆发冲突，男性青壮年劳动力数量可能锐减，经济社会的发展也会受到负面影响。

第三章　传染病与人口安全

历史上，传染病就一直困扰着人类，它带给人类的死亡和创伤，比起战争的总和还要大。回顾近 150 年的战争史，因传染病及其他疾病导致减员的人数，远远超过战伤减员的人数。随着城市化与工业化的发展，传染病对人类的影响更加广泛而深重。除了直接危害人民群众的身体健康和生命安全外，还造成了严重的社会恐慌以及巨大的经济损失和人员伤亡，影响着经济发展和社会稳定。在全球化的国际环境下，传染病正在成为一个日益严重的全球问题，对国家安全和人口安全构成了严重的威胁。

第一节　传染病与人口安全的互动

人口安全包括一定时期内人口要素及影响人口要素稳定的因素之间的相互协调，平衡发展确保人口的整体安全。公共卫生问题是人口安全的重要影响因素，传染病的流行和危害会直接影响到人口要素及与人口要素稳定相关的环境因素，从而造成严重的人口安全问题，特别是人口健康问题。同样地，传染病的暴发与流行也需要一定的条件，人口安全平衡的破坏也会为传染病的流动乃至大流行提供途径和介质，因此，传染病防控与人口安全的稳定是相辅相成，无法割裂的。

一、传染病对人口安全的影响

（一）传染病与人口数量安全

资源是有限的，适度的人口数量及其增长速度能够促进人口健康水平和人口素质的提高，人口数量过多或过少、增长过快或过慢，都可能阻碍人口健康水平和人口素质的提高。我国自 1982 年开始开展的一揽子计划生育政策，均是在当时特定时期为更好的社会人口发展，对我国人口数量做出的政策性调整，同时，也寻求人口与经济、人口与社会、人口与自然更好地协调。

传染病是造成我国人口死亡的重要影响因素，其与人口数量安全的关系也主要体现在人口死亡上。2020 年，我国死亡人数排名前五的法定传染病分别是艾滋病、肺结核、狂犬病、病毒性肝炎和流行性出血热。这五种传染病均具有流行范围广、地区差异大、发病率和死亡率高的特点，会对人口数量产生一定的冲击。以艾滋病为例，我国自1985年发现第一例艾滋病患者后，经过传染扩散，已对我国人口安全造成了严重的危害。2001—2002年我国报告的艾滋病死亡人数为716人，到2020年已达18 819人，不仅加重了医疗卫生的压力，而且造成了严峻的社会危害。艾滋病属于新型传染病，在中华人民共和国成立之初，肺结核等传统传染病同样会造成严重的人口安全问题。肺结核流行范围广、患者数量多而且死亡率高，到20世纪初期我国仍旧有肺结核患者450万人—500万人，每年的死亡人数约有13万人。随着抗生素的使用，肺结核逐渐消沉，但是滥用抗生素以及不规范的治疗导致许多患者体内产生耐药性，致使结核复发，死亡人数仍旧排名前列。病毒性肝炎是我国发病率最高的法定报告乙类传染病，2020年发病人数达1 138 781人，其中以乙肝最为严重，我国乙型肝炎病毒携带者约是全球的1/3，严重影响我国人民的健康水平。

（二）传染病与人口结构安全

传染病对人口结构的影响与传染病本身的特征相关。部分传染病本身的发病和流行过程与人口年龄结构、分布结构等特点相关联。我国传染病的年龄别死亡率存在两个高峰且呈现为两头高峰的现象，即1岁及以下和75岁及以上的死亡率高于其他的年龄别，例如，新生儿破伤风死亡率位居前列，新冠疫情发生后，老年人的死亡率高于青壮年。传染病与人口分布结构的关系，往往体现在地区差异上：一是由传染病传播途径决定的，呼吸道传染病的发病率地区之间差异不显著，自然疫源及虫媒传染病的发病率和死亡率就呈现地域性差异和季节性差异，例如，血吸虫病在我国一般高发于南方城市，包括安徽、江苏、江西、四川、湖南、湖北、云南。二是与地区的社会经济相关，以艾滋病为例，高危性行为和吸毒是艾滋病的重要危险因素，不同地区的吸毒、嫖娼等行为发生存在差异，云南、广西等边境地区毒品注射更为高发，也会影响艾滋病的发病率和死亡率。

（三）传染病与人口流动安全

高度流动是流动人口的主要特征，而流动使得流动人口作为传染源和传播途径造成了多数传染病的传播，高度流动的人群既是传染病的主要传染源也是重要的传播途径。我国流动人口目前的疾病谱依旧是以传染病为主。

我国人口多，人口跨区域流动性较大，流动人口数量也较多，第七次人口普查数据结果显示我国人户分离人口为 49 276 万人，流动人口为 37 582 万人，其中，跨省流动人口达 12 484 万人，与 2010 年相比流动人口增长了 192.66%。流动人口的剧增和城市化步伐的加快，使得人群流动疾病防控面临着传统传染病和新型传染病防治的双重风险，《中国流动人口发展报告（2018）》数据指出 26%的流动人口出现过至少一种传染病症状。流动人口存在较大的传染病被传染风险，一是由传染病的特征所决定的。流动人口常见的传染病往往都是通过空气、血液传播，如急性呼吸道传染病、病毒性肝炎，也有部分传染病是通过性传播途径和蚊媒传播途径传播，如艾滋病、痢疾等。二是由流动人口的生活特征所决定的，流动人口尤其是农业流动人口进入城市后，收入较低而且生活节俭，居住的环境和平时的饮食营养都会存在一定的不足，加上其工作强度较大而且工作时间不规律，往往会造成机体营养不足、免疫力下降。

（四）传染病对人口发展的制约

传染病严重地影响着世界各国的经济和人口安全的发展。世界银行的研究指出一个国家的成人艾滋病感染率如果达到 10%，其国民收入的增长率将减少 1/3；成人感染率如果达到 20%，其国内生产总值将下降 1%；感染率每增加 1%，人类发展指数就损失 212，这足以看出传染病对人口发展的制约。传染病的危害有时高于自然灾害和战争。例如：1894 年，广州暴发的鼠疫，给广州贸易造成了不可估量的损失；1998 年，非洲由于战争而死亡的人数为 30 多万人，而当年仅艾滋病死亡人数就达 200 万人。值得关注的是，尽管当前传染病已不是导致我国疾病负担的主要原因，但传染病（特别是新发传染病）仍然是我国公共卫生领域面临的主要威胁，而人口流动是影响我国传染病负担的重要因素。研究表明，城乡迁移过程对空气传播疾病（如肺结核、流行性感冒、麻疹）、血液传播疾病（如乙型肝炎、丙型肝炎）、性传播疾病（如梅毒、HIV/AIDS、人乳头瘤病毒感染）、蚊媒传播疾病（如流行性乙型脑炎、疟疾、登革热）四类传染病的传播和分布具有重要影响。因此，以进一步减少我国传染病负担的卫生健康政策应该将传染病传播与人口流动过程联系起来综合考虑。传染病对人口安全的影响不只直接体现在人口数量上，还会通过对经济发展和社会稳定产生重创从而影响到人口安全。

二、人口因素对传染病态势的影响

人类是造成自然环境波动最不稳定的因素，随着世界人口数量的不断增长，人口对自然资源依赖程度的增加，对自然环境产生的负面影响在一定程度上对传染病发生和流行创造了环境，可以说人口因素是影响传染病态势波动的主要因素。

（一）人口增长与传染病

出生人口数量虽在逐年减少，但是世界人口总量却在增加，人口集中增长会造成人口密集，为传染病的流行创造了一定的条件，使经空气传播、水源传播和虫媒传播的疾病更容易流行，特别是在经济落后的国家和地区。资源是有限的，人口增长使得个人资源利用逐步减少，在医疗落后的地区和国家，人口的不合理增长反而会通过破坏和污染自然环境增加人群对于传染病的易感性，对卫生系统产生严重的冲击。

（二）人口流动与传染病

人口流动是传染病流行的主要因素之一。我国流动人口主要是以向上流动、农村向城市流动、农民进城务工和从事服务性行业等经济型流入人口为主，流动人口整体的健康素养相对较低，健康知识储备相对较少，而流动人口又是传染病的重点防治人群。流动人口特别是短期的流动人口，具有收入不稳定、医疗保险异地结算的特点，因此传染病的及时防控难以展开，存在感染者忌讳问医而导致错过最佳防控时间，未能及时发现，传播危险性增加。

性传播疾病在流动人口中是较为常见的疾病，尤其是艾滋病的大幅增加，已成为严重的公共卫生问题。联合国驻华机构在对中国实现千年发展目标的评估报告中指出，针对包括流动人口在内的较难覆盖人群的性传播疾病及其他传染病相关政策法规还需完善，在流动人口中预防性传播疾病以及其他传染病的问题十分重要。未婚流动人口、与配偶异地的已婚流动人口更有可能发生多伴侣、非保护的性行为以及商业性行为。以艾滋病为例，流动人口的艾滋病患病率呈现上升的趋势，2007 年流动人口艾滋病患者占所有艾滋病患者的 12. 7%，2010 年上升到 20. 8%，根据《中国流动人口发展报告（2018）》数据显示，艾滋病等性病是流动人口传染病感染率最高的传染病。流动人口和艾滋病等性传播疾病之间并不存在显著的因果关系，一般而言，流动人口性传播疾病高发只与个人行为有关，因此做好流动人口的生殖健康相关健康教育工作可以有效地防控流动人口艾滋病等性传播疾病的发生。

第二节　威胁人口安全的主要传染病

传染病通常分为新、旧两个类别。历史上曾经出现过的、广为人知的旧传染病，如鼠疫、霍乱、天花、疟疾、流感等，虽然不能完全消灭（天花是唯一的例外，WHO 于 1979 年宣布已彻底消灭），但几乎所有国家都已拥有相当成熟且有效的防治对策，对人口安全威胁不大。目前，能够引起民众大规模恐慌，威胁人口安全的传染病，基本上都属于新的类别，主要包括艾滋病、非典型性肺炎等。

一、艾滋病是对人口安全威胁最大的传染病

艾滋病的完整名称为“获得性免疫缺陷综合征”（Acquired Immune Deficiency Syndrome，AIDS），其病毒的完整名称为“人体免疫缺陷病毒”（Human Immunodeficiency Virus，HIV）。艾滋病作为一种非传统安全威胁，在“冷战”结束而“9・11”事件尚未发生的整个 20 世纪 90 年代一直被视为人类安全的头号威胁。“9・11”事件以来，艾滋病对人类威胁的严重程度仍可与国际恐怖主义相提并论。因此，2001 年 10 月诺贝尔奖委员会宣布将诺贝尔和平奖同时授予联合国与安南秘书长时，特意夸赞他们对两种威胁的应对，一个是恐怖主义，另一个就是艾滋病。

（一）艾滋病已直接构成人口安全威胁

自 20 世纪 80 年代初发现艾滋病病毒以来，艾滋病病毒一直是一个主要全球公共卫生问题，到目前为止已造成近 4 010 万人死亡。截至 2021 年底，全球估计有 3 840 万名艾滋病病毒感染者，其中，2/3（2 560 万名）在非洲。截至 2020 年底，我国有 105.3 万名艾滋病病毒感染者，累计报告死亡人数为 35.1 万人。注射吸毒者传播艾滋病毒的比例从 2009 年的 25.2%大幅下降到 2020 年的 2.5%以下，而异性恋和同性恋传播的比例分别从 2009 年的 48.3%和 9.1%增加到 2020 年的 74.2%和 23.3%。我国的艾滋病病毒/艾滋病标准化死亡率从 1990 年的每 10 万人 0.33 例急剧上升到 2016 年的每 10 万人 2.50 例。

联合国艾滋病规划署（UNAIDS）在加拿大蒙特利尔发布《2022 全球

艾滋病防治进展报告：危急关头》。该报告称，2021 年，艾滋病大流行导致平均每分钟有一人死亡。尽管拥有有效的治疗方法以及机会性感染的预防、检测和治疗工具，2021 年仍有 65 万人死于艾滋病相关疾病，约有 150 万例新发艾滋病病毒感染病例——比全球目标要多出 100 万例。2020—2021 年，全球新增艾滋病病毒感染仅减少 3.6%，降幅为 2016 年以来的最低水平。在新冠疫情和其他全球危机的共同影响下，艾滋病大流行的应对进展在过去两年停滞，资源不断减少，导致数百万人的生命面临威胁。

此外，该报告称，各国国内和国家之间存在的显著不平等阻碍了艾滋病防治的进展，与此同时艾滋病疫情也在加剧这些不平等的鸿沟。年轻妇女和青春期女童的新增感染比例超过其他人群，2021 年，她们之中每两分钟就出现一例新增感染。在撒哈拉以南的非洲，青春期女童和年轻妇女感染艾滋病病毒的可能性是青春期男童和年轻男性的 3 倍。种族不平等也加剧了艾滋病病毒传播风险。在英国和美国，白人群体中新增艾滋病病毒确诊数量下降幅度大于黑人群体。在澳大利亚、加拿大和美国等国，原住民的艾滋病病毒感染率高于非原住民群体。各国之间的艾滋病防治差异显著，一些国家的新增感染率达到了 2015 年以来的新高，如菲律宾、马达加斯加等国。

联合国艾滋病规划署执行主任温妮·拜安伊玛表示："这些数据表明全球艾滋病防治进展岌岌可危。如果我们没有取得快速进展，那么我们已经取得的进步也将丧失殆尽，因为疾病大流行会在新冠疫情、大规模人口流离失所和其他危机中滋生蔓延。"

（二）社会因素是推动艾滋病蔓延的重要原因

由于艾滋病通过血液和精液传播，性工作者（异性传播）、男同性恋者（同性传播）、注射毒品者（通过共用针管传播）必然成为艾滋病感染率最高的群体。这三类人群的相互交叉现象很突出，感染状况更易恶化。三类人群并不是孤立的社会存在，因此艾滋病会不可避免地通过他们向整个社会蔓延。同性恋男子和男性性工作者迫于社会文化传统的压力，为掩饰自己的性倾向，往往也娶妻结婚，致使一些女性在毫不知情的情况下被感染。在绝大多数发展中国家，女性性工作者是艾滋病感染率最高的特定人群。在博茨瓦纳和南非两国交界的边境地区，以卡车司机为主要顾客的女性性工作者，其艾滋病感染率高达 90%。在马来西亚、缅甸、泰国、尼泊尔的部分地区以及印度东北部的曼尼普尔直辖区，注射毒品者的艾滋病感染率都已超过 50%。柬埔寨的同性恋男子和泰国的男性性工作者，艾滋病感染率高达 14%。

对一般人群来说，最易遭受艾滋病病毒侵袭的是那些生活相对富裕、流动性较大、受教育程度较高的人群。技术工人、中高层管理人员、受过良好教育的城市白领和政府官员等特定人群感染艾滋病的概率远远超过普通平民，因为他们的薪水较高，出差旅行的机会较多，嫖娼的可能性较大。在卢旺达进行的一项调查显示，其丈夫为农民的孕妇感染艾滋病的概率为 9%，而她的丈夫如果是军人、白领职员或政府官员，她感染艾滋病的概率将分别升高到 22%、32%或 38%。

贫穷是导致艾滋病病毒蔓延的重要因素。在发达国家，贫穷的边缘化社会群体比一般群体更易感染艾滋病病毒。非洲裔人口仅占美国总人口的 13%，但在 2000 年新感染艾滋病病毒的人口中非洲裔人口占到 54%。仅占加拿大人口 3%的土著居民，在 1999 年新感染艾滋病的人口中占到 9%。在撒哈拉以南的非洲地区，15—24 岁年龄段的青年中，女子感染率为 6%—11%，而男子感染率只有 3%—6%，究其原因就是经济能力问题：这些女子往往倾向于嫁给年龄稍大的男子，因为这些年长男子的经济能力高于青年男子，但他们已感染艾滋病的比例也大大超过青年男子。

印度尼西亚的情况证明了大规模的政治、经济危机和社会动乱会导致艾滋病病毒感染率的上升。十年前，印度尼西亚人几乎不知道注射毒品为何物；但 1998 年以来，印度尼西亚的吸毒者以及艾滋病病毒感染者都开始增多。印度尼西亚官方估计，全国注射毒品者已有 12.4 万人—19.6 万人，其中约 4.3 万人已感染艾滋病病毒。雅加达一所戒毒中心的统计表明，短短几年，注射毒品者的艾滋病病毒感染率迅速增长到 2001 年的近 50%。未来几年，印度尼西亚注射毒品者的艾滋病病毒感染率有可能超过 80%。

战乱导致艾滋病病毒感染率急速上升的程度更是剧烈，卢旺达就是实例。1994 年种族仇杀之前，卢旺达某些城市的艾滋病病毒感染率是 10%，农村的艾滋病病毒感染率为 1%。但到 1997 年，城市和农村的感染率都已达到 11%。据调查，卢旺达全国 3%的妇女（其中一半以上为 20 岁以下的年轻女子）在 1994 年种族仇杀期间遭到强奸，这些妇女的艾滋病感染率高达 17%，而未遭强奸妇女的感染率只有 11%。塞拉利昂在 1997—1999 年战乱期间，流离失所的妇女遭强奸的比例高达 9%。这一比例在利比里亚更是高达 15%。在塞拉利昂首都弗里敦，妓女的艾滋病病毒感染率在 1995 年为 26.7%；战火进一步蔓延后，这一比例也迅速升高，1997 年达到 70.6%。在饱受战火蹂躏的苏丹东部和中部地区，约 1/4 的单身母亲为养育子女而被迫卖淫。不幸的是，全世界大大小小的战争并没有随着“冷战”的结束而结束，反而有不断上升的趋势。1989 年，全世界只有 11 个国家发生战争；2001 年，这一数字变为 22。根据联合国难民事务专员的资料，截至 2001 年底，全球共有 2 000 万人因战争而沦为难民。更不幸的是，战火的平息也不会很快导致艾滋病病毒感染率的稳定和下降。研究发现，战火平息后相当长的一段时期内，艾滋病病毒感染率大幅度升高的可能性更大，原因包括军人的复员、卫生系统的破坏、医护人员和医疗设备的短缺。

（三）艾滋病威胁程度日益加深

1. 影响经济的发展

根据联合国艾滋病规划署的估算，当一个家庭里有一人感染艾滋病后，其家庭收入平均减少 40%—60%；与此同时，这个家庭用于医疗的费用平均增加 400%。

世界银行官员称艾滋病为撒哈拉以南的非洲地区经济发展的“唯一最大威胁”。根据美国国家情报委员会的报告，流行情况最严重的几个非洲国家已经因为艾滋病而损失掉 1%的国内生产总值。根据世界银行的估计，南非 2010 年的国内生产总值将因为艾滋病而损失掉 17%。根据《简氏防务周刊》的报道，博茨瓦纳 2010 年的经济规模将因为艾滋病而缩小 30%。肯尼亚 2005 年的国内生产总值将因为艾滋病而损失掉 15%。此外，根据世界银行的估计，俄罗斯 2005 年的国内生产总值也将因为艾滋病而损失 1%。

就微观经济而言，艾滋病已导致某些公司经营成本升高。南非几个国家 1999 年的一项联合研究发现，艾滋病的综合效应可使公司利润减少 6%—8%，产量减少 5%；南非一家公司的统计表明，当一个雇员感染艾滋病病毒后，其医疗费用相当于两个雇员的全年工资。艾滋病也使某些国家的国民经济支柱受到严重打击：采矿业是南非劳动力就业和国库收入的最重要经济部门，但 1999 年已有 1/4 到 1/2 的矿工感染艾滋病病毒；赞比亚 75%的出口收入来自铜矿，但铜矿工人感染艾滋病病毒的比例已达到 18%；博茨瓦纳 80%的出口收入和 50%的国库收入来自钻石行业，但这一行业的雇员已有 1/3 感染艾滋病病毒。艾滋病还导致某些国家的劳动力短缺：南非很多公司将有 40%—50%的雇员在 2010 年之前死于艾滋病；纳米比亚的劳动力总数将在 2020 年之前因为艾滋病而减少 1/3；由于艾滋病流行造成劳动力短缺，博茨瓦纳已开始从远东地区引进劳工。

南非的饥荒说明，艾滋病的流行可以引起更大范围的人道主义危机。2002 年，莱索托、马拉维、莫桑比克、斯威士兰、赞比亚和津巴布韦六个国家面临严重的饥荒，约 1 440 万人受到影响。其主要原因，就是艾滋病的流行（马拉维的成人感染率高达 15%，斯威士兰和津巴布韦甚至高达 33%）造成青壮年劳动力的大量死亡，致使其农业生产能力严重下降。根据联合国粮农组织的资料，1985 年以来，流行情况较严重的 25 个国家共有 700 万农民死于艾滋病；除非采取有效措施，未来 20 年内还将有 1 600 万农民因此而死亡。

2. 严重影响教育事业

在撒哈拉以南的非洲地区，到 1999 年已有 86 万儿童因为教师死于艾滋病而被迫辍学。联合国教科文组织估计，这一地区死于艾滋病的教师比例到 2005 年将达到 1/10，整体教育水平将因此而倒退 100 年。在南非、赞比亚和斯威士兰，教师感染艾滋病的比例已经分别达到 33%、40%和 70%。由于其他部门也有大量雇员不断死于艾滋病，一些公司开始以较高的薪水拉拢尚未感染艾滋病病毒的教师前来工作，致使教师更加短缺。在中南部非洲某些国家，已有 60%的初级中学因为教师短缺而被迫关门。根据世界银行的估计，对一个艾滋病患者进行鸡尾酒治疗的费用，相当于 400 个儿童上学一年的全部费用。

3. 影响医疗卫生系统的正常运作

在艾滋病流行情况较严重的某些国家，由于艾滋病病毒感染者耗费大量的医护资源，其他疾病患者的治疗已受到严重影响。在肯尼亚、津巴布韦和南非，艾滋病病毒感染者所消耗的费用占全国卫生系统总费用的比例将在 2005 年分别达到 50%、60%和 35%—84%。马拉维 70%以上的医院床位已被艾滋病病毒感染者占用，就这样还有很多感染者因床位短缺而被迫居家治疗。科特迪瓦、赞比亚和津巴布韦也面临类似困境，城市医院 50%—80%的床位已被艾滋病病毒感染者占用。联合国艾滋病规划署的研究显示，肯尼亚医院里，非艾滋病患者的死亡率近几年明显上升，就是因为床位不足，这些患者被确诊和安排住院时往往已发展到疾病晚期。在某些国家，死于艾滋病的医护人员数目已超过新补充的医护人员数目。马拉维死于艾滋病的医护人员比例到2005年将达到25%—50%。

4. 影响流行国家的国防能力

根据联合国艾滋病规划署1998年的预算，军人在和平时期感染包括艾滋病病毒在内的各种性病病毒的概率比平民高出2—5倍，在战争时期甚至高出15倍。艾滋病在某些非洲国家的军队中大规模流行的情况相当严重。在撒哈拉以南的非洲各国，军人感染率是平民的5倍，感染率普遍达到10%—60%。在津巴布韦和马拉维，这一比例甚至分别达到70%和75%。南非军方公开承认的感染比例为17%，但另有研究显示，实际比例可能高达40%甚至90%。根据美国国防情报局1999年的资料，情况严重的几个国家还包括安哥拉（40%—60%）、刚果民主共和国（40%—60%）、坦桑尼亚（15%—30%）、刚果共和国（10%—25%）、科特迪瓦（10%—20%）、尼日利亚（10%—20%）和厄立特里亚（10%）。根据1997年的一项调查，乌干达全国的成人感染率为9.5%，但其军人感染率高达27%。纳米比亚国防部副部长曾坚决拒绝提供本国军队中的艾滋病病毒感染率数据，因为“这是十分敏感而重要的军事情报”。南非“战略研究所”的一项研究表明，非洲许多国家的军队中艾滋病不断蔓延的势头如果不能尽快遏制，它们将没有能力继续参与国际维和任务。

（四）各国防治艾滋病的成功策略

联合国艾滋病规划署多次强调，任何国家，无论其艾滋病疫情发展处于哪个阶段，无论其经济能力是大是小，都有必要而且有条件进行更加有效的防治工作，关键是政府最高层必须作出严肃认真的政治承诺，防治工作必须是综合性的，必须鼓励社会各个层面共同参与。就发展中国家而言，塞内加尔、泰国和乌干达三国的防治工作特别出色，效果十分显著，柬埔寨、南非和埃塞俄比亚等国也有一些值得称赞的经验。

塞内加尔：有效地阻止了艾滋病病毒的蔓延失控。1996年发现第一例感染者后，塞内加尔政府就迅速成立了全国防治艾滋病委员会，由政治领导人牵头挂帅，让宗教领袖发挥重要作用。政府印刷了大量的宣传教育材料，通过清真寺和教堂广为散发。政府官员和宗教领袖通过广播电视发表有关讲话，非政府组织和社会团体都被动员起来开展预防工作，各类学校都开设性教育课程，血液检测被确定为常规体检项目。对于较易感染艾滋病病毒的妓女和流动人员，额外提供更密集、更广泛的预防措施。通过这些手段，塞内加尔的成人感染率保持在 1.8%以下的较低水平，成为撒哈拉以南非洲地区（成人感染率 8.8%）感染率最低的国家。

泰国：成功地防止了艾滋病在普通人群中的大规模流行。1988 年，曼谷注射毒品者艾滋病病毒感染率从 1%急速上升到 30%，清迈妓女艾滋病病毒感染率达到 44%。1989 年，全国许多地区的妓女、性病患者、注射毒品者以及孕妇中的感染率开始上升，艾滋病在全国范围内大规模流行的兆头十分明显。于是，泰国政府作出强有力的反应：由总理本人和全国艾滋病委员会主席牵头，开展声势浩大的全国性预防运动，推广安全套，扩大性病诊治范围，提高防治预算，增加专职工作人员。非政府组织和商业团体也在相关场所开展宣传教育活动。通过这些手段，泰国将孕妇艾滋病病毒感染率控制在 3%以下，献血者艾滋病病毒感染率控制在 2%以下。总体来看，泰国 20 世纪 90 年代的艾滋病病毒感染者绝大多数经由卖淫嫖娼而来；但近几年来，约一半感染者为数年之前染上艾滋病病毒的男子的配偶。

乌干达：艾滋病病毒感染率降低了一半。乌干达的艾滋病流行情况本来极其严重，大城市的孕妇感染率从 20 世纪 80 年代中期的 11%增长到 20 世纪 80 年代后期的 31%。于是，乌干达总统发起涉及部门相当广泛的全国性运动，要求政府全体官员，在每一次公开讲话中都必须强调艾滋病防治工作，军队和大众传媒也积极参加群众性宣传教育活动。与此同时，自愿咨询与检测、性病诊治、艾滋病患者的基本医护措施都大大强化，对艾滋病流行趋势和易感人群的监测与研究工作形成制度。通过这些手段，乌干达 20 岁以下城市孕妇的艾滋病病毒感染率从 1991 年的 28%降低到 1998 年的 6%，全国的成人艾滋病病毒感染率则从 90 年代初的 14%降低到 2000 年的 8%。

二、呼吸道传染病是人口安全的新威胁

（一）SARS

张维庆在“人口、社会与 SARS”学术研讨会上提出非典型性肺炎疫情是一次威胁人口安全的重大事件，进一步强化全社会的人口安全意识，建立人口安全的警戒线。

2003 年春季在全球特别是亚太地区肆虐的非典型性肺炎，很快引起全球各国的高度关注，WHO 为此发出了该机构成立半个世纪以来的第一次

全球性警报，主要大国的卫生防疫部门、所有国家的出入境管理部门都紧急行动起来，中国和东盟领导人为控制疫情专门召开紧急首脑会议。在全世界的电视、报刊、互联网等形形色色的大众传播媒体上，非典型性肺炎被炒作的热度几乎与伊拉克战争难分伯仲。

SARS 在未查明病因前，被叫作“非典型性肺炎”，简称“非典”。它是由 SARS 冠状病毒引起的特殊肺炎，该肺炎具有明显的传染性，并且能影响多个脏器系统。临床表现为干咳、胸闷、呼吸困难等呼吸道症状和发热、头痛、乏力、肌肉关节酸痛等全身症状，有些病例可能有腹泻等消化道症状，严重者有明显的呼吸困难症状，并可迅速发展成急性呼吸窘迫综合征，出现呼吸衰竭，可危及生命。密切接触是主要传播途径，以近距离飞沫传播和直接接触呼吸道分泌物、体液传播多见。气溶胶传播，即通过空气污染物气溶胶颗粒这一载体在空气中作中距离传播，是经空气传播的另一种方式，严重流行疫区的医院和个别社区暴发即通过该途径传播。SARS 出现得很突然，结束得也很意外，仅仅存在了不到一年的时间。据 WHO 公布的结果，全球累计“非典”病例共 8 422 例，涉及 29 个国家和地区。全球因 SARS 死亡 916 人，报告病例的平均死亡率为 9.3%。

在非传统安全议题的流行病范畴内，非典型性肺炎被视为仅次于艾滋病的严重问题，而其紧迫程度甚至一度超过艾滋病。其主要原因是：非典型性肺炎本身作为 21 世纪新出现的第一种严重传染病，其死亡率虽然不高，但其传染能力过于强大，不可避免地引起国际社会的严重恐慌，从而导致社会、经济、政治、外交等诸多方面不易处理的危机；非典型性肺炎疫情虽然已趋于沉寂，但其发病机理和传播途径至今仍未彻底搞清，专用的治疗药物和有效的预防疫苗也难以在短期内研发出来，而医学专家仍然不能肯定，非典型性肺炎会不会像历史上曾经有过的某些严重传染病一样，暴发一次后就神秘地消失；非典型性肺炎如果像流行性感冒一样，成为一种季节性的或者每过几年就暴发一次的传染病，各国政府和国际社会应该如何应对，依然是一个悬而未决的问题。

从实际流行程度来看，与 WHO 每年都需应对的 50 多种严重流行病相比，SARS 并没有什么稀奇之处，其最终感染数和死亡人数甚至远远比不上一场流行性感冒。“非典”病毒作为一种冠状病毒，其致病机理和预防疫苗虽然尚未认定，但与近十年来出现的 30 多种病毒一起考虑，也不值得大惊小怪。SARS 的可怕之处是其传染性太强，能够通过患者的流动、通过民航飞机快速传播到全球各地。与疫区接壤的国家和地区、拥有国际机场的每一个国家，都有暴发疫情的危险；交通枢纽地带和人口稠密的城市暴发疫情的可能性更大。

SARS 之所以成为一种“突如其来”的严重威胁，导致巨大的经济与政治影响，在很大程度上就是因为，发生疫情的国家“需要极大的政治勇气向全世界公开承认”，在本国境内已经发现某种流行病。政府的卫生部门如果迅速采取有效行动，成功地防止疫情的暴发和蔓延，它将没有任何证据表明自己作出了巨大贡献；但卫生部门如果拖拖拉拉，流行病就有可能从个别病例迅速蔓延成具体而真实的大规模疫情；假如卫生部门发出警告，而随后并未出现相关疫情，国家将遭受极其巨大的经济损失（印度 1994 年的瘟疫警告就是如此）。因此，政府在疫情初期的策略抉择必然是一个十分痛苦而艰难的过程，必须考虑的因素太多，用来进行科学论证的时间又不能太长，能够及时作出正确决定的可能性往往不大，一般都需随疫情发展而不断调整。

（二）新冠肺炎

2019 年 12 月以来，湖北省武汉市部分医院陆续发现了多例有华南海鲜市场暴露史的不明原因肺炎病例，后证实为由 2019 新型冠状病毒感染引起的急性呼吸道传染病。2020 年 2 月 11 日，WHO 总干事谭德塞在瑞士日内瓦宣布，将新型冠状病毒感染的肺炎命名为“2019 冠状病毒病（Corona Virus Disease 2019，COVID-19）”，国内采用的中文名称仍为新型冠状病毒肺炎，简称新冠肺炎。与此同时，国际病毒分类委员会声明，将新型冠状病毒命名为“SARS-CoV-2”（Severe Acute Respiratory Syndrome Corona Virus 2)，并认定这种病毒是 SARS 冠状病毒的姊妹病毒。

与 SARS 一样，新冠肺炎的传染速度和传染能力非常强。在疫情开始的三个月时间内，新冠肺炎已具有大流行特征，已迅速传播到世界各个角落，其暴发性和传播力已使全球的卫生系统不堪重负，对医疗和社会照护系统的冲击，以及为遏制传播而采取的措施产生了广泛和深刻的后果。

疫情暴发至今，全球新冠肺炎确诊病例已经超过 6 亿例，死亡病例超过 640 万例，对全球人口的平均预期寿命产生巨大影响。黄国桂等学者测算了新冠疫情下，2019—2020 年，27 个国家（主要为欧美发达国家）的 15 岁平均预期寿命变动情况。总体而言，27 个国家 15 岁平均预期寿命降幅达到了 1.8 年。其中，美国 15 岁平均预期寿命降幅最大，从 64.8 岁下降至 62. 6 岁，降幅为 2. 2 年。另一项研究利用约翰斯·霍普金斯大学公布的各国新冠肺炎感染人数和死亡人数数据估测了新冠肺炎的粗死亡率和标准化死亡率以及 2020 年 186 个国家和主要城市人口的平均预期寿命，发现在 186 个国家中，几乎所有国家在 2020 年均经历了人口平均预期寿命的下降，其中降幅最为显著的是欧洲和美洲国家。例如，在 2020 年，秘鲁平均预期寿命下降了 2. 09 年，巴拿马平均预期寿命下降了 2. 22 年，比利时和美国的平均预期寿命分别下降了 1. 72 年和 1. 26 年，而极少部分国家（如泰国和中国），同时期的平均预期寿命则未受影响。另有研究发现在主要欧美国家中，7 个国家的女性人口和 11 个国家的男性人口的平均预期寿命在 2020 年经历了自“二战”以来最大幅度的下降。另外，多数欧美国家平均预期寿命在 2020 年的降幅抵消了其在 2015—2019 年间的所有增长幅度，部分欧美国家的平均预期寿命甚至倒退了 10 年以上。

新冠疫情使得人们的安全感降低、疾病负担加重、失业和疫情应对措施导致了婚育推迟，对我国婚育的抑制性影响既全面又广泛，导致 2020 年一季度婚姻登记对数下降 45%、四季度出生人口数量锐减，尤其是 30 岁以下人群的生育数量以及一孩的出生数量下降更为迅猛，压低了我国的出生人口规模，疫情危机加速了我国出生人口数量和生育率的下行。

从非传统安全的角度出发，艾滋病和非典型性肺炎等流行病已经引起人们对几个相关问题的重新思考：人类与自然界的关系应如何对待？这是一个古老的传统问题，西方发达国家在内的大部分国家制定发展政策时，往往把它放在从属于经济“大目标”的次要位置，甚至出于某种原因而不予考虑，从此埋下了某些“天灾”的种子；因此在新的历史条件下，仍有必要重新思考。

但无论是艾滋病还是非典型性肺炎，都不仅仅是非传统安全问题。正如非传统安全问题与传统安全问题密切相关一样，流行病在某些条件下可以间接引发传统意义上的国家安全问题，在更严重的情况下也可以直接构成广义的甚至狭义的国家安全问题。对付流行病之类非传统安全威胁，不能完全依靠非传统的手段；传统意义上的应对方法在这个新的领域仍有其存在的必要，甚至可以发挥决定性的作用。联合国艾滋病规划署认为，艾滋病防治工作的最大困难，依然是多数国家的政府没有从政治上引起足够的重视，国际社会不愿提供足够的资金支持，显然都属于传统安全领域的角色缺位问题。传染病疫情的基本控制，虽然在一定程度上的确得益于新型科技手段（互联网、视频会议、基因检测与图谱绘制等），但这些新型科技的真正功能，只是为数年之后有可能成功的疫苗研制奠定较好的基础；在目前阶段，真正有效地控制了疫情蔓延的方法，依然是科技含量并不高的传统方法（隔离、消毒、检测、追踪、对症而非治本的药物治疗等），这一点在新冠疫情的防控中得到了验证。

第三节　传染病在人口安全上的极端表现

作为一个引人注目的非传统安全问题，传染病疫情对我们的启示不能仅仅局限于这种疾病本身，也不能局限于它直接或间接引起的、需要紧急处理的种种短期危机。事实上，方方面面的学者专家对传染病问题的探讨已远远超出上述范围的广泛议题。从非传统安全的角度来看，其中至少有三个方面值得关注。

一是生物恐怖主义。极端组织和个人甚至某些政府机构利用病毒等生物手段发动恐怖袭击的可能方法及其可能后果，各国政府和国际社会的长期防御战略以及临时性的应对措施等，都值得深入研究。二是基因恐怖主义。由于非典型性肺炎和新冠肺炎的暴发区是黄色人种所居住的东亚各国，曾有业余研究者猜测，这可能是一种前所未有的基因恐怖主义袭击（WHO已排除这种可能性）。另有传闻称，中东某个国家的科学家正在研制一种专门对付某个特定敌对民族的基因武器。这些言论在目前条件下虽然过于离奇，但从发展角度看，不能完全视之为匪夷所思的天方夜谭。就基因科学的发展潜力而言，利用基因手段逐渐消灭甚至完全消灭某个特定人种，在未来的技术条件下并非没有可能。三是人类科技的发展潜力和终极效果。科学技术的快速发展已经深刻而全面地改变了人类的生活、生产等行为方式，一方面，从效率和便利两个方面给人类带来莫大的好处，但另一方面，也导致人类对科技产品的严重依赖，当科技不能及时提供人类迫切需要的某种新产品时，人类的脆弱将立即表现无遗。科学技术的发展速度虽然越来越快，但对于始终威胁人类安全、不断产生新种类和新变种的病毒，人类的有效应对手段依旧相当有限，在某些情况下甚至束手无策。在本节，我们将叙述人类历史上利用传染病对人口安全造成巨大危害的例子。

一、鼠疫

（一）鼠疫的来龙去脉

鼠疫是由鼠疫杆菌引起的，存在于啮齿类与跳蚤的一种人畜共通传染病，通常借由跳蚤传染给各种动物及人类。从古至今，鼠疫一直是人类文明的梦魇。鼠疫杆菌经由血液感染全身，患者皮肤出现血斑，发高烧，或脸部肿胀，最后全身长满黑斑而死亡，这也是鼠疫被称为黑死病的原因。鼠疫主要有三种类型：腺鼠疫、肺鼠疫、败血性鼠疫。传染途径大致可分为两类：一是接触或食用被感染的动物的组织，或被感染的动物叮咬而感染；二是接触或吸入病患的脓液、唾液或飞沫而感染。鼠疫不仅具有强大的感染性，还有着极高的致死率，未经治疗的腺鼠疫的致死率达到50%，肺鼠疫以及原发性败血性鼠疫未经治疗的致死率则是100%。

大多数文献认为迄今为止，人类历史上共发生过三次鼠疫大流行。第一次大流行发生于6世纪，起源于埃及的西奈半岛，持续了五六十年，以当时在位的东罗马帝国皇帝查士丁尼一世的名字命名，称为“查士丁尼瘟疫”，死亡近2 500万人。这场瘟疫使得东罗马帝国丧失了大量的人口，粮食生产能力大幅下降并且导致了饥荒，而这期间帝国还遭遇了多次地震和战争，整个社会陷入了极度悲观的气氛中。第二次大流行发生于14—18世纪，即在欧洲迅速蔓延的“黑死病”，这次大流行造成全球7 500万和欧洲2 500万人口死亡，意大利和英国的死亡人数达到本国人口数的一半，是人类历史上后果最严重、影响最大的一次瘟疫。第三次大流行发生于19世纪末20世纪初，总共波及60多个国家，死亡人数达千万。

中国经历了第三次鼠疫大流行。关于第三次鼠疫大流行，普遍认为起源于中国西南部的云南省。据史料推断，其传播途径有两种可能。一是沿着滇粤陆路通道传播。19世纪早期，萨尔温江上游构成了鼠疫感染区与未感染区的分界线。1855年云南爆发了起义，中国军队跨过萨尔温江前往镇压。由于未意识到鼠疫传染的危险，染病后的军人和难民就把它带往两广一带。二是沿着桂粤海路商贸通道传播。当时的鸦片贸易十分发达，云贵边境人民在英国商人的怂恿下开始私种鸦片，并贩运至东南沿海。鼠疫很有可能沿着这条贸易路线由北海经海路，传至广州、香港等地。无论是哪种途径，一旦鼠疫出现于广州和香港，其传播的速度就只受限于汽船把受感染的动物和人带到新港口的速度。1899—1900年，鼠疫侵袭了各大洲，包括亚洲、非洲、大洋洲、欧洲以及美洲，共有60多个国家出现了灾情，在中国和印度便导致约1 200万人死亡，此次全球大流行一直持续至1959年才正式结束。1910年，鼠疫由中东铁路经满洲里传入哈尔滨，席卷整个东北，造成了6万多人死亡。这条国际铁路在方便了中国与欧洲经济文化交流的同时，也增加了瘟疫跨境传播的风险。

（二）鼠疫与战争

人类历史上迄今为止最大伤亡的细菌战便与鼠疫有关，1345年冬到1346年，在蒙古军队进攻黑海港口城市卡法（又译克法，现乌克兰城市费奥多西亚）时，用抛石机将患鼠疫而死的人的尸体抛进城内。这是人类历史上第一次细菌战，使鼠疫猖獗了3个世纪，夺去了2 500万余人的生命。1347年，鼠疫肆虐的铁蹄最先踏过君士坦丁堡——拜占庭最大的贸易城市。到1348年，西班牙、希腊、意大利、法国、叙利亚、埃及和巴勒斯坦都暴发了鼠疫。1352年，鼠疫袭击了莫斯科，莫斯科大公和东正教的教主相继死去。

二、霍乱

（一）霍乱的暴发与流行

霍乱无疑是19世纪最厉害的流行病，至今还对人类健康构成威胁。霍乱是一种烈性肠道传染病，由一种可在水和食物中生存数周的病原体——霍乱弧菌所致，多发生于夏季，具有传染性强、传播速度快、死亡率高的特点。人们在摄入受到霍乱弧菌污染的水或食物后，霍乱弧菌被吞下又没有被酸性胃液杀死，它就可以在碱性的肠道内迅速繁殖。患者往往在几个小时内就会出现剧烈腹泻、呕吐，进而引起人体内部水和电解质紊乱，最终因脱水死亡。霍乱可以通过饮用水、食物、生活接触而传播，其中水的作用最突出，霍乱弧菌随着人的吐泄物流到水源中，继续污染，继续传播。迄今为止，霍乱一共出现过七次全球大流行，被称为“曾摧毁地球的最可怕瘟疫之一”。从1817年至1926年的一百多年间，恒河三角洲地区的霍乱引发过六次世界性霍乱大流行，人们怀着无比恐惧的心情过着盼望远离霍乱的日子。第一次大流行是在1817—1822年，抵达欧洲边境。第二次大流行是在1826—1837年，经俄国、德国到达英国东北部；于1832年被爱尔兰移民带入加拿大，又由加拿大传到美国。第三次大流行是在1839—1863年，发源地还是孟加拉国，但波及范围更广，席卷了亚洲、欧洲、北美洲和非洲。第四次大流行是在1865—1875年，由一艘从埃及开往英国的航船传入欧洲。第五次和第六次大流行分别发生在1883—1896年和1910—1926年。由于西方人已经掌握了霍乱的病因和传播方式，改进了公共卫生和公共设施，因此这两次流行对西欧和北美的影响很小，在印度、俄罗斯、中东和北非肆虐。目前的第七次大流行于1961年始于南亚，1971年波及非洲，1991年扩大到美洲，至今仍无终止迹象。根据研究人员估计，在世界范围内霍乱每年导致130万至400万个病例，以及2.1万至14.3万例死亡，造成20亿美元以上的经济损失。

（二）霍乱与战争

1826年，霍乱第一次进入欧洲和美洲，真正成为全球性的疾病。这次大流行起始于孟加拉国，沿着海路折向南俄罗斯。随着俄罗斯对波斯、土耳其、波兰的一连串军事行动，把霍乱带到了巴尔干，从这里由船只和商人传到英国。1832年，霍乱侵入爱尔兰，爱尔兰移民又把它带到了加拿大，并南下美国。这场流行反反复复持续了将近20年，直到1851年才渐渐消退。霍乱长期以来只是恒河三角洲孟加拉国的地方性疾病，1817年之后就传播到全世界，欧洲国家的殖民扩张活动是造成19世纪霍乱全球性流行的主要原因。首先，从事殖民侵略和争霸的军队在全球范围内的流动，加速了霍乱传播；其次，由西欧前往美洲的移民以及殖民者从事的奴隶贸易将霍乱带到了北美和拉丁美洲。同样地，工业革命带来的交通技术发展大大加速了霍乱的传播，这正如威廉·麦克尼尔在《瘟疫与人》中所说："18世纪中期之后更先进的汽船和铁路运输所取得的成就之一，就是加快了霍乱从所有重要的世界中心向全球传播的步伐。"欧洲殖民者正是通过快捷的现代交通工具渗透到世界各个角落，从而把病菌带到了世界各地。因此查尔斯·达尔文在1836年1月12日的航行日记中评论欧洲疾病传播时写道："无论欧洲人走到哪里，死亡就似乎降临到那里的土著居民身上。"

在第一次世界大战中，德国使用了细菌武器，随即战后的1925年6月，在瑞士日内瓦签订的《关于禁用毒气或类似毒品及细菌方法作战议定书》，明确规定禁止使用细菌武器。但是这个条约对一些国家似乎形同虚设，一直到1952年，美国军队仍旧在使用病毒和细菌进行战争。抗美援朝战争时期，美军用装有感染了鼠疫、霍乱的跳蚤、蚂蚁、苍蝇的细菌弹，对朝鲜和中国东北发动细菌战，经"调查在朝鲜和中国的细菌战事实国际科学委员会"考察确认，美军在上述细菌战中使用的方法是第二次世界大战在日本细菌战方法基础上发展而来的。

三、流感

1918 年，一种新的流感病毒出现了。它是由具有禽类起源基因的 H1N1 病毒引起的，是 20 世纪以来四次流感大流行中危害最为严重的一次世界性流感大流行。在同一时期，第一次世界大战正在发生，无形之中成为 1918 年大流感暴发及迅速传播的主要原因。据估计，全球范围内感染人数超过 5 亿人，约占当时世界总人口数的 1/3，全球死亡人数至少为 5 000 万人，而当时因战争死亡的人数约为 1 700 万人，可以看出 1918 年大流感对人类社会的长远影响绝不逊色于一场世界大战。1918 年大流感共有三个流行波，让我们跟随第一次世界大战的历史脚步去揭开战争下隐藏的流感危机。

第一次世界大战是帝国主义之间为重新瓜分世界和争夺全球霸权而爆发的一场世界级帝国主义战争，战争时间从 1914 年 7 月 28 日奥匈帝国向塞尔维亚宣战持续到 1918 年 11 月 11 日德国投降。战场主要在欧洲，非洲、亚洲部分地区也受到波及。1917 年，战争接近尾声，战争的主动权已经掌握在协约国手中。此前美国并未参战，但出于利益的考虑，1917 年 4 月美国正式对德宣战，当时有 37. 8 万名美国士兵服役。美国正式参战后，人口开始大量聚集，致使流感疯狂肆虐迅速传播。1917 年 6 月，美国为增加士兵人数而制定征兵制度，陆军开始在 32 个大型营地训练新兵，每个营地可容纳 2. 5 万—5. 5 万名士兵。1918 年 1—2 月，福斯顿军营（Camp Funston）附近的哈斯克尔县（Haskell County）暴发了流感样疾病。一些福斯顿军营的士兵家属就住在此地，士兵们在回家探亲后感染病毒并带回了军营。1918 年 3 月 4 日，福斯顿军营的一个炊事兵在病号检阅时报告得了流感，这也是首例感染 1918 年大流感的病例，此后三周内有 1 000 多人病重，几千人感染。当流感侵袭了一个又一个军营之后，联邦政府并未对军队采取有效的措施，相反政府将征召男性入伍的年龄范围从 21—30 岁扩大到了 18—45 岁，这一年龄范围在流感死亡人数中占比最大。同时，当时的美国总统伍德罗・威尔逊（Woodrow Wilson）在宣布美国正式参战之后，随即展开了一系列以战争为中心的军事建设，先后建立了食品管理署、燃料管理署以及监控整个经济的战争产业部。除此之外，威尔逊还建造了许多军事设施，每一个都配备数万名以上的士兵或水手。这些军事产业的建设使数十万劳工和在建的几百艘船只一同挤在全美的造船所，而人口的大量聚集则为大流感的迅速传播提供了“便利”。另外，特殊气候是大流感暴发和传播的客观原因。由于部队未能提供冬衣乃至供暖不到位，士兵们开始违反军规，他们忽视了基于健康而制定的每个人的空间范围大小的规定，而选择了许多人在床上挤作一团或一群人围绕在火炉边取暖。在这种环境下，大规模的人群聚集在一起，城市人和农村人，军人和平民都开始接触，这也为流感的迅速传播提供了条件。1918 年 4 月 5 日，美国每周公共卫生报告中通报了堪萨斯州哈斯克尔的 18 例严重病例和 3 例死亡病例，这是首次公开提及流感的报告。然而，在战争时期，这件事没有引起重视。

1918 年 4—5 月，每个月都有数十万名士兵携带着致命病毒，穿越大西洋，乘船奔赴欧洲战场，迅速感染了英、法、德军队，军队再传染给平民。4 月法国、5 月西班牙、6 月英国，都相继发生疫情。这是第一波流感，虽然波及的范围广，发病率高，但主要是轻症，死亡率不高，因而没有得到重视。但恶劣的战场犹如一块生物学实验场，欧美士兵、印度士兵、尼日利亚和塞拉利昂的非洲士兵，来自中国、越南、老挝、柬埔寨的劳工混居一处，病毒在各个人种间不断传播和变异，最终演化成第二波的致命杀手。7 月，流感似乎偃旗息鼓了，然而在 8 月第二波流感卷土重来，在美国达到顶峰，并于 9—11 月迅速席卷全球。第二波疫情非常致命，是造成大流行大部分死亡的原因。仅在 10 月份，1918 年大流感就杀死了大约 19. 5 万名美国人。11 月，第一次世界大战结束，士兵们开始回国归乡，进一步加剧了流感的传播。整个美国都陷入流感的阴云之中，学校停课，大量医生和护士患病，医院太平间爆满。由于许多卫生专业人员在第一次世界大战期间在美国军队服役，导致美国各地医疗人员短缺，红十字会紧急呼吁志愿者帮助护理患者。纽约市卫生委员会将流感添加到可报告疾病清单中，并要求所有流感病例在家中或城市医院隔离。芝加哥和美国许多其他城市一起关闭了电影院和夜校，并禁止公共集会。旧金山卫生委员会要求任何为公众服务的人戴口罩，并向所有居民发出强烈建议，要求他们在公共场合戴口罩。美国公共卫生协会委员会鼓励商店和工厂错开开门时间和关门时间，并尽可能让人们步行上班，尽量不使用公共交通工具，以防止过度拥挤。但是由于当时民众的卫生观念不强，当这些措施给他们的生活带来不便或者触及他们的利益时，他们就会进行不同程度的抵制。例如，在旧金山，一些人将戴面具的规定看作对公民自由的侵犯，他们声称，面具没有任何效果，所以没有必要。当宾夕法尼亚州卫生局命令小店关门时，匹兹堡市市长却公开指责这一决定。在伦敦，电影院必须定期通风的要求使得电影院老板们极为抱怨，认为这对电影院不公平，他们质问为什么不对更拥挤的火车作出通风要求。因此，一些防疫措施的执行程度大打折扣。

第三波流感发生在1919年的春季和冬季，在夏季神秘地消退。在旧金山，1月的前五天报告了1 800例流感病例和101例死亡病例，纽约市报告了76例流感病例和67例死亡病例。第三波流感流行程度轻，时间短，原因可能是第二波暴发使得大部分人被感染后产生了抗体。虽然大流行在第三波疫情后消退，但H1N1病毒继续季节性传播38年，并且在2009年又卷土重来，引发了新的大流行。1918年大流感对全世界来说都是巨大的灾难，尤其是美国，死亡人数达67.5万人，其政治、经济和人民健康都受到巨大创伤。1917年，美国加入第一次世界大战时女性预期寿命为54岁，男性预期寿命为48岁，第一波流感浪潮和第二波流感浪潮导致美国的平均预期寿命下降12岁（女性预期寿命降至42岁，男性预期寿命降至36岁）。难怪在2019年新冠疫情暴发以前，WHO会宣称1918年大流感为“有史以来最具有毁灭性的传染病”。

第四节　重大传染病防控的国际合作

一、国际组织的传染病多边国际合作

（一）WHO

新冠疫情发生前，2005年，WHO区域办事处率领国际特派团协助土耳其政府成功控制住了H5N1流感病毒感染病的传播。WHO的全球流感监测网络（GISN）实验室持续监测甲型H5N1流感病毒的变化，为土耳其出现具有大流行潜力的流感病毒提供预警机制。2006年，在WHO的帮助下，土耳其对禽流感病迅速作出反应，并成功防控。

多边合作是俄罗斯通过卫生安全国际合作恢复其大国影响力的重要方式。俄罗斯一直重视联合国系统的中心作用，通过资金和技术合作的方式与WHO在全球和区域范围内开展卫生合作，比如与WHO合作协助独联体

国家实施《国际卫生条例》，提出和推动传染病防控议题、主办卫生部长会议、主导卫生合作机制建立等方式实现传染病领域的卫生合作的领导和管理职能，扩大其区域影响力。

中国目前在疾病监测和疫情控制领域处于世界领先地位。WHO 和中国继续扩大在全球的合作，应对国际疫情或危机，包括 2014 年发生的埃博拉疫情。近来在中国“南南合作援助基金”（SSCAF）的资助下，WHO 同中国携手合作，应对叙利亚及其周边国家和也门的卫生危机。双方继 2018 年合作开展应对埃博拉疫情项目后，在南南合作援助基金框架下于 2019 年再次合作，中国继续支持 WHO 应对刚果（金）及其周边国家长期有效防控埃博拉疫情。2017 年，在习近平主席访问日内瓦的 WHO 总部期间，WHO 与中国签署了关于在“一带一路”倡议（BRI）的框架下加强战略合作的谅解备忘录。该协议的签署标志着 WHO 与中国以全球健康为重点的新型关系的开始。

2020 年新冠疫情发生后，WHO 举行“国际卫生条例”审查委员会会议，土耳其参与会议并支持这份应对跨境公共卫生威胁的唯一全球文书。此外，土耳其还和其他国家讨论了新冠疫情对抗击艾滋病的影响以及与非政府组织的合作机会。

（二）欧盟

新冠疫情发生前，土耳其自 1999 年起加入欧盟，将国家公共卫生立法与欧盟的立法结合起来，建立早期预警报告制度（EWRS），设立微生物实验室，发展卫生人力。土耳其还根据欧盟准则，制订了一系列准备和应对计划，以应对各种威胁。

2020 年新冠疫情发生后，继欧盟执委会主席与美国总统在第二次全球 COVID-19 峰会上发表声明后，欧盟与美国卫生暨公众服务部签署了一项安排，以加强在应对公共卫生威胁方面的合作。这将使欧盟和美国能够就广泛的主题开展合作，共同应对突发卫生事件，有助于建立强大的全球卫生架构。2022 年 6 月，美国总统拜登和其他七国集团领导人在德国举行的峰会上重新启动“全球基建和投资伙伴关系”项目。与七国集团成员国和欧盟一起，美国政府还将向塞内加尔的达喀尔巴斯德研究所提供 330 万美元的技术援助。塞内加尔正在建设一个大规模的多种疫苗生产设施，该设施最终可生产新冠病毒疫苗和其他疫苗，这个项目也涉及欧盟。以色列外交部在 2021 年 9 月发表声明说，该国与欧盟达成新冠通行证互认协议，协议将于 2021 年 10 月生效。根据协议，以色列已接种新冠疫苗者或者新冠康复者前往欧盟国家旅游或经商时，携带的以色列新冠通行证将被视为与欧盟新冠通行证具有同等效力，可以进入当地的餐厅、文化场所、公共机构等，这是为以色列与欧盟恢复航班和旅游业打基础的重要一步。

2020 年 6 月，李克强同志同欧盟委员会主席冯德莱恩通电话，讨论了双方共同开展新冠病毒研究和疫苗开发工作，为中欧合作迈出了新的一步。双方表示，中欧应加强新冠肺炎疫苗研发合作，合作建立重大传染病防控的长效机制，共享卫生数据，开展医疗研发合作，为今后类似疫情防控做好准备。2021 年 2 月，中国国家卫生健康委与欧盟委员会卫生和食品安全总司以视频连线的方式共同举办 2021 年度中欧卫生对话。双方代表就新冠疫情防控和传统医药应用等议题深入交流，重申愿加强抗疫经验分享和技术交流，共同维护双方人民健康和全球卫生安全。

二、各国的传染病双边国际合作

（一）美国双边传染病合作

新冠疫情发生前，日本和美国一直密切合作，以改善全球健康。自 2002 年 6 月美日全球卫生伙伴关系签署以来，双方多次向全球抗击艾滋病、结核病和疟疾基金（GFATM）捐款，建立美国国际开发署—日本全球健康伙伴关系。2005 年 10 月，中国卫生部和美国卫生与公众服务部在华盛顿签署了《中华人民共和国卫生部和美利坚合众国卫生与公众服务部关于建立新发和再发传染病合作项目的谅解备忘录》，在新发和再发传染病领域密切合作，提高双方及时发现、应对和处理新发及再发传染病的能力。美国在 2014 年发起和主导了一项“全球卫生安全议程”的计划，旨在与中国、俄罗斯等大国共同合作，有效地预防、发现和应对可能出现的传染病疫情。加拿大和美国一直在卫生安全合作上开展合作，2018 年，加拿大、美国和墨西哥共同签订了北美自由贸易协议 2.0。美国疾病控制与预防中心（CDC）自 2003 年以来一直在巴西开展业务，并直接与巴西卫生部就艾滋病、疟疾、免疫接种和寨卡病毒以及实验研究开展合作。

2020 年新冠疫情发生后，2021 年 2 月，加拿大总理和美国总统启动了《更新美加伙伴关系路线图》，为抗击全球 COVID-19 大流行，创建更安全、更公平的社区奠定蓝图。英国卫生安全局和美国 CDC 在 2021 年 6 月同意建立新的里程碑式合作伙伴关系，通过加强全球疾病监测以及基因组和变异测序能力来应对全球流行病和新出现的健康威胁，并且帮助中低收入国家。同时，美国和英国还一起呼吁建立新的全球解决方案，以帮助世界为未来的流行病做好准备。2020—2022 年，为了应对大流行，美国和日本启动了新的美日大流行伙伴关系，在全球范围内扩大疫苗生产，在科研领域的多项研究也能够快速分享 COVID-19 研究结果。新冠疫情暴发以来，美国 CDC 南美洲区域办事处向巴西提供了 300 万美元的资金，用于加强病例检测、接触者追踪、确定传播区域、控制疫情和数据报告分析，还帮助巴西卫生部制订了检测和获取服务的计划，改进了实验室和应急响应结构，并支持在高海拔地区的医院实施感染预防和控制。

（二）土耳其双边传染病合作

新冠疫情发生前，土耳其与英国签署了谅解备忘录，计划于 2020 年 2 月开展联合卫生业务论坛，探索在药品、医疗器械、疫苗、健康旅游、健康投资等领域的合作机会；西非的埃博拉疫情暴发后，土耳其接待了近 200 万名叙利亚公民，提供与土耳其公民同样的医疗服务，还为 35 万名叙利亚儿童提供“国家免疫计划”，进行了 400 万例门诊、32 万例住院服务、25 万例手术，服务成本超过 56 亿美元。2020 年新冠疫情发生后，土耳其商会与美国商会进行医院间合作，为新冠肺炎患者的病症治疗、疫苗的快速获取以及批准系统的开发提供支持；土耳其和俄罗斯共同开发新型冠状病毒疫苗，并进行联合临床试验；还为在土耳其内的叙利亚难民建立了提供医疗服务的移民健康中心网络，帮助他们进行健康保护措施的教育和培训，所有预防和治疗服务都免费提供。

新冠疫情发生前，土耳其和中国的合作主要关注于医疗卫生信息化的建设和技术、公共卫生区域医疗、远程医疗、基本药物监管、居民健康卡、综合管理等信息化重点工程建设；多次就土耳其 E-health 体系中的电子健康档案建设、全国医疗信息网络及预约就诊呼叫中心系统建设等方面进行交流合作。2019 年，土耳其和中国对卫生人力的认证监管体系、面临的挑战、可行性方法的探索以及应采取的举措等议题展开热烈研讨。2020 年新冠肺炎发生后，中国湘雅医院及疾控中心中方专家多次同土耳其进行防疫视频会议，详细介绍在流行病学特征、防控策略、临床诊治、密接追踪等各个方面的中国经验，为外国同行提供专业建议；在中方抗疫工作最吃劲的时候，土耳其第一时间致电中国表达慰问和支持，土耳其合作和协调局（TIKA）也为中国捐献了 1 000 套防化服、93 500 个过滤口罩以及

1 000 套一次性防护服等一批医疗物资；中国制造的快速检测试剂和药物也在土耳其各大医院投入使用，同时，中国的中国工商银行、中国银行、华为公司等多家在土耳其经营的中资企业也向土耳其捐赠了大量物资，中国企业科兴还向土耳其供应 5 000 万剂新型冠状病毒疫苗。

（三）以色列双边传染病合作

新冠疫情发生前，以色列和美国的公共部门、私人部门和非营利部门进行过多次的医疗保健、生物医学研究、卫生技术评估、药物滥用、初级卫生保健和公共卫生的当代体系等方面的合作交流。1985 年，美国和以色列签署谅解备忘录，两国科学家多次在流行病学、人口统计学和生物统计学方面开展合作研究；以色列还和日本建立创新伙伴关系，签署了数字健康领域的合作备忘录，支持医疗保健以及数字医疗领域的公司合作；2018 年，英国和以色列签署谅解备忘录，建立合作伙伴关系，对以色列大量的医疗保健公司进行资金支持，与 30 余家以色列公司开展医疗技术、数字健康和精密医学等领域的合作，并允许以色列访问英国的临床研究环境。2020 年新冠疫情发生后，以色列公开创新疗法，美国商会开启“美国—以色列商业计划”，召集全球领先的公司、投资者、科学家、学者和医学专家，与以色列新兴的人工智能、生物融合、连接 5G 的医疗设备以及关键医疗基础设施的网络安全等健康创新进行合作。美国卫生系统合作定期为以色列医疗公司提供资金，开发、测试和销售新产品；阿联酋和以色列在新冠疫情后达成关系正常化协定，签署了防疫的技术协议，开展药物、医学研究合作，成为继埃及和约旦之后与以色列正式建交的第三个阿拉伯国家，并计划在疫情缓解后，计划进行两国的学生交流活动。

新冠疫情发生前，以色列和中国就已经展开了公共卫生领域的合作。2014 年 5 月，双方签署《中华人民共和国国家卫生和计划生育委员会和以色列国卫生部卫生应急合作执行计划（2014—2017 年）》，拓展在卫生应急、远程医疗和模拟医学等领域的合作，加强卫生应急队伍能力的建设，优化灾害事件紧急医疗救援网络机制和监测预警体系，提高多部门应急协作机制，优化卫生应急能力评估体系；中国多次走访学习以色列的应急救治反应能力和全民医疗保障制度；2017 年，中以签署了《合作谅解备忘录》，发起中以医院合作联盟。《中以创新合作行动计划（2018—2021）》明确将“中以医院合作联盟”作为中以两国医院和卫生组织合作的主要渠道，并在扬州开展首个中以应急医疗准备领域合作项目。2017—2019 年，以色列与中国多省签署了系列合作协议，涉及急救、医疗、护理、器械、药品、培训等医疗健康的整个生态系统。目前，中以联盟拥有 20 家中方医院和 40 家以色列医院，在医学创新和转化、最新器械设备、创新药物等方面共同合作开发。2020 年新冠疫情发生后，以色列向中国提供了首批抗疫物资，还将新开发的纳米抗菌织物技术送往中国测试其应对新冠病毒的有效性；此外，中国专家与以色列专家多次举行视频会议，分享疫情防控经验，就防控组织部署、远程医疗和社交媒体平台等新技术在疫情中的使用，医疗机构在疫情防控期间的运作方式，新冠肺炎的诊疗和防护等进行了深入讨论。

第四章　慢性病与人口安全

慢性病是21世纪全球性的主要公共卫生挑战，其会带来健康状况不佳、经济损失、死亡率上升、生活质量下降和社会发展阻滞等负面影响。根据WHO发布的《2014年全球非传染性疾病现状报告》来看，全世界每年约有3 800万人死于慢性病，其中超过40%的死者为早产儿，这种情况是可以预防的。根据WHO的预测，到2025年，慢性病死亡人数将占全球总死亡人数的70%以上，其中85%会发生在发展中国家。有证据表明，如果不实施和应用适当的预防方法，到2025年，资源匮乏国家估计将有4 100万人死于慢性病。致死率排在前四位的慢性病主要是心脑血管疾病（48%）、癌症（21%）、慢性呼吸系统疾病（12%）和糖尿病（3%）。

第一节　威胁人口安全的主要慢性病

在全球范围内，60岁以下死于慢性病的人数超过900万人，其中大多数疾病是可以预防的。慢性病在资源匮乏国家的患者性别占比与总性别人数占比的比率为男性22%、女性35%，在资源丰富国家的性别占比为男性8%、女性10%。根据目前的研究，超过80%的心脏病、中风、高血压和2型糖尿病以及超过1/3的癌症可以通过消除常见的危险因素来预防，这些危险因素主要是吸烟、不健康饮食、缺乏锻炼和酗酒。有效预防和管理常见非传染性疾病风险因素需要建立一个战略框架，以解决与这些慢性病的发病率和死亡率日益增加的负担相关的健康问题。WHO 2017年的调研证据显示，在全球范围内，未来10年非传染性疾病死亡人数将增加17%，其中增幅最大的是非洲（27%）和东地中海地区（25%）等资源匮乏的国家。此外，研究表明，癌症、糖尿病、高血压、心脑血管疾病和肾脏疾病不再仅仅是资源丰富国家的“富贵病”，当下非传染性疾病对贫困国家和地区的人民健康以及经济发展的阻碍甚至超过了传染病。

常见的非传染性疾病是可以通过预防来避免或降低其发病率与死亡率的，如心脑血管疾病、高血压、糖尿病和肥胖症。世界各个地区的主要非传染性疾病相关的死亡率百分比各不相同。在高收入地区，心脑血管疾病、高血压、糖尿病和肥胖症等非传染性疾病相关的死亡率下降，过去

20 年来，高收入环境中老年人死亡率的大幅下降主要是由于非传染性疾病死亡率的下降，部分原因是成功地控制和管理了心脑血管疾病。而在资源匮乏地区，这一比例则继续上升。

WHO 最近发布的《2022 年世界卫生统计》报告显示，全球慢性病过早死亡率从 2000 年的 22. 9%降至 2019 年的 17. 8%。2000—2019 年，高收入国家（HICs）和中高收入国家（UMICs）（约 30%）以及欧洲和西太平洋地区（分别为 31%和 27%）的下降幅度最大。在全球范围内，2000—2019 年，死亡率降幅最大的是慢性呼吸系统疾病（所有年龄段的年龄标准化死亡率下降 37%），其次是心脑血管疾病（27%）和癌症（16%）。同期由糖尿病引起的死亡率略有增加（增加了 3%）。

然而，由于人口增长和寿命延长，死于慢性病的总人数增加。2019 年，全球约有 3 320 万人死于癌症、心脑血管疾病、糖尿病和慢性呼吸系统疾病，比 2000 年增加了 28%。超过 2 000 万人死亡发生在中等收入国家，其中，西太平洋区域（中国属于该区域）受到的影响最严重。如图 4-1 所示，在中国，2019 年 30—69 岁人群死于心脑血管疾病、癌症、糖尿病和慢性肾病这四种主要的非传染性疾病的概率为 15. 9%（近 1/6）。

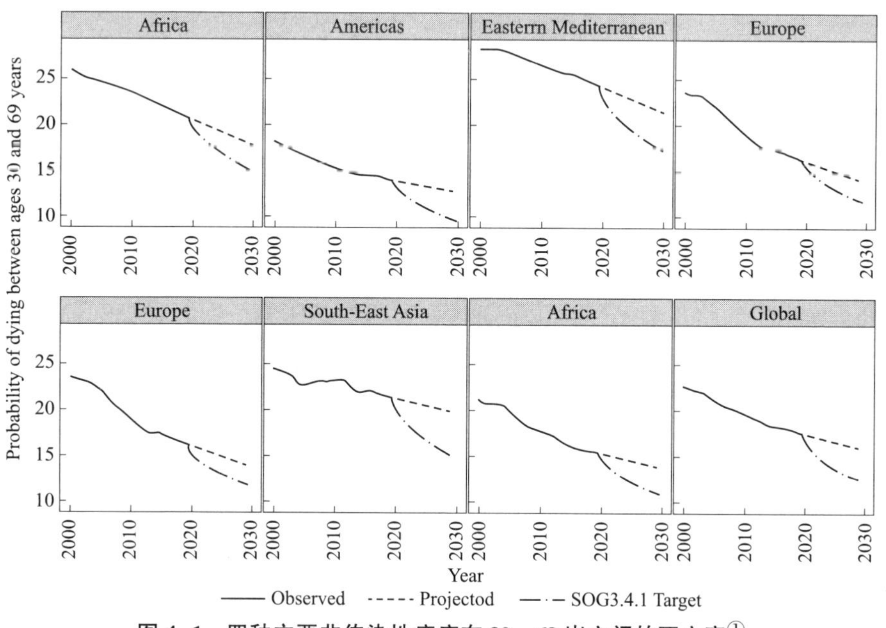

图 4-1 四种主要非传染性疾病在 30—69 岁之间的死亡率[①]

① 图片来源：《2022 世界卫生统计报告》。

第二节 慢性病的危险因素

慢性病的风险因素可以划分为两种：可改变的风险因素与不可改变的风险因素。可改变的风险因素包括个人饮食习惯（在经济条件允许的情况下保证营养摄入与膳食平衡）、运动习惯（增加锻炼）、生活习惯（不吸烟不酗酒，保持适当体重）、居住环境（人口迁徙或流动到更加适宜居住的区域）等。不可改变的风险因素包括年龄（老龄化）、性别（男女生理特点）、遗传因素（基因）、种族与民族等。

一、年龄

尽管慢性病通常与老龄化联系在一起，但事实是，几乎所有年龄段的人都有罹患慢性病的风险，甚至包括未出生的胎儿。部分慢性病的源头可以追溯到生命诞生、成长的最初几年，并在童年期—青春期—壮年期—老年期的全生命周期过程中持续进展。调查显示，在30—69岁的人群中，约有1 500万人死于慢性病，其中82%以上的“过早”死亡人数来自低收入和中等收入国家。生命历程理论认为，患者罹患慢性非传染疾病的源头并非在发育过程中，而是在子宫内就已经确定的。Barker（1998）认为，孕产妇时期的营养摄入在成人罹患慢性病中起着重要作用。他发现孕产妇摄入营养不足会使得受精卵在发育婴儿的过程中发生永久性结构和新陈代谢变化。Barker在对这些婴儿成长过程进行追踪研究时发现，这种程序性变化可能会导致几种慢性病的发生，如晚年的心脏病、糖尿病和高血压。此外，未出生的胎儿不仅会受到孕期饮食、药物、压力、饮酒和吸烟等母亲习惯的负面影响，还会受到空气污染等环境因素的负面影响。这些风险因素都会影响胎儿的早期发育，例如，胎儿出生时体重过低可能会导致长期健康状况不佳和认知能力低下。

全生命周期中慢性病的风险因素无处不在。在儿童时期，由于幼儿园和学校缺乏监管，儿童容易获得不健康的食物和饮料，可能会出现新的非传染性疾病风险，如儿童肥胖。在度过儿童期之后，处于青春期的年轻人也可能会养成新的有害习惯，如吸烟和饮酒。这些坏习惯可能延续到成年期，而成年人在工作场所面临的其他方面，包括经济压力、失业、职业不满、工作强度过大和过低社会参与度等，这些都会影响慢性病的进展。到了老年期，退休导致远离熟悉的工作场景会给老年人带来新的挑战，并影响非传染性疾病的发展。伴随着生命暮年期的生理衰弱，以及诸如营养不良、缺乏体力活动、酗酒和吸烟、社会孤立和经济压力等因素直接影响老年人。此外，老年心理问题也同样会影响慢性病的进程。

二、饮食习惯

近代之前，传染病和寄生虫病是导致人类死亡的最主要的原因，然而，近几十年来，慢性病已取代它们成为主要的死亡原因。这可能是由于多年来人类饮食习惯和生活方式的改变，从而导致了人类疾病模式的转变。各种饮食因素，如肉类、精制碳水、不科学的饮食结构、含糖饮料消费增长等与慢性病有明显的关系。此外，不健康的生活方式，如缺乏运动、吸烟、酗酒等，同样与慢性病有相关性。

饮食习惯的转变涉及食品生产、加工，食品的可用性，饮食消耗和能量消耗的变化等工农业的复合生产链条。此外，饮食习惯概念的度量变得更广泛，拓展到身体结构、人体测量参数和身心活动等。测度范围和概念的变化是由于发展中国家饮食结构向西方国家饮食结构的转变。大多数国家的传统食品更健康、天然且富含纤维，而当下这些传统谷物已被富含糖和脂肪的不健康加工食品、动物源食品和精制碳水化合物所取代。低收入和中等收入国家的营养结构发生了迅速变化，从而导致了慢性病发病率剧增。工业的快速发展推动着营养过量和身体活动率下降同时发生。从慢性病风险的角度来看，尽管科技的发展使得工作场所中的劳动和生活场景中的活动更加便捷，但相较于工业时代前的方式也更不健康了。

三、运动习惯

研究表明，缺乏运动是21世纪最严重的公共卫生问题。多年来，科学家和健身专业人士一直在倡导群众定期进行体育锻炼以预防多种慢性病，如心理障碍（Psychological disorders）、代谢紊乱（Metabolic disorders）、癌症（Cancer）、肺病（Pulmonary diseases）、心脑血管疾病（Cardiovascular disease）、肌肉骨骼疾病（Musculoskeletal disorders）等。由于锻炼能带来的公认的健康益处，以及保持良好生活质量的重要性，定期的体育锻炼在美国医学杂志一项关于体育锻炼和健康联系的报告中得到了认可。在这份报告中，体育锻炼被确定为一项美国的国家健康目标，并指出了缺乏体育锻炼是一个全国性的严重健康问题；报告提供了明确的科学证据，将体育活动与众多健康益处联系起来，并提供了描述美国人口体育锻炼模式和趋势的人口统计数据，以及为改善健康提出了体育锻炼建议。

全球工业革命和第三产业的发展改变了社会工作的形式，导致涉及工作的体力活动比率下降，同时，现代技术的发展也使久坐办公常态化，许多人过着很少或根本没有体育锻炼的生活，他们的闲暇时间经常耗费在久坐不动的活动上，如在线聊天、玩电脑游戏和看电视。据调查估计，全球约60%的人口过着久坐不动的生活。与此同时，随着现代化的进程、人类社会对技术的依赖增加，资源匮乏的国家正在经历快速的营养转变、生活方式的改变和流行病学转变。这导致了人们花费更多的时间用于休闲而非体育运动，生活方式的变化带来慢性病的增长，如心血管疾病、糖尿病、高血压、超重等。

四、社会因素

作为涉及经济、文化和环境等多种复合参数组合而成的复杂的时间性集体，社会因素无法被简单地归纳为可变或不可变因素。同一国家或地区的不同时代，同一时代的不同国家或地区的背景中，社会因素对慢性病的患病率的影响是非单一的、复杂多变的。社会因素不仅能直接影响到群体的慢性病患病率，而且能通过影响其他风险因素，来实现对慢性病患病的间接影响。例如年龄和性别，通常情况下都被视为不可改变的风险因素，衰老是人类生命周期的必经阶段，而由于激素水平等生理特征的天然区别，两性的平均预期寿命和健康预期寿命在全球水平上呈现差异化。社会因素对两者皆存在影响，如在发达国家和地区，经济的高度发达推动第四产业、第五产业的兴盛，社会分工与传统性别分工呈分离态势，从而影响到两性的预期寿命和性别差异结果。

社会因素囊括了复杂多变的项目。慢性病的风险首先在发达国家已蔓延。伴随着全球化进程的推进，西式生活方式传入低收入与中等收入国家，伴随着国际贸易的深入开展、烟酒等消费品的流通，再加上全球人口老龄化趋势，共同导致这些国家的慢性病发病率上升。除此之外，健康状况不佳与低收入之间存在直接关系，除了社会心理因素外，低收入会导致食物匮乏、购买更便宜和不健康的饮食产品以及无力负担昂贵的治疗费用。低收入人群在社会中的地位较低，这阻碍了他们的社会参与度，进一步损害他们的社会属性。当然，这并不意味着高收入国家不存在贫困问题，事实上，底层人群的食物匮乏、流动性差和缺乏锻炼是全球性的共同治理难点。

当然，除了以上影响因素外，政治和经济对慢性病的影响越来越关键。Krieger（2001）的生态社会理论强调了生态社会的疾病分布，它描述了历史、社会和生态条件之间的差异如何促进不同社会群体的健康结果的变化。尤其，在当前的新冠疫情大流行中，已经存在多年的经济和健康不平等的不利一面变得明显。根据 Krieger 的研究，在美国，非洲裔美国人新冠疫情死亡人数高于白人，这与以下几个因素相关：非洲裔美国人通常生活在拥挤的地方、使用公共交通工具上下班、从事与他人密切接触的服务工作以及工作场所的防护设备短缺。此外，缺乏医疗保健和健康保险，以及先前存在的健康状况不佳等也可能会增加非洲裔美国人感染新型冠状病毒的风险。

第三节　慢性病与人口安全的互动

前文提到人口安全包括一定时期内人口要素及影响人口要素稳定的因素之间的相互协调，平衡发展确保人口的整体安全。公共卫生问题是人口安全的重要影响因素，随着疾病谱的转变和第二次卫生革命向第三次卫生革命的转变，我国人口健康工作的重心发生了变化，慢性病成为我国人口疾病死亡率上升的主要原因。

一、慢性病对人口安全的影响

（一）慢性病与人口数量安全

适度的人口数量及其增长速度能够促进人口健康水平的提高；人口数量过多或过少、增长过快或过慢，都可能阻碍人口健康水平的提高，甚至降低已有的人口健康水平。第二次卫生革命开始于20世纪五六十年代，其目标是控制心脑血管疾病、恶性肿瘤、意外伤害、糖尿病和精神病等慢性病。针对第二次世界大战后社会快速发展而带来的疾病谱变化，许多国家通过发展早期诊断技术、提高治疗效果、加强疾病和健康危险因素监测、改变不良的行为生活方式、提倡合理营养和体育锻炼等措施，降低慢性病的发病率和死亡率。虽然不少国家包括中国已经迈入第三次卫生革命，但是第二阶段的主要问题依旧严峻，慢性病死因仍是公共卫生所面临的重要问题。我国慢性病死亡人数占总死亡人数的比例，从1991年的73.8%上升到了2000年的80.9%，数量将近600万人。城市慢性病死亡人数占总死亡人数的85.3%。高血压、糖尿病、冠心病在城市居民常见慢性病中排名前列。肺癌等六种慢性病死亡人数占了总死亡人数的35.76%。如图4-2和图4-3所示。

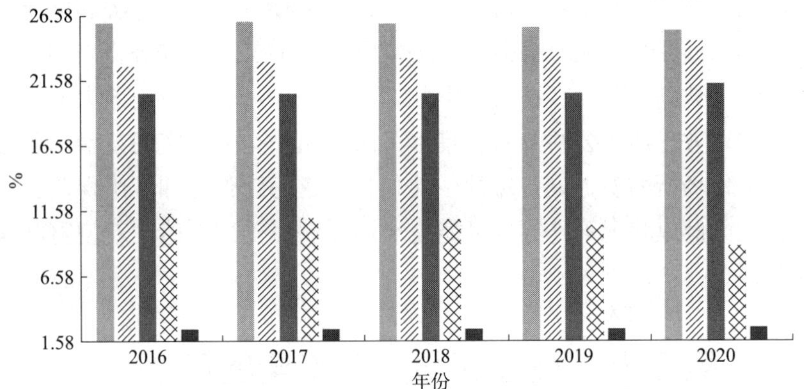

图4-2 城市居民主要疾病死亡人数占总人数比重①

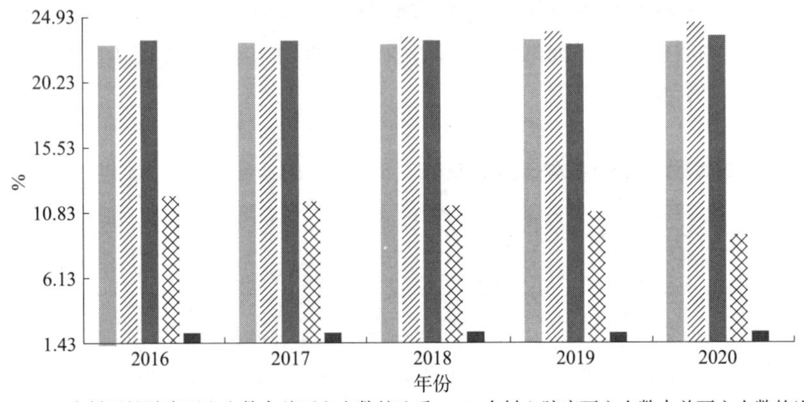

图4-3 农村居民主要疾病死亡人数占总人数比重②

---

① 资料来源：国家统计局。

② 资料来源：国家统计局。

2016—2020年，无论城市还是农村，恶性肿瘤、心脏病、脑血管疾病等慢性病的死亡比重均在我国居民死因构成前列，恶性肿瘤、心脑血管疾病、糖尿病等依旧占据疾病谱和死亡谱主要位置，且并无下降的趋势，从长远角度而言，不仅影响人口数量，而且影响人口质量。

（二）慢性病与人口素质安全

党的十八大以来，我国医疗卫生事业获得长足发展，人民健康和医疗卫生水平大幅提升，同时，我国医疗卫生事业发展不平衡不充分与人民健康需求之间的矛盾仍比较突出。“没有全民健康，就没有全面小康”“推进健康中国建设，是中国共产党对人民的郑重承诺”“坚定不移贯彻预防为主方针，努力为人民群众提供全生命周期的卫生与健康服务”，2017年10月，党的十九大报告提出“实施健康中国战略”，并进一步作出总体部署，健康中国战略的主要目标之一就是人口素质、人口健康水平的提升。

我国人口质量特别是人口健康水平的主要影响还是来源于慢性病。未来工作的重点必须针对生活行为方式、生产生活环境以及医疗卫生服务等健康影响因素，推动人人参与、人人尽力、人人享有，落实预防为主，推行健康生活方式，减少慢性病发生，强化早诊断、早治疗、早康复，实现全民健康，提高人口素质。

（三）慢性病与人口结构安全

慢性病的患病率因年龄而不同，老年人患有高血压、糖尿病、心脑血管疾病的概率更高，慢性病患病率与人口老龄化息息相关。当前，我国老龄化进程进一步加快；我国人口老龄化具有规模大、速度快、不平衡和“未富先老”等特点，在当前及今后一段时期，人口老龄化面临的挑战和压力突出表现在日益沉重的养老保障负担、迅速膨胀的医疗卫生消费支出和需求渐增的老年社会服务之上。随着年龄的增加，老年人口健康状况变差，慢性病患病率升高，失能增加。来自2018年全国第六次卫生服务统计调查的研究表明，有23.8%的老年人患有两种及以上慢性病，其中患有两种慢性病的占16.3%，患有三种及以上慢性病的占7.5%。慢性病提高了老年人的死亡率，缩短了其健康预期寿命。不仅如此，随着经济的发展和生活水平的提高，慢性病的患病年龄开始出现年轻化的趋势，这对人口结构安全将是另一个严峻的冲击。

（四）慢性病对人口发展的制约

慢性病已然成为我国人口健康攻克的首要难题，也是我国结束第二次卫生革命，迈向第三次卫生革命的重要任务，可以说慢性病严重地影响我国的人口健康发展。过去二三十年，在人口年龄结构、不良生活方式和不利环境等多种因素作用下，中国人口慢性病患病率呈现先降后升的趋势。不仅如此，慢性病引起的心源性猝死也呈现数量增多、年龄降低的趋势，从生命全周期角度来看，这必然影响着人口健康发展。慢性病作为影响人口健康的重要疾病因素，从全人群的角度来看，保证人人健康可以提高整体国民素质，延长人力资本的使用时间、提高使用效率，避免因疾病造成的直接和间接经济损失，减少社会医疗费用支持，使社会收入再分配能够向高层次需求和提高生活质量转移，有利于促进经济社会高质量发展。防治慢性病对于人口健康发展的重要性不言而喻。

二、人口因素与慢性病

（一）人口增长与慢性病

出生人口数量虽在逐年减少，但是世界人口总量在增加，人口集中增长会造成人口密度密集，医疗资源必然会紧张，特别是在经济落后的国家和地区。资源是有限的，人口增长使得每个人的资源利用逐步减少，在医疗落后的地区和国家，人口的不合理增长反而会通过破坏和污染自然环境增加人群对于疾病的易感性，对卫生系统产生严重的冲击，医疗资源不均等现象严峻。经济发展与人口增长息息相关，经济发展使得人口生活水平上升，同时健康水平下降，慢性病患病率增加，同时医疗技术的发展促使预期寿命的延长，慢性病却导致带病伤残寿命的增加，反而导致人口质量的下降。

（二）人口老龄化与慢性病

人口老龄化是全球面临的社会问题。我国人口老龄化速度快且规模大，而且面临着未富先老的挑战。2030 年后，高龄老人比重将快速增加。80 岁及以上的高龄老年人口 2020 年预计为 3 125 万人，2030 年为 5 448 万人，2050 年将达到 1. 33 亿人，我国人口呈现倒金字塔结构，2030 年后高龄老人数目将迅速增加。虽然我国老年人的预期寿命延长，但是健康预期寿命与预期寿命的差值加大，即老年人带病带残寿命延长，2030 年后我国失能、半失能、失智老年人数量将快速增长。随着年龄的增加，衰老不仅体现在个体患病数量的增加，还表现为身体器官功能退化，增加患有慢性病的概率。2013 年，我国 2. 02 亿老年人口中有超过 100 万人至少患有一种慢性病，预计到 2030 年，死于慢性病的人数占总死亡人数的 75%（约 5 300 万人）。我国人口老龄化问题严重，而老龄化问题之一便是老年人的健康，特别是共患慢性病，对我国医疗体系特别是基层医疗服务构成了巨大的挑战。人口老龄化还伴随着相关精神障碍疾病的增加，我国每年约有 10 万 55 岁以上的中老年人自杀身亡，占每年自杀人群的 36%。老年人自杀多是由心理健康问题引起，特别是经济科技的发展，核心家庭模式的转变，使得老年人产生被家庭乃至社会抛弃的感受，其基本诉求无法得以实现，长期负面心理情绪类聚导致严重的后果。不断增长的老龄人口会影响到社会中经济、文化、政治的各个方面，人口老龄化与慢性病发展之间的关系不容忽视。

第四节　慢性病防控的国际合作与经验

一、慢性病防控与管理

预防、诊断和治疗的改进大幅降低了全球非传染性疾病的过早死亡率，全球慢性病死亡率从 2000 年的 22.9%降至 2019 年的 17.8%。2000—2019 年，高收入国家和中等收入国家以及欧洲和西太平洋地区的下降幅度最大。尽管取得了一些进展，但大多数国家的变化速度太慢，无法实现可持续发展目标 3.4（所有国家在可持续发展目标中承诺到 2030 年将非传染性疾病的过早死亡人数减少 1/3）。全球慢性病的防控管理工作依旧迫在眉睫。

慢性病的预防和控制可以在各个年龄段实现，妇女怀孕前和怀孕期间的健康状况影响儿童在以后的生活中对非传染性疾病的易感性。这是控制非传染性疾病最重要的策略，因为它针对的是问题的根源。除了监测空气质量和公共场所禁烟之外，对食物和饮料实施高标准、增加学校和工作场所的体育活动，可以在很大程度上预防生命各个阶段的非传染性疾病。对不健康食品、含糖饮料、烟草和酒精的营销征税和制定限制性政策可以在很大程度上改善健康统计数据。此外，由于肥胖的儿童和老年人处于社会孤立的高风险中，因此为了他们的身心健康，促进他们的社会参与度非常重要。

慢性病管理的要义是将健康管理的中心思想运用到慢性病的预防和控

制中。其内容是由医护人员向患者提供全方位、不间断、主动监测的疾病管理方式，以达到促进健康、延缓病程、预防并发症、降低病残率和病死率、提高生活质量、降低医疗费用的目的，是一种综合的、连续的保健体系。慢性病管理工作的重点在于，变疾病治疗为疾病防控，化医学手段为管理手段，增加公共事业与个人防护。慢性病的管理覆盖了风险因素管理和疾病管理。

（一）风险因素管理

慢性病最常见的发病原因是代谢紊乱和危险行为因素，可以通过几种可用的方法在很大程度上预防。全球多数研究者都关注自我管理范围内的风险因素（使用烟草和酒精消费、锻炼、体重、食物和牙齿保健），并侧重于强调个人责任在管理非传染性疾病风险因素中的作用。医生、科普工作者、医疗保健机构等通过宣传手段教育患者了解管理慢性病的营养需求，并在日常实践中通过提高教学质量、促进实习和研讨会的形式来交流同行经验。此外，慢性病的管理是大多数国家公共卫生部门的优先事项，因为社会管理是非传染性疾病预防战略的主要方向。干预措施用于公共卫生管理，以促进良好的健康行为。美国是最早开展慢性病管理模式研究的国家之一。20 世纪 70 年代，美国提出并实施慢性病保险模式（The Chronic Care Model，CCM）。该模型的筹资模式由国家拨款、商业保险和自费三部分组成。卫生人员包括家庭医生和护士等，贯彻家庭医生初诊的分级诊疗制度，但分级诊疗制度相对宽松，家庭医生主要在保险项目中享有资金运转的权利。在全科医生培养上，医生在取得医学学位前要取得学士学位，随后还要进行 3 年的基础培训和 1—2 年的规范化培训，培养时间较长。医生的绩效标准由转诊效率、医疗服务质量与患者满意度三个方面决定。近年来，随着信息技术领域取得的巨大飞跃，美国相关部门开始侧重医疗信息一体化的结合，将信息技术应用到慢性病管理中，产生了慢性病远程管理模式的雏形。它将移动端应用程序、网络、医护部门有机结合，实现数据共享。2002 年，WHO 制作了 CCM 和慢性病自我照护模式（CDSMP）等模型的扩展版本——慢性病创新照护框架（ICCC），该框架更加强调改善慢性病医疗保健的社区和政策方面。该模型的受众为卫生系统相对不完善且人民收入水平较低的发展中国家。ICCC 强调政府在疾病管理中的作用，通过政策干预和财政拨款，建立不同级别医院的协调运作，建设双向转诊平台，保障患者信息最快、最全地由医生阅览。同时，在全科医生培养上增加财政支出，为慢性病管理的人才资源提供良好的保障。

由于饮食是大多数非传染性疾病的常见危险因素，因此，寻找有效的策略为个体生命的各个阶段提供健康食品备受关注。循证营养干预应成为全球健康优先事项，所研究的膳食脂肪的作用应成为预防非传染性疾病的可变量，研究表明，富含健康脂肪和不饱和脂肪酸的饮食可以防止代谢疾病的发展并减少心血管疾病的发生。许多针对贫困和发展的干预措施对非传染性疾病（NCD）的流行都有影响。不合理的饮食结构和特定食物消费是非传染性疾病的主要风险因素，而非大量营养素或微量营养素；它可能是非传染性疾病最重要的风险因素。全民健康干预战略包含食品行业在内，并对其产品提出了健康标准，并注重限制盐、糖和饱和脂肪的使用的要求。可持续饮食的概念综合健康和环境问题，并将上述风险因素作为减少加工肉类消费和增加全谷物消费的建议的一部分。健康饮食战略同样是健康老龄化的重要战略，而年龄本来就是慢性病重要的风险因素之一。

（二）疾病管理

多种慢性病，如肾病，在发展到晚期之前不会出现任何症状，起病隐匿、病程长，且病情迁延不愈，使得其成为近年来威胁人类生命的头号杀手。患有慢性病的患者或易患慢性病的人需要个性化、积极主动和可持续的长期护理。卫生机构可以组织和实施卫生保健战略，管理每个社区的非传染性疾病人群，并积极进行早期预防和早期发现，从而克服与卫生部门高成本挑战。例如，一些研究证明，生活方式与癌症患病风险有直接联系，而改变生活方式，维持健康的作息，戒除有害产品的使用，合理的膳食结构与适当锻炼，可以大大降低患癌风险。癌症的主要危险因素有年龄、性别、酒精、烟草、家族病史和饮食。卫生保健部门可以通过宣传教育等手段，促使居民改变生活方式来预防癌症。

在高收入国家，所有与心脑血管疾病相关的死亡率都出现了显著下降，而在低收入和中等收入国家出现了显著增加。Checkley 等（2014）研究了中低收入国家的慢性病管理模式，他们发现，虽然这些国家的一部分人可以获得与高收入国家相同的治疗，但大多数人无法获得同等治疗。导致中低收入社区非慢性病患者数量增加的主要障碍是缺乏精心设计的管理框架来阻止疾病的发生和传播。每个国家都需要制定自己的管理战略，而不仅仅是复制高收入国家的应对措施。考虑到预防、诊断和治疗慢性病的低成本策略，已经验证了几个成功的模型。例如，肯尼亚已经制定了一种具有成本效益的策略，用于在生命的早期阶段诊断糖尿病和高血压。卫生工作者会在上门检测 HIV 感染情况时，检测血糖和血压。此外，2 型糖尿病是一种全球流行病，严重影响人类健康和全球经济发展。2015 年，全球有 4.15 亿人患有 2 型糖尿病，预计到 2040 年这一数字可能会增加到 6.42 亿，这归因于遗传和环境因素。遗传—环境相互作用会诱导胰岛素抵抗和 β 细胞功能障碍。近几十年来，2 型糖尿病的流行不仅归因于基因库的改变，而且环境变化也在 2 型糖尿病患病率的迅速增加中发挥了重要作用。因此，需要为预防和控制全球糖尿病的发病率和死亡率找到新的健康管理模式。

二、国际组织的慢性病多边国际合作

（一）WHO

2006 年 5 月，由中国卫生部、世界卫生组织联合主办，中国疾病预防控制中心承办的 WHO 慢性病全球报告中文版首发式暨 WHO 慢性病社区综合防治合作中心揭牌仪式在北京保利大厦举行。该合作中心将以社区为基础，重点开展监测、控烟、膳食和体力活动等综合干预，积极促进预防医学与临床医学相结合，标志着我国与 WHO 将在这一领域开展更为广泛和深入的合作，使我国的慢性病防治工作进一步与国际接轨。

2017 年 11 月，WHO 和俄罗斯联邦卫生部签署了一项公共卫生备忘录，针对健康保护、传染病和非传染病、应对重大流行病以及其他公共卫生领域。该协议列出了双方可以通过在公共卫生领域交流专业知识和合作的领域，包括孕产妇和新生儿健康、心理健康政策、道路安全倡议、酒精和烟草控制政策以及促进营养和身体活动。

（二）欧盟

1996 年，以色列成为第一个加入欧盟框架计划的欧盟以外国家，并在随后的 20 年中投资了约 13.75 亿欧元，换取了价值 17 亿欧元的赠款，以加强其国家研究和创新能力并在世界范围内进行突破性创新。以色列在卫生部门以及为从事开创性研究的杰出研究人员赢得欧洲研究委员会拨款方面特别成功。2018 年，两家以色列公司参与了一个价值 500 万欧元的项目，其目标是共同设计、开发、部署和评估用于慢性护理管理的新型、智能和适应性综合护理系统，旨在通过授权患者掌控自己的健康和自我管理来提高患者的生活质量，这预计将为欧洲医疗保健组织节省大量资金，同时改善患者的治疗效果，减轻整个欧洲慢性病的高负担。

2017 年 10 月，欧盟委员会发布了“地平线 2020”的新一期工作计划，针对“健康、人口变化和福祉的社会挑战”的主题，提出了优先领域和具体优先方向。

2021 年 11 月，欧盟卫生和食品安全专员同土耳其卫生部部长举行了虚拟会议，参加了欧盟—土耳其公共卫生高级别对话的第一次会议。双方共同认为，不仅要与影响整个世界的大流行传染病作斗争，还需要继续致力于应对诸如心理健康、慢性病和气候变化对健康问题的影响等全球性问题以及它们对经济的负面影响。欧洲和中国最重要的合作领域之一是建立持久的卫生伙伴关系。双方在共享卫生数据、设立多边投资平台等方面加强合作。促进全球健康福祉、共建更加美好的未来，是中欧双方的共同目标。

三、各国的慢性病双边国际合作

（一）美国双边慢性病合作

美国和巴西在健康和生物医学研究方面的合作由来已久，通过直接投资和公私合作伙伴关系，为抗击慢性病作出了贡献。巴西是美国国立卫生研究院（NIH）在拉丁美洲最大的研究项目所在地。2016—2021 年，NIH 向巴西全国各地的机构提供了超过 1 900 万美元的资金，用于支持近 50 个不同的研究项目，研究合作的重点是糖尿病和癌症。2016 年 2 月，美国卫生与公众服务部（HHS）和英国国家卫生服务局（NHS）签署了谅解备忘录，为美英卫生领域的可持续工作关系制定框架，其合作伙伴关系的核心是针对慢性病在卫生 IT 和卫生数据计划中分享学习成果。

2019 年，美国全国商会、广东省商务厅和广东省卫生健康委在广州联合举办中国(广东)—美国医疗健康圆桌会议，围绕“疾病防控与生产力发展”主题，深入交流双方在医疗健康领域的研究成果和做法经验，探讨医疗健康政策创新。2022 年 5 月，耶鲁大学公共卫生学院主办的中国卫生政策与管理学会（CHPAMS）第二次学术双年会暨学会十周年纪念庆典上，与会中美专家学者探讨《“健康中国 2030”规划纲要》对推进中国卫生发展及参与全球健康治理发挥的作用。

（二）土耳其双边慢性病合作

在“一带一路”框架下，土中两国在各个领域展开了务实合作，这切实促进了土耳其经济发展。近年来，土耳其开始在中国拓展健康旅游行业，积极推动中土建立联系。2019 年 11 月，中国“土耳其旅游年”的成功举办，为中土两国的旅游、文化、经贸往来起到显著的促进作用。

（三）以色列双边慢性病合作

2016 年，以色列和中国签署了一项为期 3 年的医疗保健合作协议。根据协议，两国政府的合作将集中医学研究、应急准备、远程医疗、数字健康和医疗保健服务等领域来进行卫生系统改革。2018 年 1 月，“中国—以色列慢性病医疗健康峰会”在北京举行，该峰会汇聚了中国、以色列慢性病领域的顶级专家、学者及产业人士，共同探讨互联网医疗时代下慢性病的现状与未来。全球大流行凸显了其中许多技术的潜力，更建立了牢固的美以医疗保健关系的机会。美国—以色列商业委员会与美国商务部、以色列大使馆经济贸易代表团和以色列创新局合作，在 2021 年组织了首次双边健康创新对话，汇集了来自美国和以色列政府、企业、学术界和研究机构。活动期间的讨论集中在医疗保健领域新出现的政策和技术问题上，强调了建立新关系以扩大美以伙伴关系的重要性。以色列拥有世界上最大的关于患者、病情和治疗的健康数据库，并且正在努力使该国的健康数据库可供研究人员、企业家和国际公司使用。以色列卫生部、美国辉瑞和 BioNTech 之间的合作提供了第一个真实世界的证据。以色列大学和研究中心有一半的民用研究专注于生命科学，尤其是慢性疾病的研究。以色列对外贸易管理局（FTA）与英国北方健康科学联盟（NHSA）在 2021 年 5 月合作举办了一系列活动。一些选择参加“以色列医疗创新周”的公司会根据解决英国患者某些未满足的需求而选择进行研发，包括远程监控、诊断、心理健康和福祉解决方案。随着英国离开欧盟并探索外来投资流动和创新的全球公司在英国发展的机会，以色列的医疗科技行业在很大程度上仍是一个尚未开发的生态系统。

四、中国的慢性病发展趋势与防控管理

中华人民共和国成立以来，中国卫生健康领域改革发展成就显著，人均预期寿命从中华人民共和国成立之初的 35 岁大幅提高至 2019 年的 77.3 岁。过去二三十年，在人口年龄结构、不良生活方式和不利环境等多种因素作用下，中国人口慢性病患病率呈现先降后升的趋势，从 1993 年的 16.98%下降至 2003 年的 12.33%，而后又上升至 2018 年的 34.29%。从因

素分解来看，1993—2018 年“老龄化因素”对慢性病的贡献率约为 64. 1%，“非老龄化因素”的贡献率约为 35. 9%。在群体差异方面，女性慢性病患病率持续高于男性，但两者差距在不断缩小；城镇地区慢性病患病率长期高于农村地区，但近年来农村地区反超城镇地区；中西部地区和东北地区的中老年慢性病患病率高于东部地区；受教育水平低的中老年群体慢性病患病率较高。应当高度关注中老年人的慢性病防治问题，针对群体差异开展更加有效的慢性病防治工作。

我国在慢性病管理方面的相关研究起步较晚，1997 年，卫生部出台的《全国社区慢性非传染性疾病综合防治方案（试行）》是我国慢性病管理研究中的里程碑。之后依据此方案在全国范围内推出一系列措施，包括印发《慢性病防治知识手册》宣传健康管理知识，在医学院校开展全科医学教育，鼓励开设社区医院等。2012 年印发的《中国慢性病防治工作规划（2012—2015 年）》标志着我国将进一步深化慢性病管理。《“健康中国 2030”规划纲要》《中国防治慢性病中长期规划（2017—2025 年）》《国务院关于实施健康中国行动的意见》《健康中国行动组织实施和考核方案》《健康中国行动（2019—2030 年）》等政策文件则标志着我国正式开启慢性病管理模式，对国民健康问题进一步落实解决。近年来，政府积极完善全民社会医疗保险，加大全科医学教育建设力度。由于有了政策扶持，更多社区医院、慢性病防治社区等医疗机构逐渐成立并步入正轨，我国在慢性病管理方面已经积累了一定的经验。

尽管我国在慢性病管理上已经取得了良好进展，但与发达国家的发展模式相比仍有较大差距。主要包括：①政策制度落实不到位，无法构建有效、快速的多方协同体系；②社区医院与大型医院之间转诊制度不完善，居民对社区医院信任度总体偏低；③全科医生培养方案和考核制度不完善，相关从业人员数量缺口较大且水平良莠不齐；④全科医生的社会地位和收入水平有待大幅提升；⑤国民的自我健康管理意识不到位，自我管理的知识匮乏，缺乏自我管理的能力；⑥忽略病因预防在防止疾病发生、发展中的重要作用，人群的日常不良行为习惯加剧了慢性病的恶化。

慢性病的预防需要全人类的合作。预防慢性病的重要性在于慢性病蔓延会直接导致大批量群众丧失劳动力，国民收入降低。预防慢性病的管理战略以风险因素管理为基础，针对个人、社会、国家和全球各级采取行动，如资源分配、多部门伙伴关系、知识和信息管理和创新。预防战略中最关键的方面是个人层面的生活方式管理，并以行动为重点，帮助社会提高对风险因素管理的认识，在国家层面作出卫生政策决策，并在全球层面制定卫生战略。

在全球层面，WHO 和联合国机构可以共同制定政策和战略，以降低慢性病的风险。监测慢性病并评估其在国家、区域和全球层面的进展非常重要。这些组织可以支持研究并鼓励国家与国际卫生机构和学术机构的合作。此外，烟草作为四种主要非传染性疾病的共同风险因素，必须得到控制。WHO 倡导各国通过立法或出台烟草控制政策，尽量降低烟草业的商业影响。在国家层面，每个政府都需要根据其经济状况设计健康管理框架。有几种低成本和高效的策略可用于预防和管理非传染性疾病。例如，体育锻炼是最容易的帮助非传染性疾病预防的最有效因素，同时也具有时间和成本效益。此外，政府应改进预算拨款以支持初级卫生保健系统，以便为所有社区成员提供卫生服务。为取得大规模进展，迫切需要政府与各种非政府组织、学校的合作，就改变生活方式提供建议并警告人们非传染性疾病的风险。在社会层面，研究中心和学术机构可以通过开展研究项目和计划为预防非传染性疾病作出贡献，食品生物技术和农业技术的开发对非传染性疾病风险有直接影响。诊断工具的开发允许以高灵敏度快速检测慢性病的生物标志物，以帮助在早期阶段发现疾病，从而有助于更容易治疗和快速治愈。当然，为了达到可达到的最高健康标准，重要的是鼓励个人和家庭遵循健康的生活方式，将慢性病预防从纯医学领域转向多领域合并的健康管理，倡导健康可持续发展。

第五章　健康转变与人口数量安全

一个地区人口过多，会给当地的社会经济发展带来生产力和活力，但也会给当地的环境资源承载力、交通治安的管理带来考验；一个地区人口过少，人均自然资源、社会福利资源利用机会较多，但却无法为当地的经济发展提供生产和消费的动力。因此，任何一个地区，无论其经济发展水平的高低，无论其社会文化程度发展如何，都需要有适度的人口容量。简单来说，人口数量安全是指一个地区，一定时期内，由人口总量、发展趋势可能引发的危机能够得到避免或化解，该地区能够实现可持续发展。同样地，人口数量的发展与疾病负担以及预期健康寿命的变化息息相关，同时，这些健康转变因素也会影响人口数量。

第一节　全球及我国人口数量发展

一、全球总人口及增长状况

由图 5-1 可知，2000—2020 年，全球人口呈逐年稳步增长态势，从 2000 年的 61.14 亿人增长至 2020 年的 77.63 亿人。同时从图 5-2 可以看出，全球总人口的增长速度有所减缓，全球人口增长率逐年下降。可见，随着全球经济的进一步发展，总和生育率的下降，人口再生产状况也趋于减缓，联合国人口预测 2100 年全球人口的总和生育率将降至 1.93。照此推算，全球人口将在 22 世纪早期进入负增长阶段。

2000—2020 年，中国、印度、美国、法国、英国、韩国的人口增长率大于 0，而俄罗斯、德国和日本的人口增长率小于 0，部分年份的总人口呈减少态势。同时，除俄罗斯外的大多数国家人口增长率均呈下降趋势，人口增长速度趋于减缓。

二、我国人口总量发展状况

由图 5-3 可知，2000—2020 年，我国人口总数持续上升，由 2000 年的 12.67 亿人增长到 2020 年的 14.12 亿人。同时，由图 5-4 可知，我国人口增

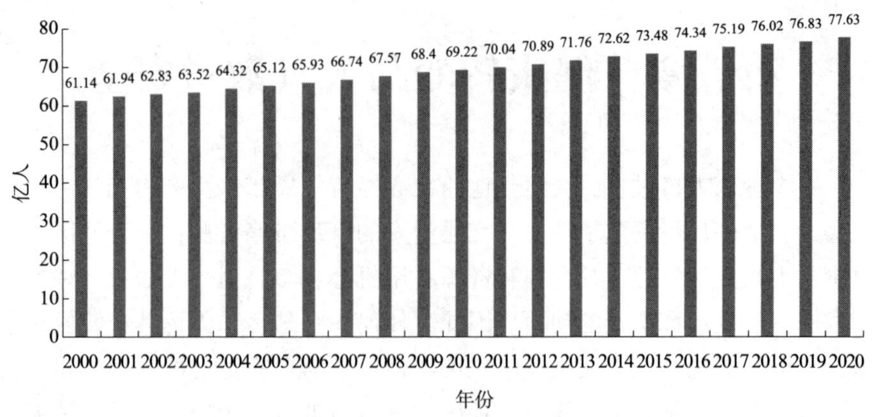

图 5-1　2000—2020 年全球总人口数量及变化情况①

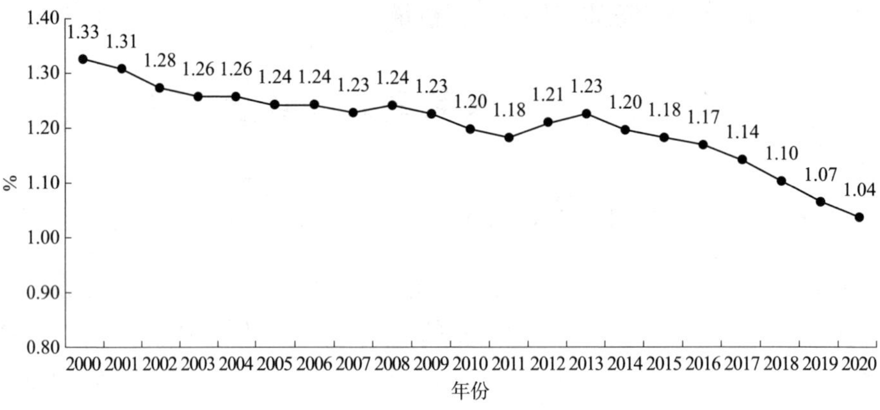

图 5-2　2000—2020 年全球人口增长率变化②

长率总体上呈下降趋势，由 2000 年的 0. 76%下降到 2020 年的 0. 14%。其中，2000—2010 年的人口增长率持续下降，2010—2016 年期间略有波折（2012 年人口增长率一度回升至 0. 75%），2016 年之后又迅速下降。由此可见，虽然我国人口总数逐年增长，但由于人口增长率不断降低，人口数量增长速度越来越缓慢。2022 年，我国首次出现自 1961 年以来年度新增人口少于死亡人口的负增长现象。人口负增长是中国人口发展的一个新阶

---

① 数据来源：联合国统计司。

② 数据来源：联合国统计司。

段，可能带来一系列变化和风险。学者陆杰华认为，人口负增长不仅会对社会经济产生影响，也会对文化、科技、地缘政治等方面产生影响，可能会对人口发展战略、国家安全与社会稳定、社会保障体系等产生冲击。由于生育率难以在短期内实现大幅度提升，人口负增长的惯性将长期延续。

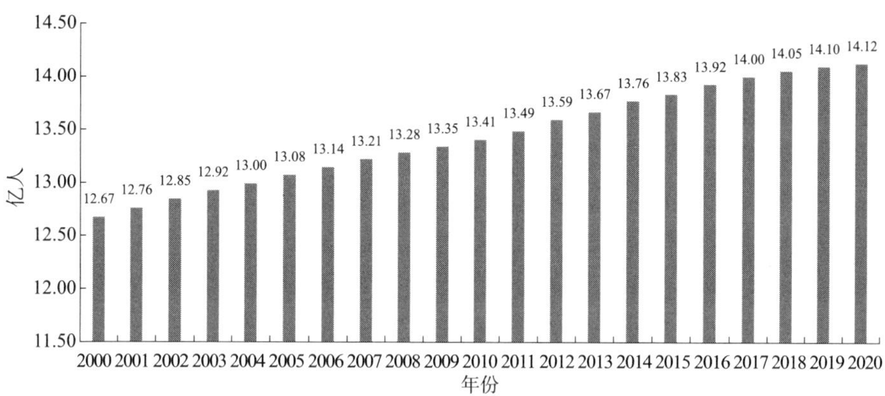

图 5-3　2000—2020 年我国总人口数量及变化情况①

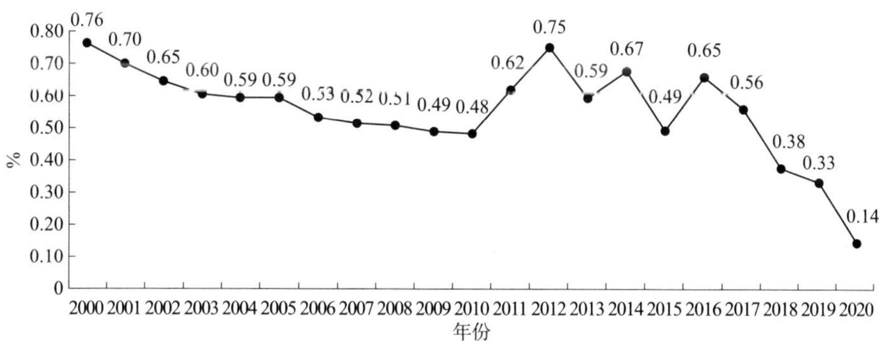

图 5-4　2000—2020 年我国人口增长率变化②

① 数据来源：国家统计局。

② 数据来源：国家统计局。

第二节　健康转变与人口数量的互动

健康转变与人口数量息息相关，两者的互动包括健康转变对人口数量的影响和人口数量对健康转变的影响两个方面。

一、健康转变对人口数量的影响

我国医疗卫生事业发展经历了三次不同目标和任务演变的卫生革命，三次卫生革命集中体现了健康转变的内涵。每一次革命都伴随着疾病发病率和死亡率的下降，使得人口数量趋于上升。

第一次卫生革命起源于19世纪下半叶，以防治传染病、寄生虫病和地方病以及营养不良症为主要目标。通过综合性的卫生措施，包括污水处理、水中加氯等环境条件的改善，预防接种、抗菌药物、杀菌灭虫“三大法宝”的运用，以及卫生食品的供应、营养状况的改善和良好的居住条件等，使得急性、慢性传染病的发病率和死亡率大幅度下降，平均期望寿命显著提高，人口数量稳定增多。

第二次卫生革命开始于20世纪五六十年代，以心脑血管疾病、恶性肿瘤、意外伤害、糖尿病和精神病等慢性病为主攻目标。人们对健康的认识由过去的“健康就是没有病”转变为“健康是身体上、精神上和社会适应上的完好状态，而不仅是没有疾病或虚弱”。许多国家采取了各种措施，包括发展早期诊断技术，提高治疗效果，加强疾病监测（特别是控制与疾病发生发展密切相关的危险因素），改善生态和生活环境，倡导健康的生活方式，控制吸烟、酗酒、吸毒，提倡合理营养和体育锻炼，以及开展健康促进及健康教育等，通过干预个人不良行为和生活方式，控制慢性病，降低其发病率和死亡率，使得人口数量上升。

第三次卫生革命，又称为新公共卫生（New Public Heath）运动，以提高生命质量、促进全人类健康长寿和实现人人健康为奋斗目标。医学目标从以疾病为中心转变为以健康为中心，医学目的也从对抗疾病和死亡逐渐转变为对抗早死、维护和促进健康、提高生命质量。推行自我保健、家庭保健和发展社区卫生服务成为此次卫生革命的主要举措。人类对疾病的预防从依靠医学科技和卫生部门转变为依靠多学科和全社会，维护和促进健康不再由卫生部门唱“独角戏”，而是政府和全社会的共同责任与行动，体现出“人人为健康，健康为人人”“人人健康，人人参与”的大卫生观念，坚持可持续发展战略，加强健康教育和健康促进，推行“个体—家庭—社区”联动的保健服务等综合性措施。随着政府和社会对养生保健重视程度的提高，各类疾病的发病率和死亡率下降，人口数量得以增多。

不同国家和地区所处卫生革命阶段并不一致，相应面临的人口数量安全问题也不同。发达国家这三个阶段经历了约 100 年，现已普遍进入第三阶段，但第二阶段的主要问题仍然存在。以欧洲为代表的发达国家人口自然增长缓慢，很多国家人口都接近零增长或负增长。发展中国家则同时面临着三个阶段的问题，以非洲、南美洲、亚洲的南亚和东南亚等地区为代表的发展中国家，人口自然增长率较高，各国人口数量不断增加，对于自然环境的压力也逐渐增加，人地矛盾不断突出。

二、人口数量对健康转变的影响

合理的人口规模和数量是社会存在和发展的基本要素，人口数量过多和增长过快，会对人类健康产生负面影响。

首先，人口数量过多会影响国民生产总值的增加，使得人均 GDP 下降，不利于提高人群的健康水平。人口从来都不是绝对意义上的生产力的构成要素，而是与一定的生产力发展水平对劳动力的需求以及自然资源和生产技术装备水平相联系的。国民生产总值的生产与活劳动的消耗量成正比，在一定劳动力比重基础上，人口数量过多有碍经济的发展。这是因为如果劳动力资源过于丰富，超过国民经济的合理需求，就会有一部分劳动力资源不能成为现实的劳动者，被迫转化为过剩人口；或者是以降低技术装备水平，降低劳动生产率为代价，强行安排就业，成为潜在的过剩人口。这两种情况都不能增加活劳动的消耗量，因而也不能增加国民生产总值。与此同时，如果人口数量过多，国民生产总值的较大份额必须用于消费，能用于投资扩大再生产的资金减少，限制了经济发展。基于庞大的人口数量，人均 GDP 趋于下降。人均 GDP 和居民的健康消费行为呈正相关，人均 GDP 下降，意味着居民会更加在意“吃得饱”而不是“吃得好”，购买健康型消费品的概率下降，不利于人群健康水平的提高。

其次，人口数量过多会加重卫生事业的负担，不利于民众的医疗保障。人口数量增多，意味着相应的卫生保健需求增大。然而，大部分国家的医疗卫生支出是有限的，在人口负担过重的情况下，很可能出现无法满足所有民众需求的情况。医疗场所的数量、医院的床位数、医生及护士的数量、专业护理人士的数量、药品的供给和价格保障等方面的不足，导致并非所有患者都拥有良好的医疗服务，使得他们的健康受到负面影响。尤其是随着经济社会的发展，人口老龄化逐渐成为社会重要问题，老年人群对于康复、保健等医疗服务的需求增加。同时，慢性病发病率升高、致残率上升，残疾人数增加，使得康复医疗服务需求群体不断扩大。如何满足日常看病需求之外的复健、保健需求也成为社会发展的一大难题。国家的医疗保障跟不上人口数量的增长，会使民众的健康生活质量下降。

再次，人口数量过多会给环境带来负面影响，危害人口健康。这里的环境包括自然环境和社会环境。人口数量增多会对自然环境产生压力。地球的资源和空间都是有限的，人口数量过多，会超出环境的承载与负担能力，加重资源危机，同时人们对大自然的破坏会不断增大，使得生存环境日益恶化。汽车尾气、生活污水等污染物的排放既加重了环境污染，也引发了全球变暖、极端天气等气候变化。身处条件趋于恶劣的自然环境，不仅影响了人口健康，也影响了人类的可持续发展。与此同时，人口数量增长会引发住房条件等社会环境的变化。有限的住房无法满足众多人口的居住要求，人均居住面积下降，使人们的生活质量无法得到保障，从而引发一系列的生理、心理问题，降低人们的健康水平。

最后，人口数量过多，为传染病的流行制造了有利的条件。人口数量增多，意味着一定区域内的人口密度升高。在医疗条件等其他因素不变的情况下，由于人群接触的概率增大，民众对病毒的暴露率升高，病毒感染会随着人口规模和密度的增加而增加。一项关于意大利的研究发现，规模更大、密度更高的城市发生新冠疫情的时间更长，增加了医疗系统的救助压力。也有一些学者认为，传染病的传染风险来自拥挤。拥挤是指一群人聚集在一个空间里。学生集中在教室里，商场、饭店、会议中心、交通枢纽等公共空间集聚了大量人流，都会产生拥挤，从而增加传染的风险。而人口数量增多意味着发生人口拥挤的可能性增加。此外，由人口数量增多造成的人口密度高、人口拥挤在扩大传染的规模和速度的同时，还有可能加速病毒的变异，使人群患传染病的风险升高。

第三节 维护人口数量安全的对策建议

根据人口数量的现状及其对健康转变的影响，本节提出如下三点对策建议，期望人口数量能够控制在合理的范围内，并与健康转变保持良性互动。

一、对于人口过多的国家和地区，需要控制人口数量

马尔萨斯认为有两种方法可以有效控制人口数量：一是利用高人口死亡率，如战争、贫穷、疾病、婴儿营养不良、瘟疫等，使人口和生活资料趋于平衡；二是道德抑制，让人们通过各种主观努力在道德上限制生殖的本能，达到降低出生率的目的，如晚婚、避孕、流产。出于人道主义，一国政府不可能主动利用战争、疾病等方式提高人口死亡率来控制人口数量。由此，道德抑制成为降低人口数量的首选。通常来说，政府可以采取法律、经济、文化教育等措施。在法律方面，政府可以制定人口与计划生育法律、法规、规章和规范性文件，以规范公民的生育行为，调节公民生育的数量。在经济方面，政府可以运用经济手段，引导公民主动节制生育，如对实行计划生育的公民给予奖励优待。例如，印度推行“蜜月奖金”计划，只要新婚夫妇承诺婚后两年不生孩子，并签署相关协议，便可获得 5 000 卢比的奖金。在文化教育方面，政府既需要普及计划生育知识，也需要提高人们（特别是女性）的受教育水平。埃及国家人口委员会就通过提高女孩的教育水平、加强针对年轻人的性与生理健康教育、普及计划生育知识等方法来控制人口增加。

二、对于人口负增长严重的国家和地区，需要减轻人口老龄化的影响

从世界范围来看，人口数量虽然仍在逐年增长，但增长速度趋缓，越来越多的国家已经或将要进入人口负增长阶段。在控制人口数量之余，我们也应警惕由人口负增长引起的人口老龄化倾向。一般来说，缓解人口老龄化有两种途径，即鼓励生育和接受移民。鼓励生育可以从法律、经济两方面入手。法律方面，政府可以调整与生育相关的法律、法规、规章和规范性文件，改善人口结构。例如，中国在有效控制了人口数量之后，自

2013年起开始调整生育政策，由“单独二孩”“全面二孩”逐渐放开到一对夫妻可以生育三个子女，并配备相应的支持措施。经济方面，政府既可以用经济补偿鼓励生育，也可以通过限制福利、征税等方式给单身青年施加一定压力，促使其结婚生子。例如，俄罗斯政府向孕妇提供饮食营养补助金、医疗服务费用和交通费用，并延长带薪产假（从三年延至七年）；发放幼儿入托补贴和购买住房的补助，并根据通胀率上调补贴数额。英美等国则通过缴税和限制福利的方式“催生”。英国一项研究表明，单身独居一生的人要比已婚的人多花25万英镑。在美国，从事同样工作的单身者的收入最终比结婚的同事平均少25%。单身者常常在购房和信用卡申请方面受到歧视，鼓励婚姻的医疗保健、退休和其他福利制度对单身者也十分不利。

三、重视健康领域的发展

为了实现人口数量与健康转变的良性互动，在控制人口数量和规模的同时，也要重视健康领域的发展，使得民众的生命健康受到保障。首要的，需要加大医疗保障方面的投入，缓解医疗资源不足导致的问题。政府应增加医疗机构、医生、护士、医院床位的数量，并完善医疗设施的配备。此外，还应关注医疗资源配置失衡的问题，平衡区域、城乡的医疗资源，重点关注弱势地区，尽最大努力确保居民能够平等地享受医疗服务。除了关注患病后的医疗保障，“防患于未然”则更为重要。政府可以制订完整的“健康管理”计划，帮助人们预防疾病，调整生活方式，提高整体健康水平。具体而言，可以采取重视体检，鼓励全民健身，提倡营养健康，建立健康数据库等措施。在体检方面，有能力的国家可以实施国民“一年一检”政策，每年为民众提供一次免费体检，并根据年龄差别提供不同的体检项目。在健身方面，由政府主导推广全民运动，开设运动场、体育馆、游泳池等设施，免费为民众提供运动场所。在营养健康方面，推广普及膳食指南和膳食金字塔，鼓励民众多食用营养价值高的食物，并在工作单位和学校推行健康食谱和健康套餐。最后，政府还可以建立个人健康数据库，在个人证件上储存持卡人的基本健康状况、电子病历等信息，既方便医生诊断，也有利于国家统筹分析国民健康状况。

第六章　健康转变与人口结构安全

人口结构是人口诸要素的重要方面，是反映一定地区、一定时点人口总体内部各种不同质的规定性的数量比例关系，又称为人口构成。随着中国人口生育的转型，出生率已经长期处于更替水平以下，过去单纯的人口数量问题变成了人口数量问题与人口结构问题同时并存的问题。人口结构有着丰富的内容，它包括人口的自然结构（如年龄结构、性别结构等）、人口分布结构（如城乡结构、地域分布等）、人口经济结构（如产业结构、职业结构等）以及人口社会结构（如婚姻结构等）等。人口结构安全是指一个国家在一定时期内的人口年龄、性别、分布、婚姻结构与经济社会的发展水平相协调。人口结构安全与健康转变之间具有重要的相互影响关系。

第一节　健康转变与人口分布结构

我国是一个城乡二元结构显著、区域发展不平衡的大国，在社会、经济、文化等各方面均存在显著差异，同样城镇居民与农村居民之间以及东、中、西部居民之间的健康水平也存在明显差别。

一、我国的人口分布结构

（一）人口地域结构

《第七次全国人口普查公报（第三号）》通报了我国各地区的人口分布情况。34个省（市、区）中，人口超过1亿人的省份有2个，在5 000万人至1亿人之间的省份有9个，在1 000万人至5 000万人之间的省份有17个，少于1 000万人的省份有3个。其中，人口居前5位的省份合计人口占全国人口的比重为35.09%。与2010年第六次全国人口普查相比，31个省（市、区）中，有25个省（市、区）人口增加。人口增长较多的5个省份依次为广东、浙江、江苏、山东、河南，分别增加21 709 378人、10 140 697人、6 088 113人、5 734 388人、5 341 952人。

分区域看，东部地区人口为563 717 119人，约占总人口的39.93%；中部地区人口为364 694 362人，约占总人口的25.83%；西部地区人口为

382 852 295 人，约占总人口的 27. 12%；东北地区人口为 98 514 948 人，约占总人口的 6. 98%。与 2010 年第六次全国人口普查相比，东部地区人口所占比重上升了 2. 15 个百分点，中部地区人口所占比重下降了 0. 79 个百分点，西部地区人口所占比重上升了 0. 22 个百分点，东北地区人口所占比重下降了 1. 20 个百分点。

（二）人口城乡结构

《第七次全国人口普查公报（第七号）》通报了我国的城乡人口情况。全国人口中，居住在城镇的人口为 901 991 162 人，占总人口的 63. 89%；居住在乡村的人口为 509 787 562 人，占总人口的 36. 11%。与 2010 年第六次全国人口普查相比，城镇人口增加了 236 415 856 人，乡村人口减少了 164 361 984 人，城镇人口比重上升了 14. 21 个百分点。

二、人口地域结构与健康

与经济社会以及医疗卫生发展的空间分布相适应的合理的人口分布及其再分布能够促进人口健康水平的提高，人口过于稠密或过于稀疏、过于集聚或过于分散，都可能阻碍人口健康水平的提高，甚至降低已有的人口健康水平。

第一，人口密度影响生活质量，进而影响健康水平。人口密度如果超过了经济社会条件以及医疗卫生条件的承受能力，必然导致人口的生活质量和健康水平下降；但在适度的范围内，较高的人口密度有利于公共卫生体系发挥集聚效益，可以提供更加全面的服务，更有利于人口健康。第二，人口的空间集聚程度对人口健康的影响：在人口总量不变的情况下，人口在空间分布上的集聚程度对经济社会发展、人口生活质量、人口健康水平都有影响，人口城市化就是人口空间集聚的一种形式。人口在空间分布上适度集聚，是现代社会人口发展的普遍规律，有利于社会经济发展，也有利于人口健康。但人口过度集聚又会不利于人口健康，例如“过度城市化”和“城市病”。在经济发展和技术进步有限的情况下，人口过度集聚意味着可能会超过区域的人口承载力，产生社会问题、环境问题，损害人口生活质量，损害人口健康。第三，特殊的地理环境对人口健康的影响：在一个人口分布区内，各区域的地理环境差异也会对人口健康产生一些直接影响，自然环境促进人口健康最典型的现象就是所谓长寿地区；自然环境也会不利于人口健康，如与自然环境有关的地方病，如由自然灾害导致的身体残疾和心理障碍。

国家统计局发布2021年人口数据后，各地陆续发布了当地的数据，根据有关部门对全国34个省（市、区）的综合统计，2021年黑龙江、上海等10个省市人口自然增长率已经出现负数、进入负增长。同时，也有9个省的出生率高于全国水平（7.52‰），其中，贵州和青海达到10‰以上，广西和甘肃接近10‰，贵州、青海和广东人口自然增长率较高。有学者比较了东、中、西部居民总体健康与健康不平等，就总体健康而言，西部地区居民健康情况较差，东部沿海地区居民健康情况较好。

三、人口城乡结构与健康

由于城乡在社会、经济、医疗保障与医疗水平和文化等方面存在较大差异，这些差异也相应地对城乡居民的健康产生不同的影响，但学者们的研究结果不尽相同。

国内外多数学者研究发现农村居民的健康状况不如城镇居民的健康状况。美国学者罗纳德·安德森（Ronald Anderson）等基于2013年美国健康排名数据测量美国城镇与农村居民的六个健康指标的差异，研究结果发现农村居民健康状况与城市居民相比较差。在波兰也有类似的发现，城市中年妇女与农村中年妇女相比，其健康生活质量更佳。曾毅等通过采用多个健康指标进行城乡老年人健康对比研究，结果表明城镇老年人在自评健康、认知能力以及生活满意度三个方面比农村老年人好。其原因可能是：第一，城市人口的受教育水平普遍高于农村人口，而受教育水平对人口健康有着显著的积极和稳健正向作用。拥有良好教育背景的居民能及时获取医疗信息与资源，知晓疾病发病的诱因并采取相应的预防措施，进而能够更好地利用医疗服务提高个人健康水平。第二，城市人口拥有更高的收入，更有能力对健康进行投资和维护，同时，收入相对较高的群体一般拥有良好的工作和生活环境以及健康的生活方式，从而降低了健康损害的风险。第三，城市的医疗资源相对农村地区更加丰富，可及性和医疗服务水平更高。

但也有学者持反对意见，认为农村老年人的健康状况优于城镇老年人。尹德挺利用中国老龄健康长寿跟踪调查数据研究发现农村高龄老年人具有更好的日常活动与生活自理能力，慢性病患病率也低于城镇高龄老年人。

随着人口老龄化和城市化，居民疾病和健康状况发生迅速变化。中国人口预计在2030年达到14.6亿人，其中，超过10亿人将成为城镇居民。城镇居民，尤其是新一代的中产阶级人群的生活方式的改变将会引发很多影响生活质量的疾病，如精神系统、消化系统和免疫系统类疾病。不断变化的居民疾病谱会导致医疗健康的需求更加多样化，这将进一步增加对医疗体系的压力和需求。

第二节　健康转变与人口性别结构

一、出生性别比现状

人口的性别比是描述人口性别结构的指标，以100名女性对应的男性人数表示。从全球人口性别比来看，男性人口比例从2000年的50.35%增长至2020年的50.42%，男性人口数量明显增多，人口性别比趋于失衡状态。

第七次全国人口普查结果显示，我国男性人口占51.24%，女性人口占48.76%。总人口性别比（以女性为100，男性对女性的比例）为105.07，与2010年第六次全国人口普查基本持平，如图6-1所示。34个省（市、区）中，总人口性别比在100以下的省份有2个，在100—105的省份有17个，在105—110的省份有9个，在110以上的省份有3个。就是说，在我国绝大多数地区存在出生性别比失衡现象。中国的出生性别比失衡现象于20世纪80年代出现在生育率下降起步较早的东部沿海地区，此后逐渐向全国蔓延，至今已持续40余年。

我国出生人口性别比长期失衡，目前影响到的主要是30岁以下的低龄段人口的性别比。随着时间的推移，失衡的性别比也将会伴随着出生性别比失衡一代的成长影响他们的中年、老年，这对人群心理、生殖健康都会有不利影响，还有可能加剧性病传播。

二、出生性别比与健康

有大量研究关注到了性别结构失衡对人口健康产生的影响。哈佛大学医学院尼古拉斯·克里斯塔基斯教授等人利用威斯康星纵向研究的长期跟

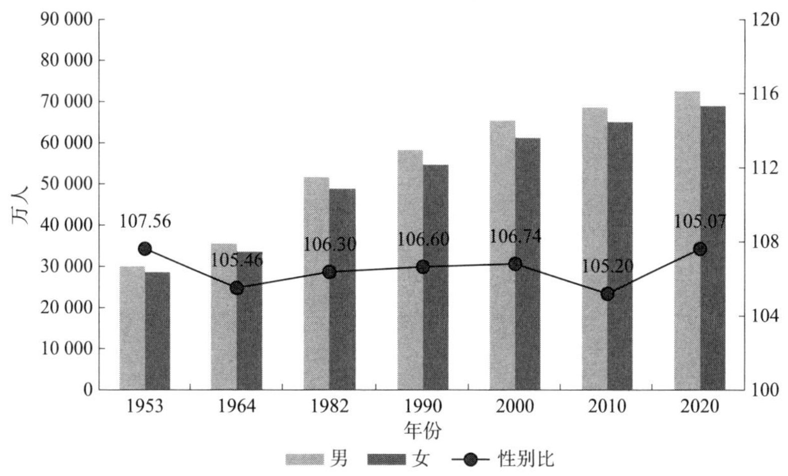

图 6-1　历次人口普查性别构成[①]

踪调查数据和美国老年医疗保险相关信息进行分析发现，在男多女少的社会环境下，男性寻找终身伴侣的竞争更加激烈，其代价是，男性寿命平均缩短 3 个月，而且男女比例失衡越严重，男性减寿的危险就越大。出生性别比失调可能导致性乱、艾滋病蔓延等一系列严重问题，就是基于这点担忧，使政府和学者高度关注。

出生性别比严重失衡，不仅会对女性的生存、健康与发展产生不利影响，而且会造成男性择偶拥挤。目前，国内外衡量择偶拥挤程度时普遍使用的标准是：当婚配性别比在 101—110 时，属低度择偶拥挤，这会对夫妇年龄差和男女初婚年龄产生一定影响；当婚配性别比在 110—120 时，属中度择偶拥挤，会对夫妇年龄差和男女初婚年龄产生明显影响，且会导致少数男性终身不婚；当婚配性别比在 120—130 时，属高度择偶拥挤，不仅会导致夫妇年龄差和男女初婚年龄的显著变化，而且会导致相当比例的男性终身不婚；当婚配性别比在 130 以上时，则属畸形择偶拥挤，将严重影响夫妇年龄差和初婚年龄的变化，且会导致大量男性终身非意愿性不婚。出生性别比严重失衡若不能得到重视和有效缓解，势必会造成男性的择偶拥挤。根据第七次全国人口普查数据推算，30 岁以下人口性别比严重失衡，15—19 岁、20—24 岁和 25—29 岁的性别比分别为 116. 1、112. 5 和 110. 3。

① 图片来源：第七次全国人口普查公报（第四号）。

这意味着有很多男性推迟成婚或终身失婚。

三、女性健康转变问题

女性在健康资源获取方面往往较男性处于劣势地位，而不同年龄的女性也将面临区别于男性的多种健康问题，如何保障女性的健康权益则是亟须解决的公共卫生问题。

（一）妊娠期妇女的健康问题

妊娠期贫血是长期威胁妇女健康的重要公共卫生问题之一，妊娠期贫血不仅影响妇女自身健康，导致孕产妇死亡、产后出血、胎膜早破、产褥感染等风险增加，还会影响下一代健康，增加新生儿窒息、早产及低出生体重等不良妊娠结局的风险，对儿童生长发育存在负面影响。WHO 指出全球育龄妇女和妊娠期妇女的贫血率分别为 29. 4%和 38. 2%，2016 年中国有 32. 4%的孕妇患有贫血；国内调查研究则表明农村地区及少数民族地区妊娠期贫血状况十分严重。除此之外，妊娠期高血压、糖尿病也是危害孕产妇和胎儿（新生儿）生命安全的重要因素，需要大力预防。

（二）青少年妊娠问题

在社会转变的过程中，青少年承受着巨大的性和生殖方面的风险。有研究表示，在 15—24 岁的青少年群体之中，22. 4%的青少年发生过婚前性行为，其中，21. 3%发生过性行为的女性青少年曾经未婚先孕，据此推算，约有 4. 1%的女性青少年发生过未婚先孕，90. 9%的未婚怀孕女性青少年进行了人工流产。由于中国有着世界上最大的青少年人口，因此未婚先孕的女性青少年人数非常惊人，仅 2009 年中国就有超过 300 万的女性青少年未婚先孕。值得注意的是，外出打工的女性青少年更容易未婚怀孕，同时这个群体的女性青少年也更容易有孕晚期的人工流产。青少年时期的妊娠会给女性青少年带来巨大的生理和心理的负面影响：除了巨大的焦虑、自责和后悔以外，进行人工流产后发生后遗症的机会也很高，而对于那些决定要生下孩子的女性青少年来说，她们则往往陷入经济、社会、心理上的种种弱势处境。因此，加强普及性教育（家长和老师同样需要），重点关注流动青少年群体具有极强的紧迫性。

（三）老年女性的健康问题

WHO 资料显示，老年女性的最大杀手是心脏病、中风和 COPD。65 岁以上女性比男性有较高的由于跌倒而致的损伤，造成的骨折使生活质量及功能性能力受限常被忽略；该年龄段女性患痴呆症的概率比男性高；60 岁以上女性功能性能力丧失（如视力差和听力丧失等）比男性高，而且可能较少接受治疗或辅助性支持；独居老年女性更易遭受虐待，包括由于其对社会和经济保护的接触可及的限制，也影响到保健服务的可及性。

我国老年女性的平均预期寿命比老年男性更长，但是往往不具备良好的经济独立能力，且在健康状况、健康预期寿命时长、自理程度等方面表现较差，因此，老年女性更容易陷入生活困境。老年女性还可能由于缺乏必要的常识和卫生用品而罹患生殖道损伤性疾病，例如，黏膜和子宫周围韧带的松弛可发生阴道前壁脱垂、阴道后壁脱垂、子宫脱垂和压力性尿失禁等状况。

四、出生性别比失衡应对对策

（一）全球典型国家出生性别比现状及对策

就世界范围来说，从 20 世纪 80 年代开始，在东欧、中亚、南亚、东亚的广阔区域内，包括中国在内的 10 多个国家出现出生性别比的显著升高，甚至一度波及全球 40%的人口。

韩国是治理出生性别比比较成功的国家。韩国在 20 世纪 80 年代中期开始出现出生性别比失衡现象，但经过近 30 年的时间治理，韩国出生性别比回到正常水平。我国学者刘爽把韩国治理出生性别比失衡的经验总结为三点：首先是坚持倡导将性别平等纳入社会主流价值观；其次是积极推动性别平等和社会保护法律法规的建立与回应；最后是建立完整有序、协调合作的国家机制。

印度已超过中国成为世界第一大人口大国，也存在着出生性别比失衡现象。2001 年印度人口普查的统计数据表明，0—6 岁年龄组儿童的男女性别比为 1 000：927（相当于 107. 87），而 2011 年印度人口普查的统计数据表明，0—6 岁年龄组儿童的男女性别比为 1 000：914（相当于 109. 41），为 1947 年印度独立以来的最高值。情况最严重的马哈拉施特拉邦，0—6 岁年龄组儿童男女性别比已经严重失调，达到了 1 000：801（相当于 124. 84）。具体到全国，印度 35 个邦和行政区中已经有 28 个地区的儿童性别比超出正常值域。

印度治理出生性别比失衡现象主要靠约束、激励和引导。约束以法律建设为先导。1994 年，印度政府在国家层面实行“产前性别诊断技术

(PNDT)(管理条例和防止滥用)法案”，禁止产前性别鉴定。之后这项法案又经过修改，更名为《孕前与产前诊断技术（禁止性别选择）法案(1994)》，修改的规定于2003年2月开始生效。该法案规定，怀孕的妇女如果要进行B超胎儿性别鉴定，将面临监禁3年并处5万卢比的罚款，为其检测的医生将被吊销营业执照。激励主要是以扶持妇女的社会发展项目以及向妇女倾斜的教育政策为依托。印度政府不仅在“六五”计划中首次纳入了妇女发展的内容，还于1982年9月开始实施农村妇女和儿童发展计划，为农村妇女就业提供便利条件和支持性服务，并在“八五”计划中建议将土地改革中最高定额以外的剩余土地只分配给妇女，其余的分配给夫妻共有。另外，人力资源发展部出台了一项福利措施，计划为全国的独生女实行免费教育。对于只有两个女孩的家庭，政府将免除其中一个孩子的教育费用。引导主要体现在印度政府通过系统的教育活动在全社会树立男女平等的文明理念，定期在社区举办讲座、放映电影、召开讨论会，使生男生女都一样的道理逐渐深入人心。

（二）我国应对出生性别比失衡对策

为了遏制日益升高的出生性别比，我国政府采取了很多措施。1980年就提出要防止人为的性别选择问题，提倡“时代不同了，生男生女都一样”的生育新风尚。1989年，卫生部下发紧急通知，严禁做胎儿性别鉴定。1994年，国家计划生育委员会发出《关于防止出生婴儿性别比升高的意见》，要求加强相关的计划生育管理。同年10月，全国人大常委会又通过了《中华人民共和国母婴保护法》，不仅明令禁止无医学指征的胎儿性别鉴定，还确定了相关的处罚制度。2003年，相关部门选取了出生性别比最高的24个县区，开展了旨在治理偏高的出生性别比、改善女孩生活环境、促进性别平等的“关爱女孩”专项行动。基于试点的成功经验，国务院办公厅转发了国家人口计生委等12个部门联合发布的《关于广泛开展关爱女孩行动综合治理出生人口性别比偏高问题的行动计划》，将“关爱女孩行动”扩展为全国性的战略行动和公共政策。2005年，国家计划生育委员会颁布《关于禁止非医学需要的胎儿性别鉴定和选择性别的人工终止妊娠的规定》。2006年，国务院发布《关于全面加强人口和计划生育工作统筹解决人口问题的决定》。相关法律法规则旨在各领域推动性别平等，从根源上消除生男偏好。

我国出生性别比失衡治理坚持以改善女孩生存环境、促进性别平等为出发点，遏制了出生性别比快速上升的势头。近年来，中国出生性别比已经开始逐渐下降，为了能让出生性别比下降趋势得到维持，系统性的社会经济变迁将会扮演越来越重要的角色。事实上，针对出生性别比失衡的一些政策（如禁止医务人员进行性别选择性流产）的效果有限，相比而言，经济增长以及促进教育和劳动力市场中性别平等的政策更能有效地消解男孩偏好，进而引导出生性别比回归正常。

第三节　健康转变与人口年龄结构

从全球的年龄结构来看，2000—2020 年全球人口年龄结构有从金字塔形向橄榄形过渡的趋向，全球老龄化趋势日益加重。在少儿人口方面，全球 0—14 岁人口占比从 2000 年的 30.13%下降至 2020 年 25.45%。据联合国预测，2100 年少儿人口占比将降至 17.4%。劳动人口占比方面，2000—2020 年，全球 15—64 岁人口从 62.99%增长至 65.22%，而联合国预计 2100 年将降至 60%。在老年人口方面，全球 65 岁以上人口从 2000 年的 6.87%增长至 9.33%，联合国预计到 2100 年将升至 22.6%，全球将在 2024 年前后进入老年人口占比超 14%的深度老龄化社会，2075 年前后进入老年人口占比超 20%的超级老龄化社会。

第七次全国人口普查结果表明，我国今后将长期面临人口老龄结构的压力：2020 年我国 0—14 岁人口为 2.53 亿，占总人口的 17.95%；15—59 岁人口为 8.94 亿，占总人口的 63.35%；60 岁及以上人口为 2.64 亿，占总人口的 18.70%。与 2010 年相比，劳动年龄人口（15—59 岁）比重下降了 6.79 个百分点；少儿人口（0—14 岁）和老年人口（60 岁及以上）比重分别上升了 1.35 个百分点和 5.44 个百分点，少儿人口比重略有回升，老龄化程度加深，这也将给我国的医疗保健系统带来压力。

一、老年人群

健康转变的内涵包括人口死亡率的下降，其中，老年人口的死亡率也相应地降低。这导致老年人口数量增多，在总人口中占比增大，人口老龄化负担加重。在经济社会发展的初期阶段，生育率的下降是人口老龄化的基本原因。随着经济社会的发展，死亡率的影响作用越来越大。根据联合国的预测，发达国家 1985—2025 年人口年龄结构的变动中，死亡率的作用大大超过生育率的作用，成为影响人口年龄结构变动的最主要因素。国家统计局发布的《第七次全国人口普查公报》数据显示，截至2020年11月1日，我国60岁及以上人口比例为18.7%，65岁及以上人口比例为13.5%；除西藏外，其他33个省（市、区）65岁及以上老年人口比重均超过7%，其中，12个省（市、区）65岁及以上老年人口比重超过14%。我国老龄化进程进一步加快；我国人口老龄化具有规模大、速度快、不平衡和“未富先老”等特点。

人口老龄化将带来一系列的负面影响。首先，最直接的问题是养老问题。人口高龄化的加剧，可能使未来老年人口中患病、失能和失智老人的占比上升，既影响了老年人晚年的生活质量，又加重个人、企业和政府在养老金、基本医疗保险方面的经济负担，不利于经济发展。其次，人口老龄化势必会造成适龄劳动人口数量减少、劳动力市场规模紧缩，使得“人口红利”难以继续，对社会经济稳定产生严重影响。此外，由于大部分老年人属于低消费群体，对市场经济流通难以发挥促进作用，容易造成经济增长率降低。

（一）慢性病为主、多病共患的老年患病

随着年龄的增加，老年人口健康状况变差，慢性病患病率升高，失能增加。来自2018年全国第六次卫生服务统计调查的研究表明，老年人口两周内患病以慢性病为主的占85.9%（城市87.6%，农村83.6%），急性病两周内发作的占10.9%（城市9.3%，农村12.9%），急性病两周前发作延续到两周内的比例为3.3%（城市3.1%，农村3.5%）。老年人口慢性病患病率为59.1%（即每1 000名老年人中，有591名老年人至少患有一种慢病），其中城市60.6%，农村57.5%；男性占56.7%，略低于女性的61.5%。老年人口多病共患的情况较多，有23.8%的老年人患有2种及以上慢性病，其中患有2种慢性病的占16.3%，患有3种及以上慢性病的占7.5%。

（二）专业的老年照护缺失

老年人口的日常照顾以配偶和子女为主，已婚老年人口日常照顾由配偶提供的占65.9%，由子女等亲属提供的占31.2%，而丧偶老年人日常照顾由子女提供的占91.7%。九成以上的老年人希望在家养老，但由于计划生育政策的影响及生活节奏加快，面对“上有老，下有小”的生活压力和工作压力，家庭对老年人的照顾功能在减弱。60岁及以上老年人生活起居需要照顾的占11.8%，80岁及以上老年人需要照顾的占30.5%，老年人口的医疗、护理和照料问题日益凸显。

（三）老年心理健康问题

老年人的健康除了身体健康，还包括心理健康、社会健康等方面。社会支持、交往和社会活动情况会影响老年人的健康，日常生活能力受限，会影响老年人的社会交往，增加老年人的孤独感，出现抑郁、自尊评价下降等情况。另有研究显示，日常生活能力越差的老年人，受到家庭支持关爱越少，老年人的心理健康问题越严重。

在我国，老年人具有比较高的抑郁发生率，影响老年人抑郁的因素主要包括生物的、心理的和社会的因素；根据健康水平、经济状况、社会支持程度可有效地预测老年人的抑郁症状，社会经济地位较高的人群要比社会经济地位较低的人群具有更少抑郁症状。而慢性病是影响老年人抑郁的重要因素：与没有慢性病的人比较，有慢性病的人患抑郁症的概率成倍提升，而如果有慢性病的人患抑郁症，抑郁症和慢性病可能相互影响并导致健康恶化，严重失能的比例会显著提高，死亡率会显著提升。

（四）老年人口贫困问题

贫困老年人口慢性病患病率高，多病共患的情况更加严重，失能比例更高，日常生活能力、听力、视力有问题的比例较非贫困老年人口比例更高，失智比例是非贫困老年人口的一倍。贫困老年人口陷入贫困的概率要高于其他群体，依靠自身能力摆脱贫困的可能性也低于其他群体，需要依靠一些政策帮扶。

“十四五”时期，我国低龄老年人比重增加，老年人受教育水平提高，健康需求日益旺盛，健康产品和服务消费能力不断增强。党的十九届五中全会作出实施积极应对人口老龄化国家战略的重大部署，为实现健康老龄化提供了根本遵循和行动指南。我国转向高质量发展阶段，经济实力显著增强，为实现健康老龄化提供了一定的物质基础。国家把保障人民健康放在优先发展的战略位置，深入实施健康中国行动，为实现健康老龄化提供了有利发展环境。我国促进健康老龄化的制度安排不断完善，医药卫生体制改革持续深入推进，疾控体系改革不断深化，医疗卫生领域科技创新能力持续增强，人工智能应用日益深入，互联网等信息技术快速发展，持续推动健康老龄化具备多方面优势和条件。

二、儿童青少年

儿童的健康状态直接影响我国人口的健康素质，随着社会经济的高速发展，城市化建设的进度加快，我国少年儿童也面临着较以往更为复杂的公共卫生问题。

（一）意外伤害

监测数据显示，1990—2017 年，我国儿童伤害疾病负担有所下降，但仍给家庭和社会造成沉重负担。全国伤害监测系统（NISS）以医院门诊、急诊数据为基础开展伤害监测，2018 年共采集全国 0—5 岁儿童病例 74 355 例，其中 98.13%为非故意伤害，伤害发生原因前三位为跌倒/坠落（56.76%）、钝器伤（9.80%）及动物伤（7.81%），发生地点主要为家中（65.70%）、公共场所（13.06%）及公路/街道（10.94%），其中有 13.73%造成中重度损伤。2015—2018 年，NISS 共报告 6—17 岁儿童伤害病例 331 663 例，男女性别比为 2.19：1，94.85%为非故意伤害，伤害发生原因的前三位是跌倒/坠落（51.38%）、钝器伤（12.50%）及道路交通伤害（11.27%），发生地点主要为家中（28.23%）、学校与公共场所（27.70%）和公路/街道（20.35%）。

意外伤害的发生具有城乡差异：在贫困农村地区，高年龄男童为意外伤害发生的高危人群，伤害类型为跌倒和钝/锐器伤，发生地点主要为家中、托幼机构/学校内；低年龄儿童发生的主要伤害类型为烧烫伤和动物伤。综合来看，儿童意外伤害的发生主要考虑个人因素（儿童的年龄、性别、心理状态、近视及左利手等）、家庭因素（家庭类型、家庭关系、父母文化程度、家庭经济状况及家庭防范措施等）和社会因素（公共环境、媒体教育等）。

（二）儿童肥胖

儿童肥胖已经成为严重的公共卫生问题，1980—2013 年，世界各国儿童超重肥胖率均表现出快速增长趋势。研究表明，儿童期肥胖不仅会对儿童当前的身体发育造成严重影响，而且将导致成年后慢性病的发病危险系数增加。儿童肥胖与高血压、糖尿病、血脂异常、呼吸睡眠暂停综合征、非酒精性脂肪肝和心理障碍等全身多系统的健康问题相关。《中国儿童肥胖报告》指出，目前我国儿童超重率和肥胖率呈现上升趋势，超重率高于肥胖率，在没有采取有效干预措施的情况下，预计至 2030 年，0—7 岁儿童肥胖率将达到6.0%，肥胖儿童数量将达到664万；7岁及以上学龄儿童超重肥胖率将增至28.0%，超重肥胖的儿童数将达到4 948万。

造成儿童肥胖现状的原因多种多样，包括但不限于学校重视程度低、专业体育教员少，家长缺乏重视、缺少活动时间，家庭不良饮食习惯，社区锻炼环境差，对儿童肥胖危害宣传力度不够等。

第四节 健康转变与人口婚姻结构

一、我国婚姻现状

（一）结婚率

有学者根据中华人民共和国民政部官网发布的自1986年以来社会服务发展统计公报中相关数据得到了1987—2018年共32年的结婚率，发现近30年来，结婚率最低值是2002年的6.10‰，最高值是2013年的9.92‰。

结婚率低的原因主要有以下几点。首先，市场化与经济发展使人们对婚姻的经济基础也有着比以往更高的要求，房子、车子、票子成为当前结婚的“三大件”，很多人选择积累了一定经济资源后再进入婚姻。其次，中华人民共和国成立以后，女性大量进入劳动力市场，在收入、职业晋升等方面与男性不断缩小差距，这使得职业女性从婚姻中获得的价值逐渐降低，婚姻不再成为其生存的必需品，晚婚与不婚都由此出现。最后，观念的变迁。随着集体主义逐渐衰落，年轻一代往往更关注自己的利益，其行为更少地受限于家庭与社会的传统规范，促进了个体主义的兴起，这使得人们对一些非传统家庭行为的接受度逐渐增加，例如婚前性行为，而同居也变得更为普遍。这样一来，婚姻不再是两性共同生活的唯一形式，这也是造成我国居民初次性行为年龄不断提前，但初婚年龄却持续推迟的重要原因之一。

（二）离婚率

民政部《2017年社会服务发展统计公报》显示，中国大陆居民离婚人数从2002年的117.6万对增长至2017年的437.4万对。而2017年登记结婚人数则为1 063.1万对。粗略算来，超过2/5的婚姻关系可能以离婚结束。分析我国1978—2019年的婚姻状况发现，除部分年份略有波动外，离婚率总体快速上升，从1978年的0.18‰升至2019年的3.36‰，增长了

17倍。

离婚率上升有以下几点原因。首先，离婚成本大大降低，如2018年继续对2001年的《中华人民共和国婚姻法》进行修订与完善，离婚程序不断趋于简化，感情破裂逐渐成为离婚的唯一法定理由，离婚成本大大降低。其次，城镇化和现代化进程的同步快速推进、女性受教育程度的极速提升、西方婚姻观念的传入等，都极大地冲击了我国人口的婚姻家庭理念，人们对离婚行为更加包容，过去贴在（女性）离婚者身上的负面标签逐渐淡化。最后，在经济立体转型与人口全面转变过程中，社会变得越发多元化和多样化。一方面，婚姻的吸引力下降，婚姻的替代性增强；另一方面，婚姻从一种不可替代的身份属性转化为更为鲜明的契约特征，更加强调婚姻关系中的自主、自由、平等精神，故婚姻当事人更可能本着遵守契约的精神，而非道德要求来对待婚姻家庭。同时，在家庭内在和外在结构双双转变过程中，维系夫妻情感的纽带逐渐削弱。所有这些要素综合在一起，婚姻的稳定性也随之动摇，那么离婚率随之上升。离婚率上升是经济社会快速发展的背景下，人们婚姻观念和婚姻行为发生变化、离婚现象增多的结果，另外也与我国适婚人群队列规模的变化以及结婚年龄的推迟有关。

二、婚姻与健康

婚姻与个体幸福感之间的因果关系识别有待深化。基于横截面数据关于婚姻状况与幸福感的研究，普遍发现了离异者幸福感水平明显低于已婚者的经验证据，而幸福感往往与身心健康密切相关。离婚率的上升和家庭关系的震荡会殃及孩子，这是最大的负面影响。很多调查发现，不良的婚姻关系和家庭环境是青少年自私叛逆甚至违法犯罪的重要诱因。婚姻的失败、家庭的破碎极可能使孩子失去父母的正常关爱和家庭的亲情温暖，以致孩子缺乏管教不能正常成长，给孩子留下看不见的心灵伤害，形成错误扭曲的世界观、人生观和价值观，不能顺利度过叛逆的青春期。残缺的原生家庭会给孩子的一辈子留下不可磨灭的影响。当然，我们也会注意到相反的一些案例，父母离异之后孩子在挫折中自强不息、超拔有为。显然，问题的关键在于，无论夫妻的冲突到何种程度、以何种方式收场，父母对孩子的爱不能缺失，要给予孩子正确的引导和温暖的关怀，将离婚事件对孩子的心灵创伤和不良影响降到最低。

在精神疾病方面，研究发现未婚男性精神疾病发生率和住院率都显著高于已婚男性，而且婚姻状况对精神疾病的影响呈现出性别差异：结婚能显著降低男性的沮丧情绪，能减少女性酗酒问题。在身体健康方面，研究发现相比已婚群体，未婚群体的死亡率显著提高，而且相比女性，婚姻对男性死亡率的影响更高。这是因为已婚男性能更多地得到行为控制和健康支持，从已婚转变为未婚状况，负面的健康行为显著增加，而从未婚转变为已婚状态，对健康行为的影响很小。

研究也发现，未婚男性更可能患高血压，这与未婚男性长期处于精神压力和缺少社会支持有关。在对婚姻状况与自杀问题的研究中发现，已婚群体自杀率最低，年轻独居男性的自杀比例最高。上述研究尽管在研究对象、领域和时期方面存在差异，但研究结论一致表明：婚姻对保障人口健康有着重要作用，特别是对保障男性的精神、心理、身体健康甚至生命至关重要。

第五节　维护人口结构安全的对策建议

一、优化人口空间布局，促进城乡健康平等

国务院关于印发《国家人口发展规划（2016—2030 年）》的通知中，强调的主要目标包括：到 2020 年实现 1 亿左右农业转移人口和其他常住人口在城镇落户，全面提高城镇化质量。按照尊重意愿、自主选择、因地制宜、分步推进、存量优先、带动增量的原则，区分超大、特大和大中小城市以及建制镇，实施差别化落户政策，促进有能力在城镇稳定就业和生活的农业转移人口举家进城落户。将具备条件的县和特大镇有序设置为市，增加中小城市数量，优化大中城市市辖区规模和结构，拓展农业转移人口就近城镇化空间。推动城乡人口协调发展，完善以城市群为主体形态的人口空间布局，促进人口分布与国家区域发展战略相适应，引导人口有序流动和合理分布，实现人口与资源环境永续共生。加快推进以人为核心的城镇化，引导人口流动的合理预期，畅通落户渠道。

二、提高老年人健康意识

首先，拓展老年健康教育内容。在全社会开展人口老龄化国情教育，

树立积极老龄观。引导老年人将“维护机体功能，保持自主生活能力”作为健康目标，树立“自己是健康第一责任人”的意识，强化“家庭是健康第一道关口”的观念，促进老年人及其家庭践行健康生活方式。普及营养膳食、运动健身、心理健康、疾病预防、合理用药、康复护理、生命教育、应急救助等老年健康知识，宣传维护感官功能、运动功能和认知功能的预防措施，不断提高老年人健康核心信息知晓率和健康素养水平。广泛开展关爱失智老年人的社会宣传与公共教育活动，提升公众的失智预防和失智照护水平。普及智能技术知识和技能，提升老年人对健康信息的获取、识别和使用能力。加强对老年健康政策、服务和产品的科普宣传。

其次，形成多元化的老年健康教育服务供给格局。支持各类教育机构将老年健康教育纳入课程内容。鼓励开办医学专业的院校、医疗卫生机构等设置老年健康教育专属阵地，面向老年人及家属、照护者开设养生保健、照护技能培训等课程。依托全国开放大学、老年教育机构、社区教育机构、老年协会、城乡社区党群服务中心、基层医疗卫生机构、文化体育场馆等，提高城乡老年健康教育服务覆盖率。

最后，创新老年健康教育服务提供方式。组织开展全国老年健康宣传周、世界阿尔茨海默病日等主题宣传活动。开发科普视频，建设开放共享的数字化国家级老年健康教育科普资源库。充分利用传统媒体、短视频、微信公众号、微博、移动客户端等多种方式和媒体媒介，传播老年健康相关知识，宣传老年健康达人典型案例。鼓励各地探索可行模式，充分发挥老年人在老年健康教育中的示范引领作用，增强健康教育效果。

第七章　健康转变与人口素质安全

正如马克思所言："人口是一个具有许多规定和关系的丰富的总体"，人口安全不仅体现在量的方面，也体现在质的方面。人口素质是对人口群体或者个体在其生命运动和社会活动过程中的"质"的概况与体现。人口素质发展水平受人口健康转变的影响，同时也反作用于健康转变。在本章，首先，我们辨析人口素质及人口素质安全的相关概念，了解我国人口素质的发展状况；其次，讨论健康转变与人口素质的互动关系；最后，为提高人口健康水平、提升人口素质安全提供相应的对策建议。

第一节　人口素质与人口素质安全

一、人口素质相关概念

由于世界人口数量迅速增长，人口问题的研究活动随之而广泛。20 世纪 70 年代中期以来，随着人力资本理论的大量引入，推动了我国人口素质的研究。"人口质量"和"人口素质"通常被认为是两个并无本质区别而只是表述不同的概念，不必区别使用；也有学者认为，从逻辑分层的角度看，两者是有差别的，人口质量含义较人口素质更广泛，需要区别使用。但迄今尚未找到表明两者差别的充足的、令人信服的理由，因此，在本文中，我们不区分使用人口素质和人口质量，采用"人口素质，亦称人口质量"的说法。

（一）人口素质的概念与内涵

时代的发展使人口素质越来越成为当今社会人们广泛使用的一个高频字眼。但也许正由于它的频繁使用，人们往往忽视对其含义的深究，要给人口素质下个准确的定义似乎异常艰难。纵观中外人口学研究成果，学者们对"人口素质"的概念有不同的理解。归纳起来，大概有以下几种观点：

（1）人口素质是反映一定时空条件下人口总体质的规定性的一个综合范畴，是对人口多方面质的规定性的普遍概况和总结。

（2）人口素质是指一个国家或地区在一定的生产方式下，人口群体所具有的认识与改造世界的条件和能力。

（3）人口素质是投资的产物，它是经由对人的教育、培训、健康和迁移等的投资而形成的人口身体、智力、文化、科技、思想观念等多种素质的集成。

（4）人口素质是生产效率提高和现代经济增长的重要源泉。人口素质是长期形成的，有其形成的基本客观基础。

（5）人口素质是构成人的各种要素，是人作为主体的内在根据和条件，是这些要素、因素的现实状态，其核心是指人的这种本质性能力。

“人口素质”在不同的学科领域有着不同的内涵。早期人口学者张纯元认为人口素质指在一定时间、一定地域和一定社会制度下，人本身具有的认识、改造世界的条件和能力，人口素质的高低就是人口本身认识、改造世界的主客观条件的好坏和能力的大小。穆光宗认为，人口素质是指在一定的历史条件下人口的结构和组合状态所展现的各种社会功能和影响力，较高的人口素质，一般具有较为合理的结构和组合，同时也会产生较强的社会功能和较为积极的影响力。李竞能指出，现代化的人口素质内涵不仅是要具有现代文化知识和健全体魄，还要具有以现代化人格素质为核心的思想道德素质，由这种人所构成的人口才称得上具有现代化素质的人口，只有具有现代化素质的人口，才能最终建立起现代化制度和现代化社会。

（二）人口素质的分类

学者们对“人口素质”的分类有着不同的看法，主要是“两要素”说和“三要素”说。

1988 年，学者陈剑提出“两要素”说，认为“人口素质”由身体素质和科学文化素质组成。身体素质是人口素质发展的自然基础，一般指人口群体的身体器官和生理系统的发育、成长和机能的状况，表现为身躯完损、发育是否健全、体质强弱、耐力持久、智力高下、动作敏捷程度等。影响身体素质的好坏有先天遗传因素，也有后天所处的自然环境、生产生活方式，以及社会、经济、历史等因素。科学文化素质是指人们在生产实践和社会实践中积累的生产经验和劳动能力，以及在教育培训中学到的文化知识和科学技术水平。个体的文化素质的高低，在很大程度上取决于家庭教育、学校教育和个人努力。

"三要素"说认为，人口素质包括身体素质、科学文化素质和思想道德素质三个方面，即我们常说的德、智、体，这三方面内容既相互依赖、相互联系，又相互区别和相互制约，各自反映了人口素质的不同侧面，共同构成人口素质的整体。但对思想道德素质又可区分出两种不同的观点：一种观点认为特定社会经济形态下所特有的思想道德观，如社会主义制度下 马克思主义的思想道德意识形态、集体主义的世界观等；另一种观点则认为超越特定社会经济形态或超越若干特定社会经济形态的泛人类所必须遵循的道德行为规范。

近年来，还提出"四要素"说，认为除人口素质的身体素质、科学文化素质和思想道德素质"三要素"外，还应当包括劳动技能素质。还有学者认为关于人口素质分类争论的本质不应停留在"二""三"还是"四"的数量争论上，而应看分类是否真正切合了概念的内涵，从最粗泛的意义上看，人口素质可分为生理素质（即身体素质）和心理素质两大块，其中，心理素质可分为智力素质和非智力素质。同时，学者指出，人口的思想道德素质的客观存在是无法忽略的，但在经济一体化的今天，从一般人口的理论前提出发，非智力素质比思想道德素质更易被研究人员和大众所认同和接受。

穆光宗曾尝试根据木桶理论提出"人口素质木桶理论"，该理论的一个基本观点是人口群体素质潜能（体能和智能）所能开掘的极限度受制于最短的那块"木板"，即最弱的那方面素质，组成这个"人口桶"的三块"木板"分别是"身体素质板""智力素质板"（"文化素质板"）和"非智力素质板"（"狭义心理素质板"）。部分学者认为，由于人口的心理素质和身体素质是一种类型的两个侧面，不必截然分开，应将两者有机结合。

人口素质是随着社会生产力发展而发展的历史范畴。在自然经济条件下，人们的生产活动是以手工劳动为主，对劳动者的素质要求主要是看体力，即使是文盲，也可以成为一个合格的劳动者。经过资本主义社会，机器代替了手工工具，特别是在当今生产现代化的条件下，对劳动人口素质的要求，不仅要有好的身体素质，而且要有相应的文化科学水平和生产技能。

（三）人口素质的评价

人口素质是人口生活质量的重要组成部分，与人口素质评价相近的研究可能就是对"生活质量"方面的综合分析。由于关于"生活质量"测量的研究开展得比较早且影响广泛，并且大多数的计算过程比较简单，因此，不少学者把“生活质量”或“社会发展”的评价指标直接转用于人口素质的评价。

美国社会健康协会（American Social Health Association，ASHA）提出，用就业率、识字率、平均预期寿命、人均国民生产总值增长率、人口出生率、婴儿死亡率计算 ASHA 指数，来反映一国社会经济发展状况和生活质量。1975 年，由美国海外发展委员会提出了 PQLI（The physical Quality of life Index），通常译为“物质生活质量指数”，其目的在于衡量和评价一国或地区的物质生活质量，即社会经济发展水平。该指数包含三项指标：婴儿死亡率、平均预期寿命和识字率。由于这三项指标均与人口素质有密切关系，故常被人口学者借用来作为评价人口素质的综合性指标，改译为“人口生命素质指数”或“人口质量指数”。1986 年，美国约翰斯通提出“综合生活质量指数”，建议从健康、公共安全、教育、就业、工资收入、贫困、住房、家庭稳定性、种族平等方面反映社会生活的质量状况和水平。1990 年，联合国开发计划署（The United Nations Development Programme，UNDP）在《人类发展报告》中，首次采用人类发展指数（Human Development Index，HDI）来反映社会发展的状况，该指数最初由平均预期寿命、成人识字率和按购买力平价计算的人均 GDP 三项指标构成，后来又增补了平均受教育年限、基尼系数等指标。

由于以上指标的初衷或本意都是用于衡量一个国家或地区的社会经济发展水平或生活质量的，并非用于衡量人口素质的，因此在评价人口素质上存在缺陷。我国学者亦尝试在国外“生活质量”相关综合指标的基础上，发展适合我国国情的“人口素质综合指数”。有学者选定平均预期寿命、婴儿死亡率、残疾人占总人口的比重、总和生育率、男性成人识字率、女性成人识字率、受过高等教育人数占总人口比重、城市人口比重、15—64 岁人口所占比重九项指标，借助系统聚类分析方法，组成评价指标取值阵，最后计算人口素质综合指数。平均预期寿命、婴儿死亡率、成人识字率是经过实践证明用于衡量人口素质的最基本、灵敏度较高的指标。选用“受过高等教育人数占总人口比重”充分地反映教育普及程度和体现一国或地区人口质量存量的实际水平。分别设置男性和女性成人识字率指标以揭示不同性别人口素质上的差异；同时，女性人口识字率亦在相当的程度上反映了妇女的社会地位和在社会经济生活中的作用程度。总和生育率指标的设置，不仅可以反映女性人口的素质，也反映了人口数量对人口素质的影响与作用，可以从不同的角度显示出与社会经济发展水平相适应的人口总体素质水平。城市人口比重、15—64 岁人口所占比重能够在一定程度上反映人口素质的结构。残疾人占总人口的比重也是衡量与评价人口总体素质必不可少的指标。上述九项指标基本覆盖了人口素质内容的主要方面。有的学者利用模糊隶属函数建立人口素质“三要素”综合指数模型，在方法论上是一种创新的尝试。

还有学者认为，人口素质的评价体系应该包括人口的自然素质和社会素质两个方面的内容。人口的自然素质主要用来反映人口的再生产、人口的体质及健康、遗传与优生方面的特性。基于指标的可获得性，常用人口自然增长率、总人口死亡率、婴儿死亡率、新生儿死亡率、预期寿命和人口粗出生率反映人口再生产活动；青少年平均身高、青少年平均体重、体育运动达标人数、传染病发病率、患病死亡率等指标来反映人口的体质和健康情况；用活产儿的染色体异常、遗传生化异常、先天缺陷等反映遗传优生效果。人口的社会素质主要体现在人口的文化素质、道德伦理水平、与人口素质有关的社会结构等方面，采用刑事犯罪率、青少年犯罪率、自杀率、粗离婚率、交通事故率、火灾发生起数等反映道德伦理水平；学龄儿童入学率、每万人中在校大学生人数、从事科技活动人员、万人大专以上学历人数、教育人口比重、文盲率、平均受教育水平反映人口文化素质；城市化率、社会负担系数、就业率、人口性别比等反映人口社会构成。

人口素质指标涉及面广，内容多且复杂。目前，我国官方有关人口素质的评价指标来源于不同的统计口径，尚未建立统一的评价指标，学者往往根据各自的研究目的和数据的可获得性进行人口素质评价，给人口素质的系统评价带来了较大困难。由于思想观念素质缺乏统一的衡量尺度，难以进行指标分类和量化，也难以进行人口素质的国际比较。因此，无论是“二要素”还是“三要素”的分类方法，目前关于人口素质的研究主要评价的是人口身体素质和科学文化素质。学者们通常用平均预期寿命、营养不良率、青少年身高、青少年体重、出生缺陷率、残疾率、死亡率、婴儿死亡率等指标来评价人口的身体素质；用文盲率、成人识字率、平均受教育年限、小学、中学、大学入学率等指标来评价人口的科学文化素质。本文也基于这样的认识，从身体素质和科学文化素质两个方面分析我国的人口素质发展状况。

二、人口素质安全

人口素质安全是指人口身体素质和文化素质的各项具体指标是否处于安全的界限内，即是否有利于个体发展，是否有利于社会发展，是否有利于未来人口健康持续发展。如果说人口的数量安全、结构安全等是直接关系到社会发展或社会的稳定重要因素，那么人口素质安全是与个体的发展紧密联系的因素。人口素质安全不仅受制于社会经济的发展，在很大程度上也影响其发展。

（一）社会经济发展对人口素质安全的影响

人口素质是由社会经济基础决定的，受其他各种社会条件影响，人口素质安全与否在很大程度上取决于社会经济的发展。

就人口身体素质安全来说，只有社会经济水平提升，医疗保健事业才会大发展，人口的健康状况才能得到普遍改善，平均预期寿命才能提高，人口的身体素质才会逐渐趋于更安全的范围。人口身体素质安全，不仅包括了人自身身体健康素质的安全，同时还包括了人口医疗环境的安全、人口传染病防疫系统的安全、人口心理健康素质的安全等影响到身体健康水平的因素。从 2003 年的 SARS 病毒和 2019 年的新型冠状病毒的快速传播可以看到，因为病毒传播导致全球的医疗卫生系统面对严重的压力与负荷，以及各国的经济也受到猛烈的冲击，抑郁、焦虑等不良心理情绪在人口中蔓延。社会经济发展要求人们越来越多地关注自身的身体素质，而不仅是解决温饱问题，人们更加注意保健和健康，而不仅是关注没有生病。因为只有身体素质的提升才能适应社会经济发展带来的快节奏生活与工作状态，才能在由经济发展带来的竞争中处于优势地位。毕竟“身体是革命的本钱”这句话已被中国老百姓奉为圭臬。

就科学文化素质安全来说，只有社会进步、经济发展，国家对教育的投入才能加大力度，我们的科教文化事业才能成为“有米之炊”。欧洲发达国家之所以平均教育程度远远高于我国，其决定性因素就在于国家对教育的重视程度和对教育的投入量上。社会经济的发展带来的还有人们观念上的改变，人们同时更加重视精神食粮的获得，主要体现在接受教育上。现代的大教育观认为，教育已不仅是一部分人在学校里接受专业的和专门的训练，随着社会经济的发展，人们必须适应由此带来的不断更新自身知识的需求，因而对教育的渴求也越来越强烈。各种类型的教育机构和教学方式，如各种职业培训、网络教学、成人教育等如雨后春笋般涌现出来，教育开始终身化、全民化、信息化。于是，人口的文化素质水平通过大教育而得以提升，人口素质安全系数也随之加大。

社会经济的发展更像一个助推器，它不仅给人口素质安全提供条件和保障，更为人口素质安全提供动力。

（二）人口素质安全对社会经济发展的影响

马克思政治经济学认为，生产的基本要素有三个，即劳动力、生产资料和劳动对象，其中，劳动力就是指具备身体素质和科学文化素质的劳动人口。只有劳动人口的素质提高，生产才能有效率地进行，社会经济才会发展。具体说来，劳动生产率的提高依靠劳动力的劳动强度和劳动工具科技程度的提高，依靠的是劳动人口的身体素质和劳动人口的科学文化素质。劳动人口身体素质安全保证正常的劳动时间和劳动强度，劳动人口的科学文化素质安全保证科技应用于生产以及生产工具的使用和革新。

从人力资本的理论角度来看，人口素质的安全对社会经济的发展也具有重大影响。提出人力资本理论的美国经济学家西奥多·舒尔茨（Theodore W. Schultz）在研究中发现，从20世纪初到20世纪50年代，人的能力及技术水平的提高促使美国农业产量和经济总量迅速增加。1909—1929年，美国劳动力素质平均每年提高0.56%，生产量的年平均增长率为2.82%，年均经济增长率中有12%归功于劳动力素质的提高；1929—1957年，美国劳动力素质平均每年提高0.93%，生产量的年平均增长率为2.93%，年均经济增长率中有23%归功于劳动力素质的提高；1950—1962年，美国劳动力素质平均每年提高0.62%，生产量的年平均增长率为3.32%，年均经济增长率中有15%归功于劳动力素质的提高。在其他发达国家中，劳动力素质提高的作用相仿，在年均经济增长率中归功于劳动力素质提高的比例。改革开放以来，我国经济持续快速增长，年平均增长速度保持在9.9%，2011年成为世界第二大经济体。这些成就的取得归功于国民人口素质的提高。

随着社会的进步，经济的不断增长，人的作用越来越凸显，人口素质安全问题自然也成为不容忽视的作用于社会经济发展的重要因素之一。

三、我国人口素质的发展状况

（一）身体素质

在前文中，我们对我国1949—2020年人口粗死亡率、婴儿死亡率的变动情况进行了分析，在中华人民共和国成立后的70余年里，我国人口死亡率由1949年的20‰降至2020年的7.07‰，婴儿死亡率由1949年50.2‰降至2020年的5.4‰，平均预期可见我国人口身体素质逐渐提高，安全系数也在逐渐提升。本部分内容将围绕平均预期寿命、出生缺陷、身高和体重分析我国人口身体素质的发展状况。

1. 平均预期寿命

表7-1显示了我国第三次到第七次全国人口普查中人口及分性别的平均预期寿命情况，毋庸置疑，我国人口的平均预期寿命不断延长，呈现环比增长态势，2020年平均期望寿命比1982年提高10.16岁，年平均提高0.27岁；女性平均预期寿命普遍高于男性，其差距从1982年的2.99岁扩大到2020年的5.51岁。2017年，我国人口平均预期寿命已高于中高等收入国家平均水平，被WHO评价为“以最小投入获得了最大健康收益”的“中国模式”。另外，WHO公布数据显示，2016年，我国人口出生时平均健康预期寿命为68.7岁，比世界平均水平高出15.7岁；60岁时的平均健康预期寿命为15.8岁，比世界平均水平高出4.5岁，这就表明我国人口不仅在平均预期寿命上超过世界平均水平，而且处于健康状态的预期寿命年限也明显高于世界平均水平。中华人民共和国成立70年来，我国经济发展水平逐渐提高，为医疗卫生服务、社会保障、教育事业的发展提供了物质基础。有学者指出，人口平均预期寿命明显增高的直接原因是婴儿死亡率、5岁以下儿童死亡率、孕产妇死亡率的明显下降。也有学者指出，人口预期寿命的不断延长主要得益于我国卫生事业的不断发展。1950—2017年，我国医疗卫生机构仅增长超过110倍，每千人口卫生技术人员增长近7倍，卫生总费用占GDP的比重则由1980年的3.15%上升至2017年的6.36%，卫生事业的发展成就了“健康中国”的发展之路。改革开放以来，经济发展水平提高、教育事业的快速发展以及环境的改善对改善国民健康状况和提高预期寿命有积极的贡献，卫生部门、计划生育部门和社会保障部门的通力合作在有效保障和改善民生、促进人口平均预期寿命明显增高中发挥了重要作用。

表 7-1　近五次全国人口普查平均预期寿命基本情况[①]

年份	总体（岁）	男性（岁）	女性（岁）
1982 年	67.77	66.28	69.27
1990 年	68.55	66.84	70.47
2000 年	71.40	69.63	73.33
2010 年	74.83	72.38	77.37
2020 年	77.93	75.37	80.88

2. 出生缺陷

出生缺陷是指婴儿出生前发生的身体结构、功能或代谢异常。出生缺陷可由染色体畸变、基因突变等遗传因素或环境因素引起，也可由这两种因素交互作用或其他不明原因所致，通常包括先天畸形、染色体异常、遗传代谢性疾病、功能异常（如盲、聋和智力障碍）等。根据 WHO 估计，全球低收入国家的出生缺陷发生率为 6.42%，中等收入国家的出生缺陷率为 5.57%，高收入国家的出生缺陷率为 4.72%。根据卫生部在 2012 年发布的《中国出生缺陷防治报告》，我国出生缺陷总发生率约为 5.6%，以全国年出生数 1 600 万计算，每年新增出生缺陷约 90 万例，其中，出生时临床明显可见的出生缺陷约 25 万例。我国出生缺陷发生率与世界中等收入国家的平均水平接近，但由于人口基数大，每年新增出生缺陷病例总数庞大。据测算，我国每年将新增先天性心脏病超过 13 万例，神经管缺陷约 1.8 万例，唇裂和腭裂约 2.3 万例，先天性听力障碍约 3.5 万例，唐氏综合征 2.3 万—2.5 万例。出生缺陷在发达国家已成为婴儿死亡的第一位原因，这一趋势在我国也逐渐显现，出生缺陷在全国婴儿死因中的构成比顺位由 2000 年的第 4 位上升至 2011 年的第 2 位。我国于 1986 年在全国 29 省（市、区）的 945 所医院组建了以医院为基础的全国出生缺陷监测网络，率先填补了我国在出生缺陷监测领域的空白，缩小了我国与世界发达国家的差距，并获得了反映我国出生人口素质非常宝贵的数据。

预防和减少出生缺陷，把好人生健康第一关，是提高出生人口素质、推进健康中国建设的重要举措。2018 年，国家卫生健康委印发全国出生缺陷综合防治方案，提出到 2022 年，出生缺陷防治知识知晓率达到 80%，

① 数据来源：中国人口和就业统计年鉴 2021。

婚前医学检查率达到65%，孕前优生健康检查率达到80%，产前筛查率达到70%；新生儿遗传代谢性疾病筛查率达到98%，新生儿听力筛查率达到90%，确诊病例治疗率均达到80%。先天性心脏病、唐氏综合征、耳聋、神经管缺陷、地中海贫血等严重出生缺陷得到有效控制的目标，构建覆盖城乡居民，涵盖婚前、孕前、孕期、新生儿和儿童各阶段的出生缺陷防治体系，为群众提供公平、可及、优质高效的出生缺陷综合防治服务，预防和减少出生缺陷，提高出生人口素质和儿童健康水平。

3. 身高和体重

《中国居民营养与慢性病状况报告（2020年）》（以下简称《报告》）显示中国成人平均身高继续增长，18—44岁男性和女性的平均身高分别为169.7 cm和158.0 cm，与2015年相比分别增加1.2 cm和0.8 cm。6—17岁男孩和女孩各年龄组身高均有增加，平均增加值分别为1.6 cm和1.0 cm，简而言之就是中国人普遍长高了。

同时，《报告》表明由于不健康的生活方式和身体活动不足，我国人口的超重肥胖率持续上升。成年男性和女性平均体重分别为69.6 kg和59 kg，与2015年发布的结果相比分别增加3.4 kg和1.7 kg。城乡各年龄组居民超重肥胖率继续上升，18岁及以上居民超重率和肥胖率分别为34.3%和16.4%；6—17岁儿童青少年超重率和肥胖率分别为11.1%和7.9%，6岁以下儿童超重率和肥胖率分别为6.8%和3.6%。

与此同时，儿童青少年营养不足问题得到持续改善。该《报告》表明,6岁以下儿童生长迟缓率降至7%以下，低体重率降至5%以下。我国农村儿童的生长迟缓问题得到了根本改善，农村6岁以下儿童生长迟缓率由2015年的11.3%降至5.8%；6—17岁儿童青少年生长迟缓率从4.7%降到了2.2%。

根据以上报告的内容，我国人口的身体素质既有好的发展，即“长高了”和“有营养了”，但也面临着不好的、令人担忧的发展趋势，即“长胖了”。

（二）科学文化素质

如果说人口的身体素质安全是降低死亡率、延长人口寿命、保障国民健康生活的重要因素，那么人口的文化素质安全则是决定社会进步程度、保证社会和谐的关键因素。人口的教育水平是衡量人口科学文化素质的重要指标。表7-2是我国第二次到第七次全国人口普查中文盲人口和文盲率的基本情况。由表中数据可以清晰地看到 1964 年，我国约有 2. 33 亿文盲人口，到 2020 年第七次全国人口普查文盲人口数已降至 3 775 万人，文盲率也从 1964 年的 33. 58%下降至 2020 年的 2. 67%。

表 7-2　近六次全国人口普查中文盲人口和文盲率的基本情况

年份	文盲人口（万人）	文盲率（%）
1964 年	23 327	33. 58
1981 年	22 996	22. 81
1990 年	18 003	15. 88
2000 年	8 507	6. 72
2010 年	5 466	4. 08
2020 年	3 775	2. 67

数据来源：中国人口和就业统计年鉴 2021。

图 7-1 是我国第二次到第七次全国人口普查中每十万人拥有的各种受教育程度人口情况，1964 年，小学受教育程度的人口占比最高，到 2020 年，初中受教育程度的人口占比最高，大专及以上受教育程度的人口数和占比越来越高。全国人口中，15 岁及以上人口的平均受教育年限由 2010 年的 9. 08 年提高至 2020 年的 9. 91 年。由此可见，我国人口的科学文化素质得到了显著提升。

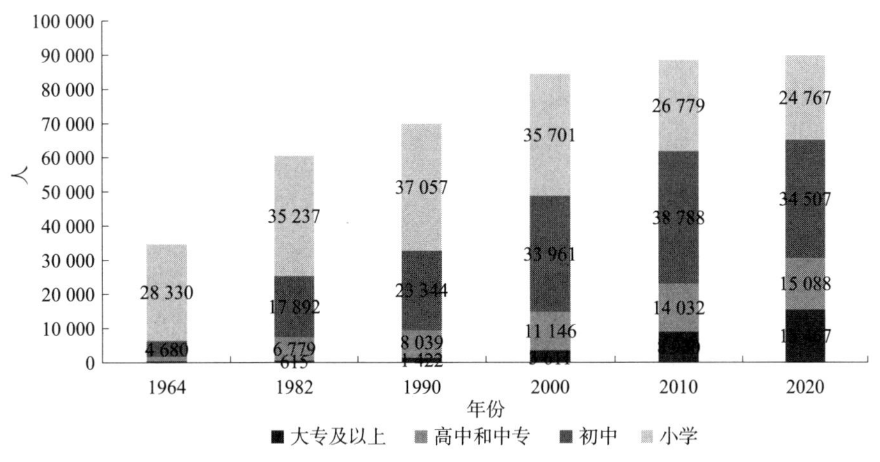

图 7-1　我国每十万人拥有的各种受教育程度人口情况[①]

① 数据来源：中国人口和就业统计年鉴 2021。

我国老年人口的科学文化素质也在不断提高。截至 2021 年，60 岁及以上人口中，拥有高中及以上文化程度的有 3 669 万人，比 2010 年增加了 2 085 万人；高中及以上文化程度的人口比重为 13.90%，比 10 年前提高了 4.98 个百分点。我国劳动年龄人口素质也显著提高。16—59 岁劳动年龄人口平均受教育年限达到了 10.75 年，比 2010 年的 9.67 年提高了 1.08 年。同时，劳动年龄人口中，高中及以上受教育程度的人口达到了 3.85 亿人，占比为 43.79%，比 2010 年提高了 12.8 个百分点。大专及以上受教育程度人口占比达到了 23.61%，比第六次全国人口普查提高了 11.27 个百分点。

我国全面推行计划生育 40 多年来，人口过快增长得到有效控制，人口再生产类型实现历史性转变，对资源环境的压力有效缓解，有力促进了经济发展、社会进步和民生改善，为现代化建设提供了重要保障和基础性支撑，为全面建成小康社会奠定了坚实的基础。2020 年，我国全面两孩政策效应充分发挥，生育水平适度提高，人口素质不断改善，结构逐步优化，分布更加合理。国家经济向形态更高级、分工更精细、结构更合理演进，发展方式向依靠持续的知识积累、技术进步、劳动力素质提升转变，着力培养了具有国际竞争力的创新型、应用型、高技能、高素质大中专毕业生和技能劳动者，提高了新增劳动力供给质量，加快完善了国民教育体系，不断提高基本公共教育服务均等化水平。

第二节　健康转变与人口素质安全的互动

从健康转变的内涵以及人口素质评价指标来看，两者都包含了死亡率、平均预期寿命的变动，健康转变与人口素质安全之间存在着某种联系，本节将讨论两者的互相影响机制。

（一）健康转变对人口素质安全的影响

影响人口素质安全的因素有很多，几乎每一次社会的变化或变革都会导致人口素质的变化，其中，可能是因为一些人口健康问题的产生，即健康转变影响了人口素质安全，主要表现在影响了人口身体素质。

健康转变的内涵之一是疾病谱和死因构成的变化，肿瘤、心脑血管疾病、慢性呼吸系统疾病等慢性病逐渐成为威胁人群健康的主要疾病。《中国居民营养与慢性病状况报告（2020 年）》显示，2019 年，我国居民因心脑血管疾病、癌症、慢性呼吸系统疾病和糖尿病等四类重大慢性病导致的过早死亡率为16.5%，即每个人在30—70岁死于四类重大慢性病的可能性为16.5%。同时，报告显示2019年我国因慢性病导致的死亡人数占总死亡人数的88.5%，其中心脑血管疾病、癌症、慢性呼吸系统疾病死亡比例为80.7%。高血压、糖尿病、高胆固醇血症、COPD患病率和癌症发病率与2015年相比有所上升，中国18岁及以上居民高血压患病率为27.5%，糖尿病患病率为11.9%，高胆固醇血症患病率为8.2%，40岁及以上居民COPD患病率为13.6%，与2015年发布的结果相比均有所上升。由此可见，健康转变对我国人口身体素质带来了巨大危机，人们虽然寿命长了，但越来越多的人处于带病或亚健康状态。在短期来看，慢性病不会像传染病一样迅速对人口素质安全造成危害，但从长期来看，以慢性病为主的疾病模式很有可能慢慢蚕食人们的身体和精神，造成不可预估的后果。因而，提升人口素质，维护人口素质安全势必要从防治慢性病这一重要环节开始。

（二）人口素质安全对健康转变的影响

作为人力资本的重要组成部分，教育与健康都是各国经济和社会发展的政策着力点，教育与健康的交互影响将使得教育投资具有双重效应，这为人力资本投资战略的调整和发展提供方向，因此受教育水平与健康之间的因果关系一直以来受到国内外学者的广泛关注。叶晓梅和梁文艳利用中国老年健康影响因素跟踪调查数据（CLHLS）研究发现，教育对中国老年人的身体健康和认知健康产生了积极影响。刘生龙基于2005年全国1%人口抽样调查数据分析发现，教育只对中国老年男性的健康有显著影响。李春青和王骏基于中国家庭追踪调查数据，得到教育对女性和农村人口的健康影响较大，对高学历和出生较晚人口的影响较小。李军和刘生龙利用CFPS数据，得到教育与男性的自评健康之间存在因果关系，与女性保持正常体型也存在因果关系。李青原基于断点回归设计发现教育能够使营养状况正常或较差人群的BMI显著提高0.16—0.43个标准差，使身体状况良好或患有一般疾病人群的医疗费用显著降低0.02—0.2个标准差，使认知功能较好、正常或较差人群的认知功能显著提高0.06—1.99个标准差，健康状况越差的人受到的影响越大。由此可以发现，多数学者研究验证了教育对部分人群的健康存在因果效应。

如第一章第四节所述，健康转变在很大程度上受到行为生活方式因素的影响，而个人的行为生活方式受到社会、文化、经济、信息及态度等诸多因素的影响，其中，个人的科学文化素质也是重要影响因素之一。

一方面，个人的科学文化素质和健康素养水平提高，会提升人们对健康的关注，纠正不良的行为习惯，从而更有利于健康的良好转变。如今，人们的科学文化素质普遍提高，《中国居民营养与慢性病状况报告（2020年)》也表明居民健康意识逐步增强，居民吸烟率、二手烟暴露率、经常饮酒率虽然仍处于较高水平，但均有所下降，家庭减盐也取得成效，人均每日烹调用盐 9. 3 克，与 2015 年相比下降了 1. 2 克。居民对自己健康的关注程度也在不断提高，定期测量体重、血压、血糖、血脂等健康指标的人群比例显著增加，有近 60%的成人过去一个月内测量过体重。有学者对 2014—2019 年南京市居民健康素养变化进行分析，结果显示居民健康素养水平自 2014—2019 年持续增长，但中小学及以下学历人群 5 年间变化趋势无统计学意义，中等学历人群 5 年间逐年上升，高学历水平人群逐年上升。显然，较高的人口素质将促进健康的良好转变。

另一方面，个人的科学文化素质和健康素养水平提高不仅会影响自己的健康，也会影响到其他人的健康状况，尤其是对青少年儿童。父母文化程度是构成家庭教育环境的基本因素，文化程度较高的父母懂得更多的育儿及卫生知识，更注重家庭教育，并能以身作则影响子女。研究发现，对于学龄前儿童来说，良好的健康行为与母亲的文化水平有密切关系。亦有学者通过对不同文化程度父母的教养方式进行比较，发现父母文化水平越高，对子女的关注程度和情感温暖越高，其子女出现心理健康问题的概率越小；父母的文化水平较低时，大多采用拒绝、否认、惩罚的教养方式，子女常出现强迫、抑郁、焦虑、敌对性、恐怖等精神症状。

第三节　提高人口素质的对策建议

一、提升新增劳动力质量，促进劳动效率提升

当前，我国劳动力素质与发达国家的差距正逐步缩小，人才规模已经位居全球第一，但城乡、区域、群体之间的教育差距仍然突出。这不仅不利于社会公平，也对劳动力素质的进一步提高形成限制。国务院关于印发《国家人口发展规划（2016—2030 年)》的通知中，强调的主要目标包括 2030 年劳动年龄人口平均受教育年限进一步提升。全面提高教育质量，切

实提升大中专毕业生就业创业能力。优化人才培养机制，促进人才培养链与产业链、创新链有机衔接。深入推进协同育人，深化产教融合、校企合作，大力培养应用型人才和技术技能人才。全面提升高校创新人才培养能力，建设好一批世界一流大学和一流学科，深化高校创新创业教育改革，增强毕业生社会责任感、创新精神和实践能力。建设面向人人的就业创业服务平台。实施高校毕业生就业创业促进计划，建立涵盖毕业生校内外各阶段、求职就业各环节、创新创业全过程的服务体系。并且要通过深化户籍制度改革和公共服务供给优化畅通区域性流动，通过健全人力市场、改革用人制度等畅通劳动人口社会流动，为劳动力流动效率的提升提供便利。

二、普及教育，缩小人口素质差距

随着劳动人口占比出现下降趋势，提高劳动人口的效能是当前的第一要务，因此要重视人口教育，建议推动学前到高中阶段的普及教育，加大对偏远薄弱学校教育经费的投入力度，改善农村办学条件，稳步推进中小学布局调整工程，尽可能缩小城乡学校教学硬件和软件的差距，实现本地优质教育资源共享、破解资源配置不均衡，推动各级各类教育实现科学发展、优质发展。

三、增加人力资本投入，释放人口素质红利

各地区应增加对教育、卫生健康及就业培训等方面的人力资本投资，充分挖掘制度红利和科技红利，实现劳动力从数量型到质量型的转变，释放附加值更高的人口素质红利，以补偿逐渐消失的人口红利。各地区应积极出台“人才引进”政策，尤其是经济发展水平较低的地区，应增加对高学历人才的购房及生活补贴，吸引人才，从而增加本地人力资本存量。此外，各地区还应根据本地资源禀赋情况调整和优化产业结构，为高技能人才创造更多的就业机会，吸引人才迁入，从而为促进本地经济持续稳定增长提供动力源泉。

四、着力构筑出生缺陷屏障，全面提高出生人口素质

全面推进出生缺陷防治民生工程工作，建立和完善出生缺陷防治体系，为孕期妇女提供健康安全、优质、有效的免费产前筛查服务，做到应

筛尽筛，降低出生缺陷发生率，全面提升出生人口素质。一是要大力开展出生缺陷预防健康宣传活动，认真抓好集中宣传，通过“出生缺陷宣传周”等宣传服务活动，采取悬挂宣传横幅、发放宣传资料、设立咨询台、开展预防出生缺陷知识讲座以及微信公众号推送、LED电子屏滚动播放等多种形式，大力开展产前筛查的意义和目的等相关知识的宣传，为群众讲解孕前检查、孕期防治、产前筛查、新生儿疾病筛查等预防出生缺陷知识，让辖区居民对出生缺陷建立直观印象，了解产前筛查的必要性和重要性，大力倡导优生优育和健康生活理念，引导孕期妇女主动接受产前筛查。二是利用集中排查和定期排查的时机，对常住和流动人口中的新婚人员、已婚待孕等育龄人群进行登记并及时动员其参加出生缺陷干预的相关服务，积极做好孕妇筛查的跟踪随访服务，提供科学的孕期预防出生缺陷知识指导。三是规范开展专业人员岗位培训，着力提高从业人员对产前筛查工作流程、标本处理、免费产前筛查系统操作的熟练程度，全面提升县、乡出生缺陷防治领域专业技术服务人员的整体素质和服务能力。

第八章　健康转变与人口流动安全

第一节　人口流动的规模及变动趋势

人口的迁移流动和人口的分布结构紧密联系。人口的迁移流动包括人口的国际迁移流动、省际迁移流动、省内迁移流动、城乡迁移流动等。人口的迁移实质上是劳动力的迁移，人口流动带来的是流出地的劳动力减少和流入地的劳动力增加。因此，人口流动安全可以指在一定时期内，人口流出地和流入地的可持续发展不因人口的迁移流动产生局部性危机。

一、国际人口迁移

国际人口迁移是人口在国家之间的移动，这一行为下催生出了一批国际移民。联合国将国际移民定义为“任何改变了常住国家的人”。考虑到各个国家在国际迁移统计中通常会根据居住时间来界定常住国家，联合国根据居住时间定义了长期移民和短期移民。长期移民指离开常住国家或地区在另外一个国家居住 1 年及以上的人；短期移民指离开常住国家或地区在另外一个国家居住 3 个月到 1 年的人。《2022 年世界移民报告》详细介绍了国际移民的总体情况和区域情况，即国际人口迁移的总体情况和区域情况（离开常住国家或地区在另外一个国家居住 3 个月以内的人不在讨论范围内）。本节内容主要基于报告内容进行了梳理。

（一）人口迁移总量

如表 8-1 所示，从 1970 年到 2020 年，国际移民人数一直在不断增长。到 2020 年，国际移民人数已经占到世界人口的 3.6%。此外，有估计显示，由于 2019 年新冠肺炎的冲击，人口迁移受到了各国限制性政策的阻碍，可能使 2020 年国际移民人数减少了约 200 万人。因此，如果没有新冠肺炎在全球的大流行，2020 年国际移民人数可能会在 2.83 亿人左右。

表 8-1　1970—2020 年的国际移民人数

年份	国际移民人数（人）	国际移民人数占世界总人口的比例（%）
1970 年	84 460 125	2. 3
1975 年	90 368 010	2. 2
1980 年	101 983 149	2. 3
1985 年	113 206 691	2. 3
1990 年	152 986 157	2. 9
1995 年	161 289 976	2. 8
2000 年	173 230 585	2. 8
2005 年	191 446 828	2. 9
2010 年	220 983 187	3. 2
2015 年	247 958 644	3. 4
2020 年	280 598 105	3. 6

资料来源：International Organization for Migration. World Migration Report 2022［EB/OL］.（2021-12-01）. https：//publications. iom. int/books/world-migration-report-2022.

如果将全球划分为 6 大区域，各个区域的国际移民人数如图 8-1 所示。欧洲是目前国际移民的最大迁入地，有 8 700 万移民（占国际移民总人数的 30. 9%）。紧随其后的是亚洲，有 8 600 万国际移民（占国际移民总人数的 30. 5%）。北美洲有 5 900 万国际移民（占国际移民总人数的 20. 9%），然后是非洲，有 2 500 万国际移民（占国际移民总人数的 9%）。在过去 15 年中，拉丁美洲和加勒比地区的国际移民人数增加了一倍多，从大约 700 万人增长到了 1 500 万人，成为国际移民人数增长率最高的区域。2020 年，5. 3%的国际移民居住在这里。大洋洲拥有的国际移民数量最少，有 900 万，约占所有国际移民的 3. 3%。

（二）人口迁移走向

图 8-2 的左侧部分显示了 2020 年国际移民的前 20 个目的地。同过去 50 年一样，美国依然是国际移民的主要目的地，拥有 5 100 多万国际移民。德国成为第二大国际移民目的地，拥有近 1 600 万国际移民。沙特阿拉伯紧随其后，有 1 300 万国际移民。俄罗斯和英国排在第 4、5 位，分别有大约 1 200 万和 900 万国际移民。

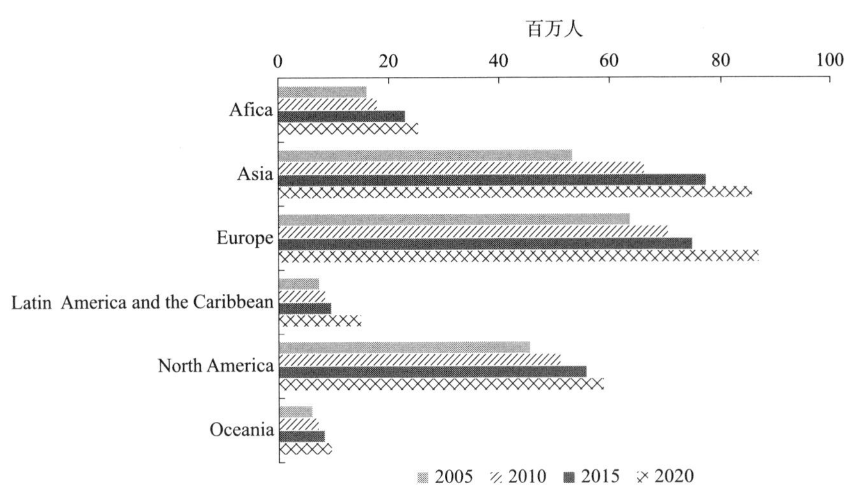

图 8-1　2005—2020 年按地区划分的国际移民人数①

图 8-2 的右侧部分显示了 2020 年国际移民的前 20 个来源地。印度是全球最大的移民来源国，有近 1 800 万人生活在国外。墨西哥是第二大移民来源国，迁出人口大约有 1 100 万人。俄罗斯和中国居第 3、4 位，迁出人口分别为 1 080 万人和 1 000 万人。第五大移民来源国是叙利亚，有 800 多万人生活在国外。这主要是由于过去十年的战争导致大量民众流离失所，逃往其他国家而成为难民。

如果要将国际移民的目的地和来源地联系起来，可以用“国际迁移走廊”对国际移民人数进行统计。从 a 国到 b 国的国际迁移走廊是用出生在 a 国、2020 年居住在 b 国的人数来衡量的，它能够具体反映国际迁移特定路线的移民情况。如图 8-3 所示，墨西哥到美国的走廊是世界上最大的国际迁移走廊，有近 1 100 万人通过这一走廊进行迁移。排名第二的是叙利亚到土耳其的走廊，这主要是因为叙利亚长达十年的内战使得难民被迫迁移。印度到阿拉伯联合酋长国是世界第三大走廊，有超过 300 万人在此迁移，迁移主体主要是劳动力移民。俄罗斯和乌克兰之间的双边走廊分别排在第 4、5 位，大约 300 万在俄罗斯出生的人现居住在乌克兰，而几乎同样数量的人已从乌克兰迁移到俄罗斯。

---

①　资料来源：International Organization for Migration. World Migration Report 2022［EB/OL］.（2021-12-01）. https：//publications. iom. int/books/world-migration-report-2022.

图 8-2　2020 年国际移民的前 20 个目的地（左侧）和来源地（右侧）①

图 8-3　2020 年国际移民人数排名前 20 位的国际迁移走廊②

① 资料来源：International Organization for Migration. World Migration Report 2022 [EB/OL]. (2021-12-01). https://publications. iom. int/books/world-migration-report-2022.

② 资料来源：International Organization for Migration. World Migration Report 2022 [EB/OL]. (2021-12-01). https://publications. iom. int/books/world-migration-report-2022.

二、中国人口流动

（一）历史过程

中华人民共和国成立以来，平均每年国内市、镇、县的流动人口总量都在一万以上，不同时期的流动人口数量随着政治、经济形势发展的不同而有较大的变化。这期间的变动大致可以划分为五个阶段。

第一阶段（1954—1960 年），是人口流动量最大，也是人口流动持续增长阶段。1954 年，国内人口迁入、迁出数量为 2 200 万人，到 1960 年增加至 3 300 万人。1960 年也成为中华人民共和国成立以来人口流动数量最高的年份。这一时期的人口流动数量如此庞大，主要是因为“一五”时期大规模经济建设以及优先发展工业的政策，国家有计划地将沿海和内地的工业布局密集的工厂迁往西北、西南和边疆地区，使大批职工及其家属随迁。同时还有大量农民进入新建的矿山工厂务工，从农村流向了城市。

第二阶段（1961—1965 年），是人口流动大幅度下降阶段。从 1961 年开始，流动人口骤然下降，迁出、迁入人口从 1960 年的 3 300 万人骤降为 1961 年的 1 900 万人，到 1965 年下降为 1 500 万人，这是由于三年严重困难以及国家经济发展进入调整阶段，工矿企业吸收职工速度放慢。加上国家对城市人口规模采取严格控制的政策，使得人口流动数量大幅度下降。

第三阶段（1966—1976 年），是人口流动的低谷阶段。1966 年流动人口下降到 1 400 万人，1967—1969 年下降到 500 万人—600 万人，降到中华人民共和国成立以来的最低点。1970—1976 年，流动人口数量维持在 1 500 万人—1 600 万人，这是由于“文化大革命”打破了正常的社会秩序，影响了正常的人口流动。这期间发生流动的主要是城市知识青年、下放干部——知识青年上山下乡，干部下放农村接受再教育。

第四阶段（1977—1934 年），是人口流动平稳增长阶段。从 1977 年起，流动人口数量一直保持在 1 400 万人—2 300 万人。1978—1979 年，由于大批下放干部返回和部分知识青年回城，使流动人口数量有所回升。虽然工业企业生产稳步增长，但政府继续实行严格控制城市人口规模的政策（1981 年《关于严格控制农村劳动力迁向城市和农业人口转为非农业人口的通知》），人口流动发展较为平稳。

第五阶段（1984 年至今），是人口流动高度活跃的阶段。随着国家体制由计划经济向市场经济转变，户籍制度弱化，人口流动抛开了原有的束缚。1984年，《国务院关于农民进城落户问题的通知》放宽了农民进城的标准，由此带来对整个人口流动控制的松动，人口流动规模日益扩大。1990年，全国流动人口为2 135万人，占全国总人口的1.89%。五年后，这一数字几乎翻了两番，达到70 736万人，占比提高到5.86%。2000年，国家出台了《关于促进小城镇健康发展的若干意见》，允许小城镇对有合法固定住所、稳定职业或生活来源的农民给予城镇户口，放松对农民落户小城镇的限制，此后流动人口规模迅速增加。2000年流动人口为1.21亿人，2005年和2010年分别增长到1.47亿人和2.21亿人。2020年第七次全国人口普查数据显示，流动人口总量为3.76亿人，占总人口的26.6%，这意味着当前每4个中国人中就有1个是流动人口。

（二）人口流动现状

第七次全国人口普查数据揭示了国内人口流动的新情况和新特点。第七次全国人口普查显示，全国人口中，人户分离人口①为492 762 506人，其中，市辖区内人户分离人口②为116 945 747人，流动人口③为375 816 759人。流动人口中，跨省流动人口为124 837 153人，省内流动人口为250 979 606人；流向城镇的流动人口为3.31亿人，其中，从乡村流向城镇的人口为2.49亿人，从城镇流向城镇的人口为0.82亿人。

与2010年第六次全国人口普查相比，人户分离人口增加231 376 431人，增长88.52%；市辖区内人户分离人口增加76 986 324人，增长192.66%；流动人口增加154 390 107人，增长69.73%；流向城镇的流动人口比重增长3.85%；从乡村流向城镇的人口增加1.06亿人，增长3.06%。

从地区来看，东部地区吸纳跨省流动人口9 181万人，占比达到73.54%；中部地区吸纳955万人，占比为7.65%；西部地区吸纳1 880万人，占比为15.06%；东北地区吸纳468万人，占比为3.75%。

（三）现阶段人口流动特点

1. 人口流动趋势更加明显，流动人口规模进一步扩大

第七次人口普查数据显示，2020年我国人户分离人口有4.93亿人，

---

① 人户分离人口是指居住地与户口登记地所在的乡镇街道不一致且离开户口登记地半年以上的人口。

② 市辖区内人户分离人口是指一个直辖市或地级市所辖的区内和区与区之间，居住地和户口登记地不在同一乡镇街道的人口。

③ 这里的流动人口指人户分离人口中扣除市辖区内人户分离的人口。

约占全国总人口的 34. 90%，如图 8-4 所示。2010—2020 年，人户分离人口数量增长了 88. 52%。人户分离人口所占的比例之高、增速之快，远超我们的预期。其中，流动人口（即人户分离人口中扣除市辖区内人户分离的人口）有 3. 76 亿人，占总人口的 26. 62%，如图 8-4 所示，相当于有 1/4 的人口处于流动状态。与 2010 年相比，流动人口规模增加了 1. 543 9 亿人，增长率为 69. 73%。说明在过去 10 年，国内的人口流动更加活跃，流动人口规模进一步扩大。而且，这里的流动人口没有包括普查登记时间范围内的户籍迁移人口和 5 年间流出并再次返回户籍地的人口。如果加上这两种情况，人口迁移与流动的规模会更大。

2. 市辖区内人户分离规模巨大，城市内部人口流动性显著增强

2020 年，市辖区内人户分离人口达到 1. 17 亿人，占全国总人口的 8. 28%，如图 8-4 所示。与 2010 年的 0. 4 亿人相比增加了 7 699 万人，增长率达到了惊人的 192. 7%，远高于流动人口 69. 73%的增长率。如果仅按照城市人口口径（90 199 万人）计算，市辖区内人户分离人口占城市人口的 12. 97%，相当于城市里每 8 个人中就有 1 个属于人户分离人口。

具体到省级行政区划而言，辽宁、吉林、湖北、陕西、宁夏等省份人户分离人口占常住人口比重相对突出，均在 10%以上。4 个直辖市市辖区内人户分离的情况则更加普遍。2010 年，北京、上海、天津市辖区内人户分离人口占常住人口比重已经达到 10%以上；2020 年，天津、重庆市辖区内人户分离人口占常住人口比重更是达到了 21. 2%和 25. 9%（上海和北京数据尚未公布）。

3. 大多数人口选择省内近距离流动

2020 年，省内流动人口为 2. 51 亿人，占全部流动人口的 66. 78%，与 2010 年相比增加了 1. 16 亿人，增长率为 85. 70%；跨省流动人口为 1. 25 亿人，占全部流动人口的 33. 22%，与 2010 年相比增加了 3 896 万人，增长率为 45. 37%。由此可见，大约 2/3 的流动人口选择在省内近距离流动，且省内流动人口的增长速度快于跨省流动人口。

各省（市、区）的省内流动人口与省际流动人口的水平存在明显的差异。东南沿海经济发达省份的省内流动人口数量较少，省际流动人口数量较多。2020 年，除浙江、广东、江苏、新疆、海南、福建等省区外，其他

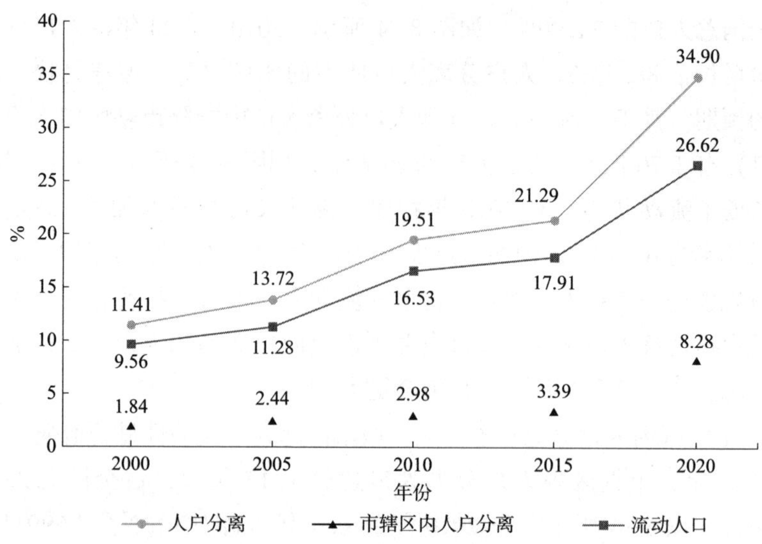

注：图中数字为该类人口占全国总人口的比例。

图 8-4　2000—2020 年中国人口流动的变化趋势①

省份的省内流动人口占省内、省际总流动人口的比例都在 70%以上。其中，甘肃、广西、吉林、四川、贵州、安徽、黑龙江、河南的省内流动人口占比更是达到了 85%以上，河南的省内流动人口占比高达 93.99%。与此同时，除四川、湖北、山东、陕西、辽宁、海南等省份外，大部分省份的省内流动人口相对比重呈上升趋势。

4. 人口流动的方向仍以乡城流动为主，城城流动规模不断扩大

2020 年，流向城镇的流动人口为 3.31 亿人，占整个流动人口的比重达到 88.12%，比 2010 年提高了 3.85%，说明绝大部分人口流向了城镇。其中，乡城流动人口（从乡村流向城镇的人口）达 2.49 亿人，占全部流动人口的 66.26%；城城流动人口（从城镇流向城镇的人口）达 0.82 亿人，占全部流动人口的 21.86%。就增速而言，2010—2020 年，我国乡城流动人口增长了 74.13%，城城流动人口增长了 90.70%，城城流动人口增长明显快于乡城流动人口，如图 8-5 所示。

尽管乡城流动仍是流动人口增长的主导驱动力，但是城城流动作为后发的新型流动形式，其绝对规模的迅速扩大值得关注。城城流动人口快速

① 图片来源：周皓．中国人口流动模式的稳定性及启示——基于第七次全国人口普查公报数据的思考［J］．中国人口科学，2021（3）：28-41.

增长，一方面源于城市内部发展不均衡，越来越多的城市（镇）人口参与到流动中来；另一方面源于通过市民化渠道转变为城市（镇）市民的原有流动人口继续保持流动的状态。流动人口这一重要结构变化，要求我们对流动人口的关注重心从以往只关注农业转移人口转向关注更大范围的流动人口，及时填补对城城流动人口及由此引发的城市留守人口的关注空白。

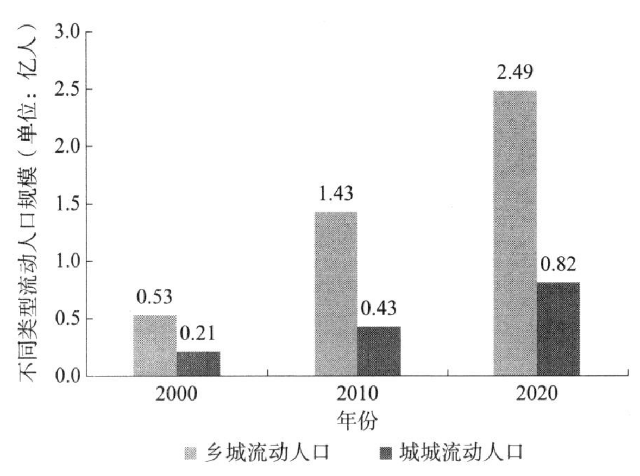

图 8-5　中国乡城、城城流动人口规模变化①

5. 人口仍主要向东南沿海地区集聚，但西部地区展现出了一定的人口吸引力

2020 年，中国的省际流动人口有 9 181 万人流入东部地区，1 880 万人流入西部地区，955 万人流入中部地区，468 万人流入东北地区。流入东部地区的省际流动人口占所有省际流动人口的 73.54%，说明中国人口流动仍然以东部地区为主要流入地。具体来说，在 8 089 万省际流动人口中，有 6 659 万人聚集在广东、浙江、江苏、上海 4 省（直辖市），占比 53.35%。其中，广东 2 962 万人、浙江 1 619 万人、上海 1 048 万人、江苏 1 031 万人，意味着每 2 个跨省流动人口中至少有 1 个居留在上述 4 省（直辖市），每 4 个跨省流动人口中有 1 个居留在广东省。并且与 2010 年相比，广东、浙江、江苏成为 10 年间新增人口最多的 3 个省，这 3 个省均地处东部沿海。2020 年，各省人口规模排名中，江苏（8 475 万人）首次超过四川（8 367 万人），浙江（6 457 万人）首次超过安徽（6 103 万人），福建

① 图片来源：程梦瑶，段成荣．迁徙中国形态得到进一步确认［J］．人口研究，2021，45（3）：75-81.

(4 154 万人) 首次超过陕西 (3 953 万人), 充分说明了人口向东南沿海地区聚集的趋势。与此同时, 西部地区吸引的省际流动人口为 15.06%, 远高于中部地区 (7.65%), 初步显示出西部大开发战略对流动人口的吸引力。

6. 人口向区域中心城市聚集

在同一个城市内部, 流动人口的分布仍然具有很高的集中度。深圳、上海、广州、成都、北京这 5 个城市流动人口规模都在 840 万人以上, 加起来占全国总流动人口的 13.08%。与 2010 年相比, 深圳、广州、成都 3 市流动人口规模的增幅分别达到 51.29%、73.1%和 102.41%。其中, 成都取代东莞成为流动人口规模排名前五的城市。相比较而言, 受人口控制政策规划影响的北京和上海, 流动人口增幅只有 8.48%和 9.05%。除上述城市外, 绝大部分省会城市吸纳本省流动人口的比例在 10%和 25%之间。特别突出的是, 武汉吸纳本省流动人口的比例达 30%, 长春、成都、西安、西宁的比例则都在 40%以上。

同时, 省际流动人口比省内流动人口聚集程度更高。以广东、湖北、四川、陕西等省份为例。广东 2 962 万的跨省流入人口中, 有 1 936 万流入了广州和深圳, 占比达 44.44%; 湖北 225 万的跨省流动人口中, 有 125 万人进入武汉, 占比达 55.61%; 四川 259 万的跨省流动人口中, 有 149 万人流入成都, 占比达 57.67%; 陕西 193 万的跨省流动人口中, 有 135 万人流入西安, 占比达 69.98%。

第二节　人口流动与健康转变的互动

联合国可持续发展目标 (SDG) 将移民认定为推动可持续发展的催化剂和驱动力, 普遍认为移民为原籍国、过境国、目的地国经济和社会可持续发展作出巨大贡献, 同时也应该注意到移民带来的种族冲突、跨国犯罪等一系列问题与挑战。特别是近年来, 随着新冠肺炎、艾滋病、非典型性肺炎、禽流感、埃博拉病毒、中东呼吸综合征等流行病在全球区域内传播暴发, 国际公共卫生领域面临的威胁日益上升, 这表明人口跨境流动是形成全球性公共卫生事件的基本条件, 移民流动对人口健康转变的影响加深。本节我们分别从传染病、慢性病、地方病以及心理疾病的角度讨论人口流动与健康转变之间的互动机制。

一、传染病

英国伦敦大学学院与《柳叶刀》基于92个国家的数据，审查评估了约1 520万移民的死亡原因，发现在国际移民中最常见的死亡原因是传染病，国际移民死于肺结核、肝炎和艾滋病毒等传染病的可能性是本地人的两倍多。这是因为那些从发展中国家或不发达国家移民至发达国家的人群由于经济状况限制不得不选择那些环境恶劣、人口密集、资源匮乏、治安混乱的社区或贫民窟作为落脚点，这些地方常常会成为传染病传播扩散的场所，这会严重影响移民的身体安全。

传染病除了危害移民群体与流动人口健康外，当移民从事的活动超出了原籍国、过境国和接收国的监管规范就可能促成传染病的进一步传播，进而对原籍地、中转地以及目的地的人口健康产生严重影响。西非地区埃博拉病毒也已经表明缺乏有效监管的人口高流动性会对疾病的跨境传播产生极大的催化作用。贫困导致西非人口为了满足温饱不得不到处漂泊谋生，人口的高流动性给治理带来了两大难题。第一，跨境追踪十分困难。人口跨境流动频繁却没有监测追踪机制，使得对疾病暴发的应对困难。第二，当某个国家的境况开始好转，邻国的病患会被吸引来此寻找工作或寻求治疗，引发疾病的再度传播。只要仍然有国家正在经历埃博拉病毒的传播与肆虐，其他国家即便拥有再强的应对能力，也会因为人口移民流动而处于风险之中，因此，这也是西非地区埃博拉病毒一直处于此消彼长的状态的原因。

二、慢性病

国际移民不太可能死于包括心脏病、消化紊乱、内分泌系统问题、癌症、呼吸系统或神经系统疾病等慢性病。男性、女性移民因各类慢性病导致过早死亡的概率比土生土长的人群分别低28%和25%。以美国的拉丁裔移民为例，尽管该人群的经济收入、工作类型、社会地位、居住环境和生活习惯都与美国其他白人群体有着明显的差距，但是这群移民由慢性病导致的死亡率和发病率都低于或至少持平美国本土的其他白人群体，这可以用“健康移民效应”解释，那些从拉丁美洲移居到美国的拉丁裔移民，是他们原来社群中比较健康的人群，他们年轻力壮，能够克服长途迁徙的困难并最终抵达美国。因此，美国拉丁裔移民社群实际上是基于对原有社群的健康选择，身体素质较好的人聚到了一起并最终贡献了较低的慢性病发病率和死亡率，有效提升了移民接收国的健康水平。

但是随着移民进入目的地时间增加，他们后天行为的改变通常会对他们的健康产生负面影响，“健康移民效应”会慢慢消失，这是因为移民群体作为接收国经济和劳动力市场最弱势的群体，容易遭受社会经济不平等所带来的各种压力，他们一般通过酗酒和吸烟等方式排解压力，这使得他们相较于其他各阶层人口更容易增加患慢性病的风险，反过来也会增加移民接收国的慢性病诊疗负担。

三、地方病

从公共卫生角度来看，移民的原籍国是需要重点关注的因素，某些移民的原籍国存在着接收国不常见的地方病，最常见的是某些寄生虫疾病。移民流入国一般生活环境较好、公共卫生设施相对健全、较少昆虫媒介传播，所以此类疾病并不常见，同时相较于其他疾病，用于研究、治疗和根除这类疾病的机构、资金也相对匮乏，因此移民群体中的感染性疾病极易被忽视。同时由于某些寄生虫疾病具有自限性，寄生虫侵入宿主后需要在宿主体内经过一段生命周期发育才发生感染症状，因此被寄生的宿主在很长一段时间内保持无症状状态，直到多年后移居新的国家生活时才显示出疾病的迹象。比如由克氏锥虫导致的恰加斯病在拉丁美洲约有 1 000 万人被感染，尽管多数感染者目前仍处于无症状阶段，但一部分患者将逐步恶化为严重心肌病、心源性猝死、巨食道和巨结肠等危及生命的疾病。此外全球有 1 亿人通过接触受污染的土壤感染粪类圆线虫，宿主可以被感染并保持无症状状态数十年，但当宿主接受皮质类固醇等免疫抑制治疗，则可能发生过度感染综合征和播散性类圆线虫病，如果没有及时、正确的诊断和治疗，死亡率可能高达 100%。同时，当那些因为被疟原虫侵袭而导致疟疾的劳工移民迁入已根除疟疾的地区，通过输入性疟疾威胁本土民众安全，中东石油输出国曾经从印度、巴基斯坦和印度尼西亚等疟区吸收大批工人，导致输入性疟疾患者数目激增。20 世纪 70 年代末，泰国接纳了大批来自柬埔寨的难民，这些难民主要聚集于三个难民营，在这些难民营血检疟原虫阳性率分别达到 25%、49%和 4%，疟疾成为难民的主要死因，到美国申请庇护的两批柬埔寨人的感染率为 3. 4%和 1. 1%，这不仅对携带寄生虫疾病的移民人群构成了巨大的健康风险，并且对那些照顾服务感染人群的医疗提供者构成了挑战，极大地威胁移民接收国的公共卫生安全。

四、心理疾病

迁移会带来各类心理健康问题，造成各类心理疾病，如精神痛苦、抑郁、焦虑和创伤等一系列症状。对于那些自愿的、提前计划好的移民者来说，尽管到达新地方后会对今后的生活充满着无数向往，但是随着新奇感褪去，语言障碍、文化差异、人际交往等问题便逐渐显露，在迁移过程中在移居地所经受的与家人朋友的分离，以及融入新社会过程中可能遭受的剥削、歧视、仇外和性暴力、长期的巨大精神压力困扰等风险，都会加大移民群体罹患心理疾病的可能性。

而那些战争、冲突、不安全和自然灾害所引发的被迫迁移通常会对移民群体的身心健康带来更大的威胁。2016 年，WHO 欧洲区域内的一项综合研究显示，与普通人群抑郁症患病率 8%—12%的概率相比，难民的抑郁症患病率要更高，达到 5%—44%。庇护申请过程中时间的延长、贫困的社会经济条件、失业或与世隔绝、移民后的重新安置被证明与抑郁症的发展密切相关。难民群体中焦虑症的患病率为 88%，与普通人群 20. 3%的患病率存在很大差异。创伤后应激障碍（PTSD）作为一种特殊形式的焦虑症，在寻求庇护的难民与非正常移民间极其常见，这是因为这些不仅在原籍国，也在流离失所和移民的所有阶段都可能遭受各种创伤。暴露于压力和威胁经历中的难民 PTSD 的患病率范围很广，达到了 9%—36%，WHO 欧洲区对土耳其和瑞典的叙利亚移民进行的研究估计 PTSD 的患病率分别为 30%和 83%，女性患病风险较男性更高。移民的心理疾病会导致自杀、家庭暴力、社会暴力等惨剧，威胁着移民的健康与接收国的社会安定。

第三节 流动人口的健康风险

长期以来，我国处于城乡二元格局，城乡社会保障间存在着一定的差异，流动人口特别是乡村流入城市的人口在为各地经济社会发展作出贡献的时候，也承担着较大的健康风险。本节我们将从生理健康、心理健康和社会融合三方面讲述流动人口的健康风险。

一、生理健康

（一）传染病

高度流动是流动人口的主要特征，而流动使得流动人口作为传染源和传播途径造成了多数传染病的传播，高度流动的人群既是传染病的主要传染源也是重要的传播途径，我国流动人口目前的疾病谱依旧是以传染病为主。

流动人口的剧增和城市化步伐的加快，使人群流动疾病防控面临着传统传染病和新型传染病防治的双重挑战，《中国流动人口发展报告（2018）》数据指出26%的流动人口出现过至少一种传染病症状。流动人口存在着较大的被传染风险的第一个原因是由传染病的特征所决定的。流动人口常见的传染病往往都是通过空气、血液传播，如急性呼吸道传染病、病毒性肝炎，也有部分传染病是通过性传播途径和蚊媒传播途径传播，如艾滋病、痢疾等。流动人口存在较大的被传染风险的第二个原因是由流动人口的生活特征所决定的，流动人口尤其是农业流动人口进入城市后，收入较低而且生活节俭，居住的环境和平时的饮食营养都会存在一定的不足，加上其工作强度较大而且工作时间不规律，往往会造成机体营养不足、免疫力下降。与人口流动显著相关的传染病主要有以下几种。

1. 乙肝和丙肝

经血液传播的病毒性肝炎（如乙肝和丙肝）在流动人口中非常常见。其中一个原因是，农村地区实施免疫计划的步伐和落实较城市还是速度较慢，农村地区的乙肝疫苗的覆盖率还是较低的，而流入居住地后，流动人口的子女在接种常规乙肝疫苗也会比城市儿童存在较多的门槛。与乙肝相比，丙肝预防的任务更加艰巨，目前还没有有效的丙肝疫苗，而除了与输血等行为有关外，注射吸毒是丙肝的重要危险因素，而吸毒也是流动人口面临的社会问题之一。一项针对广东省的研究发现流动人口丙肝的患病率较高，而造成这一结果的主要因素是注射型毒品。

2. 麻疹

麻疹是由麻疹病毒引起的急性呼吸道传染病，其传染性极强，在人口密集的地区比较容易发生流行。但是，麻疹是一种疫苗可预防的空气传播性疾病，接种疫苗对防治麻疹作用显著。对于流动人口来讲，麻疹的主要高危人群是流动儿童，因此流动儿童的麻疹疫苗接种就十分重要。我国在实施计划免疫后，麻疹的发病率获得了很好的控制，已经基本消灭了麻疹大流行，但由于流动人口的增加，部分儿童存在未接种麻疹疫苗或者免疫失败的情形，这与流动儿童在流入地的医疗服务保障有关，特别是流入地出生的儿童，由于户籍等问题可能会较晚地获取高质量的疫苗服务，加上初次免疫之后随着年龄增长，免疫力会逐渐降低，流动儿童中会发生小规模的麻疹流行。

3. 流行性感冒

流行性感冒简称流感，是一种主要通过空气中飞沫传播、人与人接触、人与被污染的物体接触传播引起的急性呼吸道传染病。流感的潜伏期较短，虽然其暴发和流行一般发生在冬季，但是该病全年、全人群均可发病。人口的流动会增加流感病毒的传播，对于流动人口，流感对流动老年人和流动儿童的危害更大。近年发生过流行的是 2009 年的甲型 H1N1 流感，全球报告确诊死亡病例超过 1.8 万人。流感具有不可预见的特点，流行与否主要取决于病毒变异和人群免疫，人口的流动是流感病毒在人群传播的一种途径，免疫接种是流动人口健康管理的重点之一。此外，流感在我国南方和北方的流行特点也存在一定的差异，北方有明显的冬季和春季流行高峰特点，而在南方还会出现夏季流行高峰，因此跨省流动特别是涉及南北方流动人口存在较大的流感风险。

4. 结核病

流动人口的结核病患病率较高，卡介苗的接种率较低是结核病患病率较高的主要原因。流动人口往往经济状况较差，特别是城乡流动人口的居住条件较差，一旦感染结核病毒，发病的机会较高，而且有研究发现流动使结核病患者不规则治疗的可能性增大，这也成为流动人口结核病控制效果较差的主要原因。一项针对广州肺结核患者的调查结果显示，91.41%的流动人口肺结核患者有健康教育需求，流动人口肺结核患者抗结核治疗健康服务需求内容多样化。

5. 艾滋病等性传播疾病

性传播疾病在流动人口中是较为常见的疾病，尤其是艾滋病的大幅增加，已成为严重的公共卫生问题。各种通过性接触、类似性行为及间接接触传播的疾病，统称为性传播疾病。性行为是性传播疾病的主要传播方式，多性伴侣、无套性行为、商业性行为等高危性行为会增加性传播疾病的患病概率。联合国驻华机构在对中国实现千年发展目标的评估报告中指出，针对包括流动人口在内的较难覆盖人群的性传播疾病及其他传染病相关政策法规还需完善，在流动人口中预防性传播疾病以及其他传染病的问题十分重要。未婚流动人口、与配偶异地的已婚流动人口更有可能发生多伴侣、非保护的性行为以及商业性行为。以艾滋病为例，流动人口的艾滋病患病率呈现上升的趋势，2007 年流动人口病例占所有艾滋病患者的 12. 7%，2010 年上升到 20. 8%，《中国流动人口发展报告（2018）》数据显示，艾滋病等性传播疾病是流动人口传染病感染率最高的传染病。

流动人口和艾滋病等性传播疾病之间并不存在显著的因果关系，一般而言，流动人口性传播疾病高发只与个人行为有关，因此做好流动人口的生殖相关健康教育工作可以有效地防控青年流动人口艾滋病等性传播疾病的发生。青年流动人口在流入地的个人交往圈会更为宽泛，但由于城乡或者城城之间的生活风俗的差异，特别是中国地大物博，南北生活差异较大，青年流动人口对可能存在的健康风险缺乏认知，健康知识和健康行为较为欠缺，对于风险的防范意识和预防能力会因为异地的新鲜感而有所降低，因此感染艾滋病的风险更大。例如，以往文献所报告的流动人口艾滋病病例多为跨国流动或者跨省流动的农民和无业人员。

（二）生殖健康

流动人口特别是青年流动人口，往往处于最佳的生育年龄，因此，生殖健康问题是流动人口健康管理的重要部分。近年来，关于流动人口生殖健康相关研究逐渐增多，相关问题也引起了政府部门的重视，目前流动人口特别是城乡流动的青年流动人口生殖健康知识、意识和行为还存在较大的风险，青年流动人口的生殖健康风险仍需关注。一项针对三个直辖市流动人口生殖健康的调查显示仅 41. 76%的流动人口在最近一年内接受过生殖健康服务；另一项全国 6 个省份流动人口调查显示，43. 1%的女性流动人口打工以来有过一种或几种生殖道感染症状，其中仅有一半的人在发生感染后选择去医院检查。再比如有学者以 2015 年全国流动人口动态监测数据中北京市女性流动人口数据为基础，统计得出北京市女性流动人口仅有 20%以下的人享受过生殖健康相关服务。

流动人口生殖健康风险主要包括以下几点。一是未婚流动人口的避孕服务。目前我国已经免费提供避孕药具，无论是社区医院还是线上服务，都可以免费获得安全套。但流动人口特别是流动青年本人由于缺乏避孕知识，对现有的服务缺乏认识和了解，获得信息的渠道有限，再加上往往涉及隐私的问题他们更会倾向于回避，因此不安全性行为和意外怀孕等相关的生殖健康风险也会增加。二是人工流产。青年流动人口工作和家庭处于两地，往往还没有生育计划，不安全性行为和意外怀孕常常导致人工流产的结局，这一现象在未婚的青年女性流动人口中尤为严重。人工流产不仅对她们的健康产生危害，流产后相关照料的缺乏，更可能会危害其生殖系统健康。例如，人工流产后的女工，特别是未婚女工并不会享受相应的产假，更不会有带薪休假，在流产后往往会正常上班，而由于妇女对于流产这种隐私都羞于启齿，不重视流产后的休养和恢复，这都会造成健康风险。与人工流产相关的还有流动女性职工的正常福利和权益，如部分流动人口特别是流动女性职工的孕期保健和生殖健康权益还未能得到保障。三是围产期的保健服务。研究显示流动妇女的产前保健和产后服务与户籍地孕产妇女存在较大的差异，流动人口的孕产期保健服务知晓率低是主要原因。流动孕产妇女存在的问题主要是：妊娠后初次产检的时间较晚，建册孕周较晚，甚至不建册，产检依从性不好，产检次数较少，不按照规范产检。

但有相关研究也发现，农村流动人口进入城市后，健康行为和生殖健康服务的使用方面受到城市居民的影响，也在发生积极变化。例如，与农村的同龄人相比，流动妇女掌握更多的生殖健康知识，具有较强的保健意识，而且她们对孕期保健更为关注，在医院分娩的可能性更大。近几年政府相继出台了一系列针对流动人口的生殖健康/计划生育服务的新政策，流动人口应该重视自身生殖健康权益，积极学习相关知识，了解相应政策和服务，从而改善自身生殖健康状况。

（三）意外伤害

WHO将伤害定义为：由于能量（机械能、电能、化学能、热能、电离辐射等）突然或短暂地作用于人体，超过机体的耐受能力而导致的机体损伤，包括由于突然缺乏基本介质（如氧气）或热量而引起的损伤。伤害包括有意伤害和意外伤害两类。意外伤害是指无意识的、意料之外的突发事件造成的人体损伤。按照保险业的常见定义，意外伤害是指外来的、突发的、非本意的、非疾病的使身体受到伤害的客观事件。

按照国际疾病分类标准第10版（ICD-9E编码），意外伤害可以分为以下14种类别：坠落、交通伤害、碰撞伤害、切割伤害、烧伤烫伤、异物噎进开放部位受到的伤害、咬伤、碰击伤、挤压伤、砸伤、爆炸伤、中毒、触电、环境或自然因素造成的伤害。意外伤害导致的死亡率较高，后遗症较多，造成的损失巨大。

《中国伤害预防报告》显示，中国每年约有 2 亿人次发生各类伤害，因伤害死亡的人数达到 70 万人—75 万人（平均每天 2 000 人），每年因伤害而需要就医的人数约为 6 200 万人，占全年患病就诊人数的 4%。有关数据显示，我国伤害死亡率自 20 世纪 50 年代以来在死因构成中居第 9 位，到了 20 世纪 70 年代上升至第 7 位，如今我国伤害的死亡率更是飙升至第 4 位，其中，车祸成为导致我国男性和城市居民的意外伤害死亡的首位原因。同时，意外伤害死亡也是儿童死亡的首位死因，我国每年约有 7 万名儿童死于溺水、交通事故等意外伤害，意外死亡占儿童死亡率的 26.1%。20 世纪 80 年代以来，随着城市化、工业化、市场化、国际化进程的加快，中国市场经济的发展与人口流迁制度的改革促成了大规模持续的经济型人口流动。然而，由于外来务工人员文化程度较低、生活条件差、工作强度高、自我保护意识不强，已经成为意外伤害事故的高危人群。灾害事故和其他原因导致的意外伤害是一种多发的、死亡率和致残率很高的事件。相比常住居民，意外伤害对于外来流动人口而言威胁更大。对于 15—44 岁的外来流动人口来说，每 4 例外来人口死亡中就有 1 人死于意外伤害，意外伤害已成为他们的首位死因。

充分运用保险机制，能够完善流动人口保障制度，解除流动人口后顾之忧，发挥社会管理功能，运用市场机制加强流动人口管理。在为流动人口提供各类保险保障的同时，保险业发挥其在加强社会建设、创新社会管理中的功能，还可以辅助地方政府加强对流动人口的服务管理，保险业以第三方管理者身份介入流动人口风险管理，发挥专业优势，可以为流动人口提供安全意识教育、健康管理咨询、灾害事故应急等服务。而政府借助商业保险工具，把一些具体管理事务交给保险公司，通过市场化机制加强流动人口管理，不仅有效减轻了政府管理压力，还提高了政府的服务效率。

（四）职业风险

当前，中国已成为全球制造业第一大国，进入了工业化中期的后半段，从世界发达国家发展历程来看，职业健康问题是所有进入这一阶段的国家面临的共同难题，因此我国职业人群仍然面临职业健康威胁。因为职业健康检查覆盖率低和用工制度不完善等原因，职业病实际发病人数要远高于报告病例数，流动人口成为职业病影响的主要人群。

2018 年国家卫生健康委在七省市开展了流动人口职业健康专项调查，数据显示：第一，流动人口平均每周工作时长为 52.25 小时，高于 40 小时的法定标准，存在着工作超时过劳情况。第二，有 17.51%的被访者在工作环境中至少面临着一项职业病危害，首先是过量负重或长时间蹲、立位作业，其次是粉尘类和物理类职业健康危害，化学类和放射性物质类职业健康危害发生的比例相对较低。第三，在职业健康防护措施方面，针对化学类、粉尘类和物理类职业健康危害的防护措施相对比较完善，针对“过量负重或长时间蹲、立位作业”、放射性物质类职业健康的防护措施覆盖率相对较低。第四，从各类职业健康的防护措施来看，简单的防护（如戴口罩、手套）比例比较高，专业的防护（如穿戴工作服、防护眼镜等）比例较低。

针对流动人口职业健康问题，国家先后出台了《国务院关于进一步做好为农民工服务工作的意见》《关于加强农民工尘肺病防治工作的意见》《“健康中国 2030”规划纲要》等一系列政策文件，流动人口职业健康管理得到有力加强。2019 年 7 月，国家卫生健康委等十部门联合制定了《尘肺病防治攻坚行动方案》，重点解决尘肺病等职业病防治问题。流动人口职业健康专项调查结果表明，当前流动人口职业健康服务与管理工作还存在可改进空间。首先，政府相关职能仍需进一步调整，以进一步提高责任意识、完善职业病申报系统、更新相关业务知识、增加项目经费和人员支持、提高地方卫生健康部门职业健康监管能力。其次，一些企业，尤其是中小企业职业病防治还存在政策执行不到位、责任意识缺失等问题。最后，流动人口职业病鉴定维权也存在一定困难，流动人口职业健康素养有待提升。

二、心理健康

有研究发现相较于本地居民，流动人口在流入地的社会关系往往呈现社会网络规模小、紧密度高、同质性强、缺少和本地居民互动等特点。因此，流动人口相较于本地居民有着更差的心理健康状态，并面临更多的心理健康风险。全球范围的流行病学调查显示：流动人口精神分裂症的患病风险增加 1.7 倍，子代精神分裂症的患病风险增加 3.5 倍；心境障碍的患病风险提高 36%，其中抑郁障碍的患病率约为 15.6%，产后抑郁的患病率约为 12%，PTSD 的患病率约为 9%。社会融合与社会排斥也对流动人口的精神心理健康造成不利影响，在这种情况下，流动人口面对压力事件时更易出现焦虑、抑郁问题。

2017 年世界精神卫生日，我国专门开展了全国范围的“关注流动人口心理健康”活动。不仅围绕流动人口健康教育、国家公共卫生计生服务政策等对居民进行宣传，也能提高居民对计划生育基本国策和国家基本公共卫生计生服务等政策的知晓度，营造全社会关注关心流动人口健康的氛围，促进流动人口融合城镇生活。不仅如此，各地政府部门和相关机构也在逐步建立完善的精神卫生服务体系，制定并颁布相关政策并给出指导建议，设立专门针对流动人口和相关人员的心理健康服务机构，提供心理问题应对指导并开展有针对性的干预措施，以促进流动人口及相关人员心理健康水平的提升。而用人单位方面则更注重人文关怀，减少对流动人口的制度排斥，激发流动人口的工作能力和潜力，提高流动人口的归属感和价值感，来促进流动人口更好地被社会接纳。

（一）抑郁

抑郁是一种具有高患病率、高复发率、高致残率及高自杀率特点的严重精神疾病，在世界致残病因中排第 4 位。流动人口一般处在城市生活的边缘性地位，承受着对城市文化的适应问题，而且流动人口面临着沉重的家庭责任和工作压力，生活单调、与家人分离、劳动报酬不合理、工资拖欠，以及城市中部分人的歧视等因素，难免产生焦虑、抑郁等心理问题。由于流动人口文化水平不高、缺乏专业劳动技能，在城市中往往从事工资水平低、工作时间长、职业危险因素较高的工作，加之生活条件差、缺乏健康知识和技能，致使该人群成为抑郁的高风险人群。有研究表明，流动人口抑郁症状检出率显著高于户籍地人口，造成流动人口抑郁的主要因素是社会因素和负性生活事件。

新生代流动人口的抑郁患病率要更高，这与新生代流动人口的特征有关。新生代流动人口往往受教育程度高、接受新事物的能力强、有较远的人生职业规划和较强的维权意识。进城不再以追求经济目的为主，他们更多的是来学技术、见世面、历练自己，以逐渐融合城市。他们以积极主动的心态适应城市社区，并期待能在城市站稳脚跟，安家落户。但城乡二元结构和长期城乡分离的后遗症仍在发挥作用，影响着新生代流动人口的城市融合，使他们处于游离于城乡体系之外的尴尬情境中。由于文化背景的差异以及世俗的偏见，异地从业的青年流动人口往往难以融合到城市社会的主流文化中，他们都不同程度地存在着“边缘人”的身份认同危机。正是这种身份认同危机，让他们感受到更多的孤立、歧视或敌对，若走不出自我封闭的狭小空间，就可能会导致抑郁倾向。

抑郁和焦虑问题在老年流动人口中亦十分突出。老年人为支持儿女事业、照料孙辈，“候鸟式”离家漂到陌生城市。他们在异地他乡面临着社会服务保障落实难、文化差异甚至语言不通等问题。老年流动人口离开自己熟悉的环境来到陌生的城市，身份、心理认知带来社交行为的阻碍，可能会出现精神抑郁等同质化问题。此前就有数据显示，在老年群体患抑郁症的人群中，尤以老年流动人口，尤其是随迁老人居多。

除此之外，流动儿童的抑郁和焦虑问题同样不容忽视。在青少年时期，抑郁和焦虑是常见的和反复出现的疾病。由于流行病学研究中采用了不同的方法和不同的亚群，很难获得比较准确的数字。据估计，青少年抑郁的患病率约为17%，焦虑的患病率约为32%。自杀是中国儿童和青少年死亡的一个重要原因。心理健康问题的决定因素是多方面的。一个经常被提及的因素是竞争非常激烈的学术环境，一方面包括以说教式的教学方法和应试性的评价体系为基础的教育体系，另一方面是与父母期望有关的压力。流动儿童由于处于特殊的教育环境中，也有着较大的学业负担，在父母期望压力较大的情况下，很容易出现焦虑情绪从而产生抑郁症状。还有一个更重要的因素是家庭分离，尤其是与父母分离的流动儿童和留守儿童。多项研究认为，流动儿童和留守儿童更容易出现一系列心理健康障碍。同时，欺凌也是导致精神疾病的另一个因素。社交媒体的快速发展也可能影响到儿童的健康，网络欺凌比传统欺凌危害更大。

（二）自杀

自杀是指个体在长期而复杂的心理活动作用下，蓄意或自愿采取各种手段来结束自己生命的危险行为。自杀是一种复杂的社会现象，自杀情绪是具有传染性的，是对正在解体的社会的反应。当负面事件不断地削弱一个人生存的能力、信心时，自杀率将明显增高。

目前针对流动人口自杀的研究不多，且研究对象较为集中，多为年轻女性流动人口，应当引起重视。一项针对年轻女性流动人口的研究显示10.9%和2.3%的女性流动人口有自杀意图和自杀尝试。一项以上海外来女工为研究对象的研究发现负性情绪和心理问题都是外来务工人员群体自杀意念产生的危险因素。外来女工受制度因素、个人因素、环境及职业有害因素等限制，生殖健康状态较差，容易发生非意愿妊娠、反复人工流产和生殖系统疾病。多项研究证实，人工流产与随后精神障碍和自杀行为的风险增加有关。外来女工普遍存在焦虑、抑郁、孤独、敌对、人际关系敏感等心理问题，未婚女工的心理状态明显差于已婚女工。危险行为、心理健康问题、社会支持缺乏、生殖健康危险行为等都是影响外来未婚女工群体自杀意念产生的重要因素，特别是心理健康问题和社会支持的缺乏。应提高其生殖健康水平，促进其与本地居民的融合，以减少心理健康问题，并应建立全面的自杀预防干预体系。还需要关注的一个群体是青少年流动人口，目前青少年自杀率逐步升高，应该关注由于流动引起的留守儿童和流动青少年的心理健康问题，帮助其树立健康的人生观和价值观。

三、社会融合

在前文中，我们说到“健康不仅为疾病或羸弱之逐渐消除，而且是身体、精神、环境与社会的相对适应状态”，能否融入社会也是一个人健康状态的重要表现。流动人口的社会融合是与人口城市化相伴相生的问题，是我国人口与社会发展的大趋势。流动人口的新常态是“流动人口不流动”，其稳定性增强，表现在举家流动的比例上升、在流入地居留时间延长、新生代流动人口融合城市社会的愿望更加迫切等。下面简单介绍五种常见的流动人口社会融合理论，帮助我们理解流动人口的社会融合问题。

（一）城乡二元论

数据显示，超过八成的流动人口属于城乡流动，城乡二元结构是流动人口社会融合问题的根源，我国户籍制度将人口划分为农村居民和非农居民（主要指城镇居民），城镇居民享受当地福利政策，而农村居民则被排斥在保障之外。这一制度导致了大多数的农村流动人口即便在城市工作多年，但依然保留“外地人”身份，难以真正融合当地，享受当地居民的福利保障。

（二）再社会化理论

再社会化指原来的社会状态发生变化，原有的知识、技能、生活方式不再适用，需要重新认识社会状态和学习新的行为规范等适应新社会的过程。对流动人口而言，他们在老家完成的社会化成果往往难以适应流入地，需要重新学习，经历再社会化改造，才能缩小与当地居民文化、价值观和行为规范等方面的差距。一般而言，当地人是主导饮食、语言、文化、行为习惯的局内人，而流动人口是被动接受当地文化习惯的局外人，因此，流动人口需要通过再社会化过程逐渐成为局内人，再社会化的成败直接决定了流动人口的社会融合状况。

（三）污名化标签

流动人口容易受到歧视，部分当地人具有排外特征，通常给外地人冠名“乡里人”“低素质群体”“高犯罪人群”等污名，在部分当地人眼中，会将流动人口看作“另类”。在各种社会交往和文化活动中，流动人口经常会被排斥在外。污名化标签无疑将加大流动人口融合当地的难度，也会导致流动人口越来越边缘化，走上一条“逆市民化”或“与市隔绝”的道路。

（四）资本差异

社会学理论将资本划分为经济资本、社会资本和文化资本。对于流动人口而言，他们的工资收入相对较低，收入来源较为单一，文化程度较低，很难建立高水平的社交网络，这些资源的贫乏将导致流动人口难以真正融合当地，因为资本的差异，将进一步增强“圈子文化”两极分化，将流动人口的资本水平固化在低水平层次。

（五）漂流理论

一般而言，流动人口大多属于漂流群体，在相对发达的地区打工挣钱，晚年回到家乡生活。相对而言，流动人口在流入地属于底层群体，但回到家乡可能是“精英”群体。在这种地位的反差下，其自尊和社会认同感在家乡更容易实现，因此，在一定程度上，身份差距挫伤了流动人口融合当地的信心，促使其更倾向家乡。

第四节　促进流动人口健康

一、流动人口获得基本医疗卫生服务的阻碍

流动人口常常有着更高的健康风险，为流动人口提供必要的卫生服务和保障成为流入地面临的一大难题。流动人口作为基本公共卫生服务的重点人群，由于其流动性大、远离户籍地、居住不稳定等特点，在流入地缺乏社会保障及社会支持，使得其利用基本公共卫生服务受到一定限制，极

易遭受传染病、心理疾病等健康威胁，给基本公共卫生工作带来很大难度。现阶段我国流动人口的基本公共卫生服务可及性较低，这需要提供稳固的社会支持，如制定并落实保障流动人口健康权益的法律法规，帮助流动人口解决最基础的就业、住房等现实问题，深入了解流动人口的经济状况和家庭负担，并监测流动人口公共卫生服务利用情况，从而更好地落实和完善流动人口基本公共卫生服务项目。

“不让任何人掉队”是联合国可持续发展目标的号召与重要组成因素，在国家范围之内实现全民医疗覆盖是每个国家追求实现可持续发展的路径。尽管目前许多国家将公平获得医疗卫生服务视为一项奋斗目标，但是流动人口常常被排除在那些旨在支持全民健康的规划和政策干预外。这种不平等不仅影响到流动人和收容社区的福祉，而且破坏预防、治疗和消除艾滋病、结核病、疟疾和流感等全球卫生目标的实现。阻碍流动人口获得基本医疗卫生服务的因素包括语言、行政与法律、歧视与侮辱等，具体影响机制如下。

（一）语言障碍

已有大量证据系统性地证实了语言障碍和低读写能力与移民身心健康的相关关系。加拿大统计局曾经针对2000—2001年间移民至该国的2.1万名移民进行了为期4年的跟踪调查，这份加拿大第一个研究官方语言能力与移民健康关系的调查结果表明，移民的外语能力与他们健康之间的关系非常紧密，移民掌握加拿大官方语言（英语或法语）的程度对其健康状况产生重要影响。其中的作用机制如下：语言能力可以影响投入健康生产中的关键要素起作用（间接影响），例如就业、职业选择、工资和社会融合等，熟练掌握官方语言有益于改善移民的社会生活和经济状况，从而为他们保持健康提供必要基础条件；语言能力能够直接影响健康生产率，效率的提高需要与医疗保健系统进行互动的能力，包括与医疗保健人员的直接沟通，访问和处理卫生杂志、小册子或公共信息活动中提供的健康信息。健康信息的数量和质量的缺乏可能会影响到沟通水平较弱的移民的健康状况，存在交流和语言障碍会对疾病诊断、医院门诊和住院流程、药物治疗、医学追踪以及移民患者对治疗方案的认可等产生消极影响。

（二）行政与法律障碍

以美国为例，美国移民尤其是无证移民，在获得医疗保健方面面临着巨大的法律障碍。美国议会通过的《冠状病毒援助、救济和经济保障

（CARES）法案》以应对新冠疫情对民众的影响，但是这项法案并没有为数百万无证移民提供任何社会安全网支持。许多无证移民家庭依旧生活困苦、没有医疗保险的保护，同时该国的无证移民和最近获得授权的移民也没有资格参加联邦政府资助的公共保险计划。这种不平等的现况扩展到大多数国家资助的项目，例如，大多数州不向非法移民提供任何医疗补助，近一半的州不向最近移民的合法永久居民子女提供福利，几乎所有州都不向非法移民子女提供任何公共健康保险福利。在新冠疫情蔓延期间，出于被驱逐出境的恐惧，同时囿于经济贫困、缺乏医疗保障的移民或非正规移民不太可能主动接受病毒检测、体检或治疗，这不单单会影响移民个人的身体健康，甚至可能使美国本土出生的公民也面临更大的感染风险。此外，许多来自墨西哥的移民依靠墨西哥提供的医疗服务，疫情防控期间美国提升疫情防控等级，要求美墨边境实行非必要禁止旅行政策，这导致更多的移民被迫依赖美国急诊室进行可预防的护理，对美国的医疗保健系统构成挑战，从而进一步限制急诊室处理新冠大流行的能力。

（三）歧视和侮辱

对移民群体的歧视由来已久，19 世纪中期以前，绝大多数美国民众肯定移民群体的贡献，主张广泛吸收、同化国外移民。但是随着越来越多的国外移民涌入美国，美国民众对移民带来的潜在危险存在不同程度的担忧，并导致排外主义情绪不断发展。1892 年的霍乱疫情加速了排外主义扩张，美国社会针对外来移民的态度由此急转直下，从主张广泛吸纳走向严格限制，制造外来移民的污名，将后者塑造成霍乱传播者的形象，进而达到制定限制外来移民政策的目的。面对新冠疫情全球大流行，美国颁布了新移民禁令，可见排外情绪从未在移民接收国社会消失。对移民的排挤、歧视会严重阻碍民众获得基本医疗卫生服务，在欧盟医疗体系内，无论患者是否合法居留，都有接受诊疗服务的权利。但 WHO 曾发布的关于西班牙就医状况调研报告显示，西班牙移民就医受到歧视的案件有所增加，很多移民因为没有合法居留，曾遭遇医院或医疗中心拒绝看诊的情况。一些没有工作甚至无法支付分娩基本费用的移民母亲，也遭遇过医院不给孩子开出生证明的待遇。尽管在西班牙的法律上，所有孕妇和未满 18 岁的未成年人可以免费享有所有基本医疗服务，但实际情况是该国依然有很多移民患者遭受着各种歧视，因为在西班牙裁减医疗系统补贴之后，捉襟见肘的医院、收入受损的医生会排斥给没交纳社会保险的移民看病的“义务性”

医疗工作。

二、我国流动人口健康教育与健康促进的方针

流动人口主要卫生问题的变化与我国社会经济的发展以及卫生革命的变迁息息相关，不同时期的政策所关注与要解决的问题不同，根据不同时期卫生发展的特点，我国流动人口卫生政策的演变大致呈现了三个方面的发展。

（一）以计生工作为重点的流动人口健康管理

改革开放后，我国经济发展取得了巨大的突破，到 20 世纪 90 年代，我国逐步呈现地区贫富两极分化，流动人口逐渐增长，其卫生计生问题日益突出。1998 年，我国制定了《流动人口计划生育工作管理办法》并于 1999 年 1 月 1 日起正式实施，目的在于加强流动人口计划生育管理工作，维护流动人口的合法权益，有效地控制人口增长。2001 年，我国出台了《中华人民共和国人口与计划生育法》，该法规定了流动人口的计划生育工作由其户籍所在地和现居住地共同管理，并且现居住地政府负主要责任。该法的实施对流动人口计划生育工作的落实进一步提供了有力的保障。2003 年，我国颁布《流动人口计划生育管理和服务工作若干规定》，进一步对流动人口计划生育管理进行明确的规定。随着我国社会经济的快速发展，流动人口计划生育工作发生了一些变化，计划生育相关政策不断完善并基本得到人民群众的理解，而且不断发展的信息技术为流动人口计划生育工作提供了有效的技术支持。为进一步完善流动人口计划生育制度，为新形势下的流动人口计划生育工作提供制度保障，2009 年，我国公布《流动人口计划生育工作条例》，要求加强流动人口计划生育工作管理能力和服务能力，维护流动人口的合法权益，稳定低生育水平。这一阶段的流动人口卫生政策的制定与我国计划生育的基本国策息息相关，一系列的办法与条例有效地解决了流动人口在现居住地难以享受与户籍人口同等的计划生育服务、相关权益得不到保障的问题，明确了流动人口在现居住地享有的计划生育服务和奖励优待的权益。

（二）以综合性的卫生管理为重点的流动人口健康管理

随着社会经济的发展，我国开始对流动人口进行全面性的管理。2003 年，卫生部印发的《增补叶酸预防神经管缺陷项目管理方案》和《重性精神疾病管理治疗工作规范》中都提到要将流动人口作为重要的预防管理目

标人群。同年国务院颁布《国务院办公厅关于做好农民进城务工就业管理和服务工作的通知》，提出要切实解决农民工进城后的传染病防控、职业健康和社会保障等问题，要切实关注流动人口中妇女儿童权益保护和卫生健康保健服务。2011 年，《中华人民共和国社会保险法》正式施行，该法对流动人口养老、医疗、工伤等保障作出了明确规定，并对用人单位和相关政府部门的职责作出规范。值得关注的是，该法规定个人跨统筹地区就业的，其基本医疗保险关系随本人转移，缴费年限累计计算。同时规定：灵活就业人员可以参加职工基本医疗保险，由个人按照国家规定缴纳基本医疗保险费。此外，先行支付制度在这部法律中得以明确，长期以来，受到意外伤害的流动就业者由于第三人不支付医疗费或者无法确定第三人而无钱及时治病，这一规定解决了难题，保障了流动就业者能够及时就医。另外陆续颁布的《国务院关于解决农民工问题的若干意见》《国务院办公厅关于切实做好当前农民工工作的通知》等政策文件中，对我国流动人口的卫生管理工作都作出了相应的规范。

（三）由管理向服务转变，以公共卫生服务均等化为重点的流动人口健康服务

随着城镇化进程的推进，我国对流动人口的健康促进政策由管理开始向服务转化，政策制定的目标开始变为以流动人口的卫生需求为导向。2010 年，卫生部发布《关于创新流动人口服务管理体制推进流动人口计划生育基本公共服务均等化的指导意见》，政府逐步开始关注流动人口健康促进相关服务均等化。在公共服务均等化趋势的背景下，2012 年，卫生部颁布《中国慢性病防治工作规划（2012—2015 年）》，提出慢性病防控要关注弱势群体和流动人口，提高慢性病防治的可及性、公平性和防治效果。2013 年，《国家卫生计生委流动人口卫生和计划生育基本公共服务均等化试点工作》发布，开始逐步建立健全符合国情、全面覆盖、可持续发展的流动人口卫生计生基本公共服务制度。2016 年，国家卫生计生委主办全国流动人口健康促进宣传周活动，会议上提出流动人口中儿童预防接种、传染病防控、孕产妇和儿童保健、健康档案、计划生育和健康教育等六类基本公共服务将得到优先落实，目标是使上述人群对基本公共卫生服务项目的知晓率达到 90%。2016 年，国家卫生计生委发布《流动人口健康教育和促进行动计划（2016—2020 年）》。要求有效开展流动人口健康教育工作，提高流动人口健康素养与健康水平。2017 年，国家卫生计生委研究

编制了《“十三五”全国流动人口卫生计生服务管理规划》，从改革管理服务制度等五个方面促进流动人口基本公共卫生计生服务的建立。

通过多项卫生政策实施及多年的努力，我国流动人口在健康档案、健康教育、儿童预防接种、传染病防控、孕产妇和儿童保健、计划生育等六项基本公共服务中取得了较大的发展，并且在流动人口服务管理新机制与统筹考虑流动人口的需求、健全基本公共服务网络体系上都有所建树。

参考文献

[1] 陈安，陈樱花. 病毒、传染病与人类［M］. 上海：上海科学技术出版社，2021.
[2] 董健，钱睿哲. 医学导论［M］. 上海：复旦大学出版社，2020.
[3] 傅华. 预防医学［M］. 7版. 北京：人民卫生出版社，2018.
[4] 高晞. 医学与历史［M］. 上海：复旦大学出版社，2020.
[5] 和红，杜本峰，齐亚强，等. 多学科视角下中国健康发展前沿［M］. 北京：社会科学文献出版社，2021.
[6] 和红. 社会医学［M］. 北京：国家开放大学出版社，2022.
[7] 和红. 中国人口健康问题［M］. 北京：社会科学文献出版社，2020.
[8] 蒋正华，米红. 人口安全［M］. 杭州：浙江大学出版社，2008.
[9] 跨世纪的中国人口全国卷编委会. 跨世纪的中国人口［M］. 北京：中国统计出版社，1994.
[10] 李鲁. 中华医学百科全书·社会医学［M］. 北京：中国协和医科大学出版社，2018.
[11] 李太生. 中华医学百科全书·感染性疾病学［M］. 北京：中国协和医科大学出版社，2019.
[12] 梁晓春，孙华. 中医学［M］. 北京：中国协和医科大学出版社，2019.
[13] 王琦. 中医健康三论［M］. 北京：中国中医药出版社，2012.
[14] 王旭东，孟庆龙. 世界瘟疫史：疾病流行、应对措施及其对人类社会的影响［M］. 北京：中国社会科学出版社，2005.
[15] 威廉·麦克尼尔. 瘟疫与人类：传染病对人类历史的冲击［M］. 余新忠，毕会成，译. 北京：中信出版社，2018.
[16] 吴群红. 医学人口学［M］. 北京：人民卫生出版社，2011.
[17] 肖子曾，宋炜熙. 亚健康学概论［M］. 北京：中国中医药出版社，2019.
[18] 徐云，王慧. 自闭症儿童的疾病负担与社会保障［M］. 北京：科学出版社，2018.

[19] 约书亚·S. 卢米斯．传染病与人类历史［M］．北京：社会科学文献出版社，2021.
[20] 张勰，吴阳贵．人口素质评价与生殖健康管理研究［M］．西安：西安交通大学出版社，2017.
[21] 张玉龙．疾病的价值［M］．桂林：广西师范大学出版社，2014.
[22] 中华中医药学会．亚健康中医临床指南［M］．北京：中国中医药出版社，2006.
[23] 陈昊阳．我国重大传染病态势及对国家人口安全影响的研究［D］．重庆：第三军医大学，2007.
[24] 程杨杨．我国老年人慢性病共病与认知功能、身体功能、死亡关联分析及防控策略研究［D］．天津：天津医科大学，2020.
[25] 郝树豪．论希波克拉底的健康观念［D］．西安：陕西师范大学，2017.
[26] 蒋正顺．基于婚姻家庭观念下独龙族人口安全问题研究［D］．昆明：云南师范大学，2018.
[27] 刘丹．中国的人口健康及健康转变研究［D］．保定：河北大学，2011.
[28] 申晓伟．古代中医病证分类研究［D］．北京：中国中医科学院，2014.
[29] 苏敏艳．我国城乡居民健康不平等及分解研究［D］．南京：南京中医药大学，2021.
[30] 王恒．中国城市人口安全问题研究［D］．成都：西南财经大学，2013.
[31] 蔡敏，谢学勤，吴士勇．我国老年人口健康状况及卫生服务利用［J］．中国卫生信息管理杂志，2021，18（1）：27-34，49.
[32] 曹坤梓，丁成日．新冠疫情是否改变城镇化进程和城市发展模式？［J］．城市规划，2022，46（3）：37-44.
[33] 陈海平，陈丽峰，陆锁兴，等．2005—2020 年全国法定传染病发病情况分析［J］．中国城乡企业卫生，2021，36（8）：111-115.
[34] 陈红艳，喻忠磊，张华．中国国际人口迁移的空间格局及影响因素［J］．人口与发展，2016，22（6）：12-24.
[35] 陈俊升，陈代杰，路慧丽．传染病背后的科学——从“N 个第一”

的诞生到传染病的防治 [J]. 中国抗生素杂志，2020，45（4）：315-346.

[36] 陈中永. 健康要素的六角模型探索 [J]. 内蒙古师范大学学报（自然科学汉文版），2022，51（1）：1-6.

[37] 程梦瑶，段成荣. 迁徙中国形态得到进一步确认 [J]. 人口研究，2021，45（3）：75-81.

[38] 程梦瑶. 中国流动人口的迁移转变与多元化发展 [J]. 兰州学刊，2021（7）：120-132.

[39] 杜鹏. 中国人口老龄化主要影响因素的量化分析 [J]. 中国人口科学，1992（6）：18-24.

[40] 樊为，吴薇莉. 不同文化程度父母的教养方式对大学生心理健康的影响及对策 [J]. 西南民族大学学报（人文社会科学版），2011，32（S3）：233-235.

[41] 方必基，刘彩霞. 2011—2020 年中国儿童肥胖研究的文献计量学分析 [J]. 现代预防医学，2022，49（11）：1992-1998.

[42] 高瑗，原新. 老龄化背景下中老年人口的健康转变模式特征及其应对 [J]. 河北学刊，2018，38（3）：170-175.

[43] 耿修林. 1990—2008 年我国人口素质变化的实证分析 [J]. 江苏大学学报（社会科学版），2011，13（4）：84-88.

[44] 郭静，郭宇濛，朱琳，等. 中国流动人口传染病健康素养具备情况及其影响因素分析 [J]. 中国公共卫生，2021，37（2）：209-213.

[45] 郭冉，王俊. 世界人口发展趋势和人口转变——理论与现实 [J]. 人口与社会，2019，35（3）：52-63.

[46] 郭秀云. 人口安全研究述评及思考 [J]. 西北人口，2009，30（1）：1-6.

[47] 郭玉玮. 土耳其对外援助：现状与挑战 [J]. 国际经济合作，2013（11）：84-89.

[48] 国务院新闻办公室. 中国居民营养与慢性病状况报告（2020 年）[J]. 营养学报，2020，42（6）：521.

[49] 韩毅初，温恒福，程淑华，等. 流动儿童歧视知觉与心理健康关系的元分析 [J]. 心理学报，2020，52（11）：1313-1326.

[50] 郝晓敏. 出生人口性别比升高的原因及对策 [J]. 河南社会科学，

2009, 17 (6): 190-192.
[51] 何林熹, 魏琴, 杨翠花, 等.《内经》“平人”特征的探讨 [J]. 中医药临床杂志, 2016, 28 (5): 604-606.
[52] 何姗, 伍颖, 陈欣, 等. 中国儿童意外伤害的研究进展及展望 [J]. 中国妇幼保健, 2022, 37 (8): 1543-1546.
[53] 何鹰翔, 谢叶寿. 体医融合视域下我国儿童肥胖成因与治理路径探索 [J]. 皖西学院学报, 2022, 38 (2): 147-150.
[54] 和红, 曹桂, 沈慧, 等. 健康移民效应的实证研究——青年流动人口健康状况的变化趋势及影响因素 [J]. 中国卫生政策研究, 2018, 11 (2): 1-9.
[55] 和红. 从不同维度解读大健康 [J]. 人口与计划生育, 2016 (10): 27-28.
[56] 贺丹. 人口安全视角下的公共卫生和疾病防控 [J]. 人口与健康, 2020 (3): 6-7.
[57] 黄丹. 中国女性青少年未婚怀孕的研究综述 [J]. 当代青年研究, 2016 (2): 105-108.
[58] 黄国桂, 刘尚君, 林是琪, 等. 新冠疫情与世界人口死亡率变动——基于 27 国人口平均预期寿命的分析 [J]. 人口与经济, 2022 (4):15-29.
[59] H. B. 戈罗什科, E. K. 叶梅利亚诺娃, C. B. 帕察拉, 等. 人口老龄化条件下的健康预期寿命——新冠肺炎疫情时代的全球趋势 [J]. 社会科学战线, 2022 (2): 210-217.
[60] 李鸿斌, 顾建明, 丁晓莉, 等. 20 世纪 80 年代中国婴儿死亡率的调整与校正 [J]. 中国卫生统计, 2015, 32 (3): 482-485.
[61] 李建民. 人口发展与人的发展——关于人口发展问题的几点思考 [J]. 人口与计划生育, 2005 (11): 17-18.
[62] 李建伟, 周灵灵. 中国人口政策与人口结构及其未来发展趋势 [J]. 经济学动态, 2018 (12): 17-36.
[63] 李竞能. 论现代化人口素质的基本内涵 [J]. 中国人口科学, 2000 (1): 56-58.
[64] 李茜瑶, 周莹, 黄辉, 等. 疾病负担研究进展 [J]. 中国公共卫生, 2018, 34 (5): 777-780.

[65] 李青原．教育对健康的分布处理效应——基于断点回归设计［J］．教育与经济，2022，38（3）：87-96.
[66] 李树茁，孟阳．改革开放40年：中国人口性别失衡治理的成就与挑战［J］．西安交通大学学报（社会科学版），2018，38（6）：57-67.
[67] 李涌平，韩丽媛．流行病学转变视角下中国死亡水平及死因构成分析：2009—2013［J］．人口与发展，2016，22（3）：36-42+12.
[68] 廖智柳，王德文．老年流动人口心理健康教育现状及其影响因素分析［J］．中国公共卫生，2022，38（7）：922-927.
[69] 林宝．从七普数据看中国人口发展趋势［J］．人民论坛，2021（15）：56-59.
[70] 林盛中，曲秀琴．人口安全在人与自然和谐发展中的作用［J］．人口与计划生育，2004（6）：4-6.
[71] 刘德鑫，林俊山，张金铭．人口安全的定义、内涵与影响因素［J］．人口学刊，2005（5）：5-9.
[72] 刘鸿雁，汝小美，丁峰．流动人口的生殖健康服务［J］．人口研究，2004（5）：92-96.
[73] 刘厚莲．世界和中国人口老龄化发展态势［J］．老龄科学研究，2021，9（12）：1-16.
[74] 刘家强，唐代盛．关于人口安全的几点理论思考［J］．人口研究，2005（3）：49-53.
[75] 刘亮，高汉，章元．流动人口心理健康及影响因素——基于社区融合视角［J］．复旦学报（社会科学版），2018，60（4）：158-166.
[76] 刘爽．对中国人口转变的再思考［J］．人口研究，2010，34（1）：86-94.
[77] 刘晓曦，扆运杰，冯羿凯，等．中国妊娠期贫血流行状况分析［J］．中国生育健康杂志，2021，32（3）：210-215.
[78] 刘媛，熊柴．全球人口变局、影响及中国应对［J］．经济学家，2022（1）：26-35.
[79] 浏阳市卫生计生局．建设亚健康关爱基地 促进企业流动人口身心健康［J］．人口与计划生育，2017（5）：37-38.
[80] M. Г. 科洛斯尼岑娜，T. B. 科斯索娃，M. A. 舍卢恩措娃，等．预期寿命增长的影响因素：世界各国聚类分析［J］．社会科学战线，

2021（10）：212-225.

[81] 陆杰华，林嘉琪．高流动性迁徙的区域性特征、主要挑战及其战略应对——基于“七普”数据的分析［J］．中共福建省委党校（福建行政学院）学报，2021（6）：4-14.

[82] 陆杰华，林嘉琪．中国人口新国情的特征、影响及应对方略——基于“七普”数据分析［J］．中国特色社会主义研究，2021（3）：57-67.

[83] 陆杰华，傅崇辉．关于我国人口安全问题的理论思考［J］．人口研究，2004（3）：11-15.

[84] 马亚楠，郭嘉，胡嘉晋，等．国外慢性病管理模式研究进展及启示［J］．中国医科大学学报，2021，50（12）：1134-1137.

[85] 米红，李骅．重议人口安全：安全化的视角［J］．浙江大学学报（人文社会科学版），2016，46（2）：136-146.

[86] 苗丝雨，肖扬．社会融合和归属感对流动人口心理健康的影响研究——基于2014年全国流动人口动态监测数据［J］．社会发展研究，2020，7（2）：110-127+244.

[87] 倪红梅，何裕民，吴艳萍，等．中西方健康概念演变史的探析及启示［J］．南京中医药大学学报（社会科学版），2014，15（2）：79-83.

[88] 宁蔚夏．推进人类健康进程的三次卫生革命［J］．生命世界，2013（2）：74-77.

[89] 庞丽华．国际人口迁移的概念和测量——兼论中国国际人口迁移趋势［J］．人口与发展，2018，24（1）：54-63.

[90] 齐亚强，牛建林，威廉·梅森，等．我国人口流动中的健康选择机制研究［J］．人口研究，2012，36（1）：102-112.

[91] 秦生．世界人口安全问题综述［J］．国际资料信息，2003（12）：34-39.

[92] 邱仁宗．关于健康的医学定义与社会定义［J］．医学与哲学，1984（1）：7-10.

[93] 任静林，李红娟．1998—2018年我国居民慢性病患病率趋势与人群差异分析［J］．卫生经济研究，2022，39（6）：30-33.

[94] 沈阳，刘宇超．如何正确看待我国的人口变化［J］．党课参考，2021（12）：47-63.

[95] 石呈，陈旭鹏，汪娜，等．2014—2019年南京市不同文化程度人群

健康素养水平变化趋势分析［J］. 江苏预防医学，2021，32（6）：771-773+776.

［96］石郑. 流动人口健康自评状况及影响因素分析［J］. 江汉学术，2020，39（2）：17-28.

［97］史桂芬，李真，黄少含. 人口迁移、人口素质红利与经济增长［J］. 统计与决策，2022，38（14）：65-69.

［98］史习，盛晓明. 客观主义疾病观之殇——论生物医学视野下的功能概念［J］. 自然辩证法通讯，2016，38（3）：137-143.

［99］宋新明. 流行病学转变——人口变化的流行病学理论的形成和发展［J］. 人口研究，2003（6）：52-58.

［100］宋月萍，李龙. 新生代农民工婚恋及生殖健康问题探析［J］. 中州学刊，2015（1）：79-83.

［101］汤冰焱，范文雄，钱昆. 突发公共卫生事件中社会工作儿童服务的现状与思考——以新型冠状病毒肺炎的干预防治为例［J］. 卫生软科学，2021，35（1）：91-93.

［102］汤伟. 2030年可持续发展议程与全球卫生治理的转型［J］. 国际展望，2016，8（2）：94-112+155-156.

［103］唐钧，李军. 健康社会学视角下的整体健康观和健康管理［J］. 中国社会科学，2019（8）：130-148.

［104］唐升，孙皓. 城乡居民消费结构转型升级：趋同特征与演化路径［J］. 中国软科学，2022（3）：141-153.

［105］陶庄，杨功焕. 环境因子对人群健康影响的测量与评估方法［J］. 环境与健康杂志，2010，27（4）：342-346.

［106］王晖，刘鸿雁. 关于青年流动人口性与生殖健康政策的若干思考［J］. 人口与发展，2010，16（3）：35-37.

［107］王珏. 移民和旅游者与疟疾［J］. 国外医学（寄生虫病分册），1990（4）：164-165.

［108］王亚飞. 新时代中国人口老龄化面临的挑战、机遇及对策研究［J］. 商展经济，2022（8）：124-126.

［109］王志芳，陈婧嫣，张海滨. 全球环境与卫生的关联性：科学认知的深化［J］. 中国卫生政策研究，2015，8（7）：1-7.

［110］魏强，苏寒云，吕静，等. 家庭规模、社会支持、健康状况对农村

老年女性主观幸福感的影响研究［J］. 西北人口，2020，41（5）：106-115.
［111］吴丽丽，段成荣．中国流动人口性和生殖健康公共服务政策分析［J］. 人口与经济，2009（3）：24-29.
［112］武俊青，于传宁，李玉艳，等．流动人口生殖健康服务满意度影响因素分析［J］. 中国公共卫生，2016，32（8）：1037-1041.
［113］夏海勇．“人口素质综合指数”的构造设想与评价［J］. 人口学刊，1992（4）：1-6.
［114］闫希军，吴廼峰，闫凯境，等．大健康与大健康观［J］. 医学与哲学，2017，38（5）：9-12.
［115］杨世箐，周炎炎．人口素质测评指标体系的构建及应用［J］. 统计与决策，2016（12）：74-76.
［116］杨爽，张蕾．社会流行病学与人口学的交叉研究进展［J］. 人口与发展，2010，16（1）：79-84，91.
［117］杨天潼，尤萌．国际疾病分类（ICD）的发展史［J］. 证据科学，2014（5）：622-631.
［118］杨维中，贾萌萌．中国消除传染病的历史进程与展望［J］. 中华流行病学杂志，2021，42（11）：1907-1911.
［119］杨维中．中国传染病防治 70 年成效显著［J］. 中华流行病学杂志，2019，40（12）：1493-1498.
［120］杨文庄，于学军，李小平，等．专家笔会：人口安全纵横谈［J］. 人口与计划生育，2004（2）：19-26.
［121］姚远，王高玲．社会管理视角下慢病管理体系的重构［J］. 中国卫生事业管理，2017，34（2）：157-160.
［122］尹德挺，石万里．新中国成立 70 年来我国人口素质变迁［J］. 人口与健康，2019（10）：31-36.
［123］尹建华，BALOCH Zulqarnain，夏雪山．中国 30 年来新发病毒性传染病与病毒溯源综述［J］. 昆明理工大学学报（自然科学版），2021，46（4）：86-93.
［124］袁佳乐．流动儿童心理健康教育现状与对策［J］. 齐齐哈尔师范高等专科学校学报，2020（5）：8-9. DOI：10. 16322/j. cnki. 23-1534/z. 2020. 05. 003.

[125] 原新，张圣健．灾难事件对生育率的影响：历史经验与现实思考［J］．人口研究，2022，46（1）：70-81.
[126] 翟振武，明艳．定义“人口安全”［J］．人口研究，2005（3）：40-43.
[127] 张翠玲，李月，杨文庄，等．新冠肺炎疫情对中国出生人口变动的影响［J］．人口研究，2021，45（3）：88-96.
[128] 张大庆．医学思想史札记之二：西方近代疾病观念的变革［J］．医学与哲学，2010，31（7）：68-69.
[129] 张维庆．坚持以人为本全面建设小康社会——在“人口、社会与SARS”学术研讨会上的报告［J］．人口研究，2003（4）：2-5.
[130] 张悦，郭海强．1991—2017年我国妇幼保健主要统计指标趋势分析［J］．中国卫生统计，2019，36（5）：642-643.
[131] 郑清珍，李奕祺．《黄帝内经》“平人”思想研究［J］．辽宁中医药大学学报．2016，18（3）：94-96.
[132] 郑晓瑛，宋新明．中国人口转变、经济发展与慢性病增长［J］．中国高校社会科学，2014（4）：109-118，159.
[133] 郑真真．人口现象中的社会问题——对出生性别比失衡的再认识［J］．山东女子学院学报，2022（3）：20-28.
[134] 周海青，郝春，邹霞，等．中国人口流动对传染疾病负担的影响及应对策略：基于文献的分析［J］．公共行政评论，2014，7（4）：1-28.
[135] 周皓．中国人口流动模式的稳定性及启示——基于第七次全国人口普查公报数据的思考［J］．中国人口科学，2021（3）：28-41.
[136] 周美珍，蒋式飞．流动儿童保健现状与影响因素的研究进展［J］．中医药管理杂志，2019，27（14）：212-213. DOI：10. 16690/j. cnki. 1007-9203. 2019. 14. 103.
[137] 周广华．人口安全的特征［J］．人口与计划生育，2004（2）：8.
[138] 朱丽萍，华嘉增．老年女性的健康促进及疫情下的自我防护［J］．中国妇幼健康研究，2020，31（2）：147-150.
[139] 德勤．中国健康生态2030展望：在不确定中寻找机遇和发展［EB/OL］．［2022-06-23］．http：//www2. deloitte. com/content/dam/Deloitte/cn/Documents/life-sciences-health-care/deloitte-cn-lshc-china-health-ecosystem-2030-zh-220623. pdf.

[140] "中国—以色列慢性病医疗健康峰会"在京召开［EB/OL］.（2018-01-23）［2022-08-22］. http：//www. jksb. com. cn/index. php? m=wap&a=show&catid=54&id=121213.

[141] 国家疾病预防控制局．2021年全国法定传染病疫情概况［EB/OL］. http：//ndcpa. gov. cn/jbkzzx/c100031/common/content/content_ 165-1466519851-110400. html.

[142] 国家统计局．第七次全国人口普查公报——城乡人口和流动人口情况［EB/OL］.（2021-05-11）［2022-05-01］. http：//www. stats. gov. cn/tjsj/tjgb/rkpcgb/qgrkpcgb/202106/t20210628_1818826. html.

[143] 国家统计局．第七次全国人口普查公报［EB/OL］.（2021-05-11）［2022-08-30］. http：//www. gov. cn/guoqing/2021-05/13/content_5606149. htm.

[144] 国务院．国务院新闻办就第七次全国人口普查主要数据结果举行发布会［EB/OL］.（2021-05-11）［2022-05-01］. http：//www. gov. cn/xinwen/2021-05/11/content_5605842. htm.

[145] 中美俄等国共同启动一项全球防控传染病计划［EB/OL］.（2014-02-14）［2023-08-06］. http：//politics. people. com. cn/n/2014/0214/c70731-24361290. html.

[146] 中国发展观察．认清态势、顺应规律，促进我国人口健康发展［EB/OL］.［2022-05-19］. https：//cdo. develpress. com/? p=12975.

[147] 中国疾病预防控制中心．中美新发和再发传染病合作项目概述［EB/OL］.（2014-07-23）［2023-08-06］. https：//www. chinacdc. cn/gjhz/zdhzxm/201407/t20140723_99973. html.

[148] 中美探索慢病防控合作新趋向［EB/OL］.（2022-05-21）［2022-08-22］. http：//world. people. com. cn/n1/2018/0522/c1002-30005877. html.

[149] 中新社．国务院第七次全国人口普查领导小组办公室负责人接受中新社专访［EB/OL］.［2021-05-13］. http：//www. stats. gov. cn/ztjc/zdtjgz/zgrkpc/dqcrkpc/ggl/202105/t20210519_1817705. html.

[150] Blum H L. Notes on Comprehensive Planning for Health［M］. Berkeley：Comprehensive Health Planning Unit, School of Public Health, University of California, 1968.

[151] Dubos R. Mirage of Health: Utopias, Progress, and Biological Change (new edition) [M]. New Brunswick: Rutgers University Press, 1988.

[152] Hanlon J J. Principles of Public Health Administration [M]. Saint Louis: The C. V. Mosby Company, 1964.

[153] Organization W H. Global status report on noncommunicable diseases 2014 [M]. Geneva: World Health Organization, 2014.

[154] Patrick D L, Erickson P. Health Status and Health Policy: Quality of Life in Health Care Evaluation and Resource Allocation [M]. New York: Oxford University Press, 1993.

[155] WHO. Noncommunicable diseases progress monitor 2022 [M]. Geneva: World Health Organization, 2022.

[156] WHO. Good maternal nutrition: the best start in life [M]. Geneva: World Health Organization, 2016.

[157] WHO. Noncommunicable diseases progress monitor 2017 [M]. Geneva: World Health Organization, 2017.

[158] WHO. World health statistics 2022 [M]. Geneva: World Health Organization, 2022.

[159] Pannenborg C O. A New International Health Order: An Inquiry into the International Relations of World Health and Medical Care [D]. The Netherlands: Sijthoff and Noordhoff, 1979.

[160] Arem H, Moore S C, Patel A, et al. Leisure time physical activity and mortality: a detailed pooled analysis of the dose-response relationship [J]. JAMA internal medicine, 2015, 175 (6): 959-967.

[161] Barenthin I. The Concept of Health in Community Dentistry [J]. Journal of Public Health Dentistry, 1975, 35 (3): 177-184.

[162] Barker D J. In utero programming of chronic disease [J]. Clinical science (London, England: 1979), 1998, 95 (2): 115-128.

[163] Bice T W. Comments on Health Indicators: Methodological Perspectives [J]. International Journal of Health Services, 1976, 6 (3): 509-520.

[164] Billingsley H E, Carbone S, Lavie C J. Dietary fats and chronic noncommunicable diseases [J]. Nutrients, 2018, 10 (10): 1385.

[165] Botello Peñaloza, Hector Alberto. Does the paradox of healthy immigrants

apply in developing countries? [J]. SN Social Sciences, 2021, 1 (8) .

[166] Breslow L. A Quantitative Approach to the World Health Organization Definition of Health: Physical, Mental and Social Well-being [J]. International Journal of Epidemiology, 1972, 1 (4): 347-355.

[167] Bruhn J G, Cordova F D, Williams J A, et al. The Wellness Process [J]. Journal of Community Health, 1977, 2 (3): 209-221.

[168] Checkley W, Ghannem H, Irazola V, et al. Management of NCD in low- and middle-income countries [J]. Global heart, 2014, 9 (4): 431-443.

[169] Cho N H, Shaw J, Karuranga S, et al. IDF Diabetes Atlas: Global estimates of diabetes prevalence for 2017 and projections for 2045 [J]. Diabetes research and clinical practice, 2018, 138: 271-281.

[170] Dolfman M L. The Concept of Health: An Historic and Analytic Examination [J]. The Journal of School Health, 1973, XLIII (8): 491-497.

[171] Gao DS, Zou ZY, Dong B, et al. Secular trends in HIV/AIDS mortality in China from 1990 to 2016: gender disparities [J]. PLOS One, 2019, 14 (7): e0219689.

[172] Hamilton Tod G, Hagos Rama. Race and the Healthy Immigrant Effect [J]. Public Policy & Aging Report, 2021, 31 (1) .

[173] Huber M, Knottnerus J A, Green L, et al. How Should We Define Health? [J]. BMJ, 2011, 343: d4163.

[174] John May nard Keynes. Some economic consequences of a declining population [J]. Population&Development Review, 1978, 4 (3): 517-523.

[175] Kelishadi R, Sarrafzadegan N, Sadri G H, et al. Short-term results of a community-based program on promoting healthy lifestyle for prevention and control of chronic diseases in a developing country setting: Isfahan Healthy Heart Program [J]. Asia Pacific Journal of Public Health, 2011, 23 (4): 518-533.

[176] Krieger N. Theories for social epidemiology in the 21st century: an ecosocial perspective [J]. International journal of epidemiology, 2001, 30 (4): 668-677.

[177] Lancet T. Towards better health for people in China [J]. Lancet, 2013, 381 (9882): 1959.

[178] Larson J S. The Conceptualization of Health [J]. Medical Care Research and Review, 1999, 56 (2): 123-136.

[179] Lerner M. Conceptualization of Health and Social Well-being [J]. Health Services Research, 1973, 8 (1): 6-12.

[180] Mathers C D. History of global burden of disease assessment at the World Health Organization [J]. Archives of Public Health, 2020, 78 (1): 1-13.

[181] MF Garnett, MR Spencer, H Hedegaard. Urban-rural Differences in Unintentional Injury Death Rates Among Children Aged 0-17 Years: United States, 2018—2019. [J]. NCHS data brief, 2021: 1-8.

[182] Mikkelsen B, Williams J, Rakovac I, et al. Life course approach to prevention and control of non-communicable diseases [J]. Bmj, 2019, 364.

[183] Murray C J L, Abbafati C, Abbas K M, et al. Five insights from the global burden of disease study 2019 [J]. The Lancet, 2020, 396 (10258): 1135-1159.

[184] Murray CJ, Barber RM, Foreman KJ, et al. Global, regional, and national disability-adjusted life years (DALYs) for 306 diseases and injuries and healthy life expectancy (HALE) for 188 countries, 1990—2013: quantifying the epidemiological transition [J]. The Lancet, 2015, 386 (10009): 2145-2191.

[185] Mutie P M, Giordano G N, Franks P W. Lifestyle precision medicine: the next generation in type 2 diabetes prevention? [J]. BMC medicine, 2017, 15 (1): 1-11.

[186] Na He. Research Progress in the Epidemiology of HIV/AIDS in China [J]. China CDC Weekly, 2021, 3 (48): 1022-1030.

[187] Nuño R, Coleman K, Bengoa R, et al. Integrated care for chronic conditions: the contribution of the ICCC Framework [J]. Health Policy, 2012, 105 (1): 55-64.

[188] RADER B, SCARPINO S V, NANDE A, et al. Crowding and the

Shape of COVID-19 Epidemics [J]. Nature Medicine, 2020 (10): 1-6.

[189] Saad J M, Prochaska J O. A philosophy of Health: Life as Reality, Health as a Universal Value [J]. Palgrave Communications, 2020, 6 (1): 1-11.

[190] Siddharthan T, Ramaiya K, Yonga G, et al. Noncommunicable diseases in East Africa: assessing the gaps in care and identifying opportunities for improvement [J]. Health affairs, 2015, 34 (9): 1506-1513.

[191] Strickland P, Hudson S V, Piasecki A, et al. Features of the Chronic Care Model (CCM) associated with behavioral counseling and diabetes care in community primary care [J]. J Am Board Fam Med, 2010, 23 (3): 295-305.

[192] Wen Chen, Qi Zhang, Andre M. N. Renzaho, et al. The Disparity in Mental Health Between Two Generations of Internal Migrants (IMs) in China: Evidence from A Nationwide Cross-Sectional Study [J]. International Journal of Environmental Research and Public Health, 2019, 16 (14): 2608.

[193] Wickramage K , Vearey J , Zwi A B , et al. Migration and health: a global public health research priority [J]. Bmc Public Health, 2018, 18 (1).

[194] Wilson FA, Stimpson JP. US Policies Increase Vulnerability of Immigrant Communities to the COVID-19 Pandemic [J]. Annals of Global Health, 2020, 86 (1): 57+1-2.

[195] United Nations, Department of economic and social affairs. Population division [R]. World population prospects, 2019.

[196] International Organization for Migration. World Migration Report 2022 [R/OL]. (2021-12-01) [2022-05-01]. https://publications.iom.int/books/world-migration-report-2022.

[197] The U. S. -Japan Cooperation on Health [EB/OL]. (2002-11) [2023-08-06]. https://www.mofa.go.jp/region/n-america/us/agenda/health.html.

[198] World Health Organization. Noncommunicable diseases [EB/OL].

(2022-9) [2023-08-06]. https://www.who.int/news-room/fact-sheets/detail/noncommunicable-diseases.

[199] World Health Organization. World health statistics 2020: monitoring health for the SDGs, sustainable development goals [EB/OL]. (2021-5) [2023-08-06]. https://www.who.int/publications/i/item/9789240005105.

后　记

我国是世界上人口最多的国家，人口安全问题是制约可持续发展的关键因素之一，经济和社会发展中的诸多问题，都与人口问题密切相关。在我国，人口安全的首要问题是人口数量，包括人口出生率、自然增长率、总和生育率等；其次是人口素质问题，包括人口受教育程度、总体健康水平、预期寿命以及疫病状况等；最后是人口结构问题，包括人口年龄结构、性别结构、出生人口性别比以及人口地区分布、流动与迁徙、就业和贫困等。而人口安全问题与我国的健康转变息息相关。

人口数量得到控制，年龄中位数的上升、老年人口数量和比例的提高以及迅速增加，这些人口数量、人口结构和人口素质上的变化将直接或间接导致人口健康的转变。在本书中，我们详述了健康转变与人口安全（包括人口数量安全、人口结构安全、人口素质安全和人口流动安全）的互动关系，以帮助我们更好解决人口健康问题和人口安全问题。

我们从传染病开始人口安全问题的探索，在疾病模式已经发生深刻变化的当下，慢性病与人口安全的探索正在进行中。在未来，无论我们的健康如何转变，把握健康转变与人口安全的连接，从人口健康的角度思考人口安全问题，从人口安全角度看待人口健康问题，对于构建我国人口健康保障机制和人口安全防范机制都具有重要意义。

当前迫切需要建立就业人口、流动人口、老龄人口、出生人口性别比等方面的警戒线。人口安全问题已经显露出冰山一角，对经济和社会的发展构成了潜在的威胁。应当加强人口安全研究，制定预案，牢牢把握主动权。全社会应该牢固树立以人为本的观念、人口安全的观念，真正把人口问题纳入各级党委政府决策范畴的核心，作为重要的决策依据。

和红

2024 年 4 月